刘怡君／主编

社会物理学系列 第9号

社会物理学大数据治理

王红兵　马　宁　李倩倩　编著

科学出版社
北京

内 容 简 介

本书是"社会物理学系列"丛书的第 9 号,在《社会物理学:国际前沿研究透视》(第 1 号)、《社会物理学:理论与应用》(第 2 号)、《社会物理学:社会动力学》(第 3 号)、《社会物理学:社会管理学》(第 4 号)、《社会物理学:社会治理》(第 5 号)、《社会物理学:网络舆情安全》(第 6 号)、《社会物理学:应急管理》(第 7 号)、《社会物理学:风险管理》(第 8 号)的基础上,本书从社会物理学前沿理论方法——大数据治理的研究视角出发,邀请知名专家专门撰稿,旨在对国内外大数据治理相关的最新的概念方法、系统应用、实证分析等进行深入介绍。

作为自然与社会的充分交叉学科,本书具有重要的理论价值和应用前景,可为管理学、社会学、政策学和战略学等学科领域科研人员和高校师生提供借鉴与参考。

图书在版编目(CIP)数据

社会物理学. 大数据治理 / 王红兵,马宁,李倩倩编著. -- 北京:科学出版社,2025.3

(社会物理学系列;第 9 号)

ISBN 978-7-03-074696-2

Ⅰ. ①社… Ⅱ. ①王… ②马… ③李… Ⅲ. ①社会管理学-研究 Ⅳ. ①C912.3

中国国家版本馆 CIP 数据核字(2023)第 018320 号

责任编辑:杨逢渤 张 菊 / 责任校对:樊雅琼
责任印制:徐晓晨 / 封面设计:无极书装

科学出版社 出版
北京东黄城根北街 16 号
邮政编码:100717
http://www.sciencep.com
北京建宏印刷有限公司印刷
科学出版社发行 各地新华书店经销
*
2025 年 3 月第 一 版 开本:787×1092 1/16
2025 年 3 月第一次印刷 印张:13 插页:1
字数:310 000
定价:150.00 元
(如有印装质量问题,我社负责调换)

序　言

新一代信息技术的迅速发展，对科学技术创新、社会经济转型和生产生活变革产生深远影响，改变了人们信息交互的方式，提升了社会运行效率，同时也为社会治理、风险管理和可持续发展等带来了挑战。在新一轮科技革命和产业变革深入发展，世界百年未有之大变局加速演进的新形势下，如何统筹发展和安全，确保社会长治久安，是新时期社会治理需要解决的首要问题。党的十八大以来，习近平总书记多次强调，要运用人工智能、互联网、大数据等新一代信息技术手段提升国家治理现代化水平。2023 年 7 月，习近平总书记在江苏考察时指出，要坚持和发展新时代"枫桥经验"、"浦江经验"，完善社会治理体系，健全城乡基层治理体系和乡村治理协同推进机制，推进社会治理数字化。

中国科学院科技战略咨询研究院社会治理与风险中心面向国家社会治理与风险领域的重大需求，以社会物理学为基础，融合管理学、系统学、社会学等学科理论，全面系统地构建社会物理学的理论、方法、应用体系。中心在已故国务院参事牛文元研究员推动下，创办社会物理学系列丛书，至今已经成功出版了基础理论以及第 1 号至第 8 号。《社会物理学：国际前沿研究透视》（2007 年出版）、《社会物理学：理论与应用》（2009 年出版）、《社会物理学：社会动力学》（2012 年出版）、《社会物理学：社会管理学》（2013 年出版）、《社会物理学：社会治理》（2014 年出版）、《社会物理学：网络舆情安全》（2016 年出版）、《社会物理学：应急管理》（2018 年出版）、《社会物理学：风险管理》（2020 年出版），从多角度探讨和研究了社会物理学理论及其应用，重点关注在全球新一轮科技革命和产业变革孕育发展背景下，加强和创新社会治理新理论、新方法和新模式。

本书从社会物理学前沿理论方法——大数据治理的研究视角出发，对国内外大数据治理相关的最新的概念方法、系统应用、实证分析等进行深入介绍。本书得到国家自然科学基金项目（72074205、72074206、72374193、T2293772）的支持。

承前启后、继往开来，为了持续推动社会物理学学科发展，本书聚焦大数据在社会、民生、经济、管理等领域的治理实践，从理论、方法和工具方面，通过典型研究案例，呈现大数据治理的学科前沿和应用前景，拓展了新时代背景下社会物理学学科理论，可为相关领域的治理实践提供借鉴。

刘怡君

中国科学院科技战略咨询研究院　研究员

中国科学院大学公共政策与管理学院　岗位教授

目 录
CONTENTS

大数据与社会管理、社会治理和智慧城市管理 …………………………………… 1

A Statistical Analysis of Journal Articles in DEA in Four Decades over
    1978–2017 ………………………………………………………………………… 7

新时期我国社会安全治理的挑战和应对研究 …………………………………… 18

国内外舆情大数据系统功能调研与分析 ………………………………………… 26

全球网络空间治理发展态势与国际合作模式研究 ……………………………… 43

欧盟碳市场排放企业的配额管理模式及管理效率评价 ………………………… 55

基于舆论数据的高铁服务质量分析研究 ………………………………………… 74

大数据背景下的金融科技舆情风险研究 ………………………………………… 94

基于 GQM 的舆情大数据系统应用效果质量管理研究 ………………………… 103

基于用户行为和态度的谣言传播模型研究 ……………………………………… 122

考虑政府干预方式的网络舆情传播控制研究 …………………………………… 135

企业治理中的企业社会责任绩效大数据研究 …………………………………… 147

政府引导在舆情演化过程中的效果探析 ………………………………………… 167

主题模型在价格监管领域的应用 ………………………………………………… 180

大数据与社会管理、社会治理和智慧城市管理

顾基发

—— 摘要

大数据被广泛应用在社会管理、社会治理和智慧城市管理中，本文分析了大数据本身发展以及它与智慧城市管理之间的关系，并探索了数据如何演化为信息、知识、智慧。最后对大数据发展历程加以分析和评估。

关键词：大数据、社会治理、智慧城市

1 引言

随着科学技术的不断发展，新的名词和学科不断地涌现。21 世纪以来，一些新名词，诸如大数据、人工智能、区块链，不断引起学者、政府部门以至普通群众的关注，相应机构也投入了大量的人力、物力进行研究。笔者曾就大数据和人工智能发展中应注意的问题发表过一些看法，特别是在大数据方面。有意思的是，2013 年前后有学者在一些国际会议及期刊发文中，大力呼吁要把大数据推向更科学的道路，即走向数据科学，这些发文在国际上引起了较大反响。笔者也在国际上和国内相继发表了数篇论文（Gu，2012；Gu and Zhang，2014a，2014b；顾基发，2014a，2014b）。事实上，关于"数据科学"这个名词，灵感最早来源于 2004 年由中国科学院的牛文元先生组织的关于社会稳定预警研究的项目，当时找到了美国国土安全部 2005 年正在组织的《国土安全信息管理和知识发现的数据科学技术》（*Data Sciences Technology for Homeland Security Information Management and Knowledge Discovery*）研究报告。其实这篇报告的核心内容是保护美国的国土安全，包括反恐、反自然灾害及生物防御。从科学研究来讲，他们提到了大规模数据[以千兆字节计算，即吉字节（GB，10^9），但后来大数据的量级已经扩展到太字节（TB，10^{12}）、拍字节（PB，10^{15}），甚至

泽字节（ZB，10^{21}）]、数据科学、数据挖掘、语义图和知识发现等。他们使用的主要工具是知识图、网络、最短路分析、离散数学、机器学习、风险、综合、算法、仿真和模拟、数理统计和不确定性等（顾基发，2007）。本文主要介绍大数据、数据科学、知识和智慧方面的研究，同时力求与社会管理、社会治理和智慧城市等应用相关联。

2　从数据到信息、知识、智慧，最后到道德

早在20世纪80年代末，人们就从对数据、信息感兴趣转向更高的层次，泽列尼（Zeleny）和阿科夫（Ackoff）就分别从管理科学的角度提出要从数据（data，D）和信息（information，I）走向知识（knowledge，K），进而走向智慧（wisdom，W），这个过程简称为D-I-K-W。这里也可用金字塔来表示（图1）。

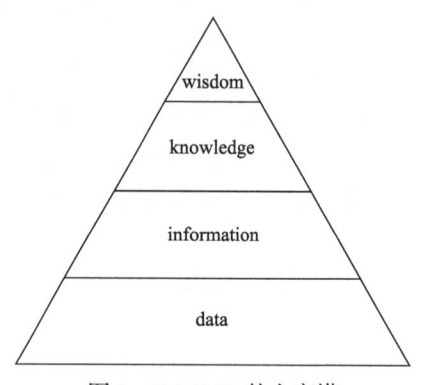

图1　D-I-K-W的金字塔

阿科夫在知识和智慧之间又加上一个领悟或理解（understanding，U），如图2所示（Ackoff，1989）。如果可以把20世纪70～80年代称为信息和管理时代，90年代称为知识社会时代，那么到21世纪，可以称为进入了智慧社会时代。钱学森喜欢用哲学家熊十力的语言把智慧分成性智和量智，并大力提倡大成智慧。日本知识管理大师野中郁次郎（Ikujiro Nonaka）又按亚里士多德的理论把智慧分成理论的智慧（sophia）和实践的智慧（phronesis），他发展了实践的智慧，并进一步引导到要进入道德（moral，M）层面，简单说就是要做一个好人，一个有高尚道德的人。用"物理-事理-人理"的观点来讲，即数据和信息都是在物理层面，知识是在事理层面，那么智慧和道德是在人理层面。从智慧层面来讲，IBM公司最早提出"Smarter City"的概念，即要从信息社会进入具有智能的且更好的城市和社会，这一概念更偏向技术和智能。但国内一些研究理解为"智慧城市"有些片面和局限，包括之后衍生出的"智慧地球""智慧电网"等概念。按照我国著名科学家钱学森的思路，智慧不仅应包括技术，还应包括带有战略型思维的更高层次的创新和待人、处世等（Gu，2013）。

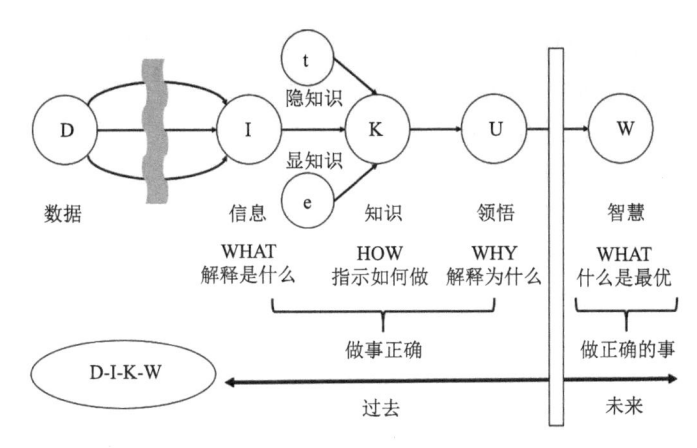

图 2 D-I-K-U-W 框架（Ackoff, 1989）
中文译图由迟钰雪完成

3 大数据应走向数据科学

就数据的层次来讲，近年来由于技术的进步，做数据挖掘的科研人员喜欢使用海量数据，并且希望从海量数据中挖掘和分析出有意义的知识。当初笔者在做与系统有关的课题时，数据量级确实也就只到千字节（KB，10^3）和兆字节（MB，10^6），能称为海量也就是 GB 和 TB 量级。到了大数据时代，似乎量级开始就到了 PB（据称整个荷兰银行有 27PB 的数据），现在到艾字节（EB，10^{18}），又到 ZB（据称全球产生和存储的数据总量 2018 年是 33ZB，而到 2020 年是 40ZB，预计 2025 年是 175ZB），其上还有尧字节（YB，10^{24}）。今后数据量级肯定还会往上涨。但是我们只能有大数据才能行事吗？这里就想提出几个问题供大家思考。

（1）数据越大越好吗

华罗庚教授曾教育我们读书要"从薄到厚，从厚到薄"，在初学者本领不够大时需要多读书，但最后真正学成的时候，经过消化和提炼，脑子里装着的都是最有用的"精华"，其数量其实不大。钱学森教授在 20 世纪 80 年代就教育我们要注意在信息时代尽可能多地去掌握新的信息，但是他又告诫我们信息量太多弄不好会被信息的海洋淹没，只有靠智慧才能从汪洋大海中游出来。在信息的重要性广泛被宣传时，石勇教授和笔者等就写过一篇防止"信息过载"的文章，即信息过多反受其害（Shi et al., 2002）。

（2）小数据问题

笔者参加过两个大项目，但存在的问题是项目的用户提供的数据样本量不大，但却要求做出可靠、有效的科学结论。

第一个项目是在 20 世纪 60 年代，航天部门在导弹研制出来后要确定它的可靠性。可靠性是一个统计的概念，只有靠做试验、取样本，样本量越大，确定的可靠性才能越精确。尤其工业产品中，由于在设计、生产制造、运行和试验中都会存在很多不确定因素，可靠性更难以保证和确定。一般的工业产品做可靠性试验要求的样本数目通常是几百到几千个。但是由于导弹（尤其是战略导弹）研制和生产成本极高，再加上保密的要求，最后定型的总体实弹试验的次数极为有限，因此叫它小样本试验，次数不可能超过十次。90年代航天部门又提出新的需求，确定载人飞船的可靠性和安全性。因为飞船要载人，所以安全性比可靠性要求更高，但是允许试验的次数更少，不超过五次。

第二个项目是在21世纪初，根据国家相关部门要求，需要总结我国名老中医的经验。当时确定的名老中医名单是100位，每位内定200个医案。当时已经建了数据库，存了他们医案以及其他文字资料（电脑上被电子化或数码化了）。其实库中主要是文字信息，记载了老中医的经历、知识和经验。项目组分成六个分项目组，每一个分项目组由一个著名中医院或中医科研机构加上一个著名的对数据挖掘、文本挖掘和系统分析有深入研究的科研院所组成，还有相应的名老中医作为顾问参与研究。本来可用样本数不大，但实际上，一年研究100个样本数量几乎不可能，于是项目组领导决定，每个分项目组只研究10个样本。然而，由于收集材料困难，最后又决定只取四个共同的名医作为研究对象，其他由分课题组自行决定。即使是四个，由于要以同一种病为标准，又筛去一批原始材料。最后，项目组也只能接受这个现实，在小数据的基础上去挖掘他们的经验。

（3）没有定量的数据，定性和经验的数据也行

上面小数据项目由于缺少数据，最后是靠定性的经验来补充的，即便在像导弹那样要求精确的数据项目中，最后也采用了专家的经验数据。

（4）没有实际数据，只能借用计算机自己来产生数据

利用计算机仿真来产生数据并进一步分析，这在过去常常使用蒙特卡罗法（Monte Carlo method），后来开始使用元胞自动机，而近年来更多采用多主体仿真（multi-agent simulation）。其实为了得到更精确的结果，可以让计算机按一定规则，在其能力所及范围内，自行产生数据。这种研究方法在社会系统、军事系统和经济系统领域早已被大量采用（Gu and Zhang, 2014a, 2014b）。

综上，可以发现在生活和科研实践中不仅需要大数据，还需要小数据、经验数据和计算机产生的数据，因此用数据科学做研究不能片面追求大数据。其实，笔者早在2005年研究美国的超级信息数据处理系统（ADVISE）时就发现他们在关注数据科学（顾基发，2007）。因此，笔者在参加有关数据科研方面的香山会议时就建议采用数据科学这个名词。有意思的是现在国内外的会议名称中慢慢都在放弃"大数据"而更多采用"数据科学"。此外，复旦大学朱扬勇教授也曾提出数据学（dataology）这个名词。当然笔者绝没有轻视大数据的意思，特别是在应对一些突发事件，如抗击疫情时，可以发现大数据无处不在。我们在享受它带来的便利的时候，还需要思考数据背后隐含着什么。例如，现在有的研究喜欢使用全样本，而不肯使用抽样试验，还有的研究在概率分布中特别重视"以伪为真"，但其实还存在"以真为伪"的现象。这两者都会带来经济损失，如何合理

地去权衡？此外，大数据还要从是否有价值角度去看，没有价值（包括文化价值）的数据其实没有什么用。

4　数据科学研究什么？

严格讲，数据科学比较明确提出来也就是最近十来年，还不太成熟。作者初步对数据科学的研究进行汇总，包括下列几个方面。

1）数据的内容：一般数据、大数据、小数据、实验得出的数据、经验的数据、计算机产生的数据等。

2）数据科学可应用的方法论：综合集成、荟萃分析（meta-analysis）、物理-事理-人理系统方法论。

3）使用的逻辑：演绎、归纳、溯因推理、模糊逻辑、可拓逻辑、灰色逻辑。

4）包含的研究内容：数据工程、科学方法、数学、数理统计、高级计算、领域经验、数据可视化等。

5）常用工具：数据挖掘、文本挖掘、网上挖掘、专家挖掘、心理挖掘、模型挖掘。

6）常用方法：解析方法、软计算、元启发式方法（meta-heuristics）、荟萃分析、复杂网络分析、多主体仿真等。

7）追踪的目的：把数据演化成有价值的数据、明白的数据、智能数据、智慧的数据。

5　大数据要为社会治理服务

2016年3月，《中华人民共和国国民经济和社会发展第十三个五年规划纲要》提出，实施国家大数据战略，把大数据作为基础性战略资源，全面实施促进大数据发展行动，加快推动数据资源共享开放和开发应用，助力产业转型升级和社会治理创新。但是将大数据用于社会治理，需要在党的领导下，充分发动群众的积极性和创造性。在社会治理中，动员各级组织去帮助收集数据时，在收集过程中应注意制订严格的管理制度，严格管理信息安全，也要防止过度收集和"野蛮"收集。关于社会治理方面文章还可参考作者另一篇文章（顾基发，2014b）。

6　结论

文章最后让我们怀念项目组的创始人牛文元先生，是他开创和奠基了社会稳定预警与社会舆情的应用研究，也是他开创和奠基了我国社会物理的理论研究。他是一个高瞻远瞩地开创新学科和新方向的学者，又是理论和实际结合的实践者和组织者。我们会始终怀念他。

参考文献

顾基发. 2007. 关于 ADVISE 和 NRP 的进展//中国科学院自然与社会科学交叉中心讨论班. 北京: 中国科学院自动化研究所.

顾基发. 2014a. 大数据要注意的一些问题. 科技促进发展, 1: 20-24.

顾基发. 2014b. 系统科学与社会治理//刘怡君, 等. 社会物理学: 社会治理. 北京: 科学出版社.

Ackoff R L. 1989. From data to wisdom. Journal of Applied Systems Analysis, 16(1): 3-9.

Gu J F. 2012. From D-I-K to Wisdom and Meta-synthesis of Wisdom. Beijing: Workshop on Data Mining and Intelligent Knowledge, ACM.

Gu J F. 2013. Data, information, knowledge, wisdom and meta-synthesis of wisdom-comment on wisdom global and wisdom cities. Procedia Computer Science, 17: 713-719.

Gu J F, Zhang L L. 2014 a. Data, DIKW, big data and data science. Procedia Computer Science, 31: 814-821.

Gu J F, Zhang L L. 2014 b. Some comments on big data and data science. Annals of Data Science, 1(3-4): 283-291.

Shi Y, Gu J F, Tang X J. 2002. Information overload//Warner M. International Encyclopedia of Business and Management. second edition. London: Thomson Learning: 3007-3014.

作者简介

顾基发

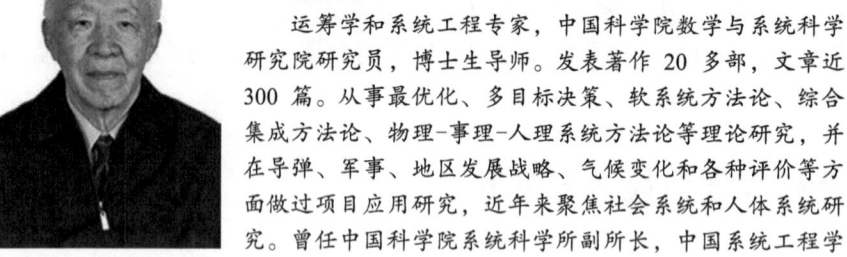

运筹学和系统工程专家,中国科学院数学与系统科学研究院研究员,博士生导师。发表著作 20 多部,文章近 300 篇。从事最优化、多目标决策、软系统方法论、综合集成方法论、物理-事理-人理系统方法论等理论研究,并在导弹、军事、地区发展战略、气候变化和各种评价等方面做过项目应用研究,近年来聚焦社会系统和人体系统研究。曾任中国科学院系统科学所副所长,中国系统工程学会理事长,国际系统研究联合会主席。现为国际系统和控制科学院院士,欧亚科学院院士。

E-mail: jfgu@amss.ac.cn

A Statistical Analysis of Journal Articles in DEA in Four Decades over 1978–2017

Guoliang Yang

Abstract

Since the seminal paper on data envelopment analysis (DEA) was published by Charnes et al. (1978), there has been an exponential growth in the number of journal articles over the past four decades (1978–2017). The study of DEA theory and its application has attracted more than 14 thousand scholars and has become a general approach in efficiency evaluation (including productivity assessment, performance measurement, etc.). With its wide range of applications, the DEA system is becoming increasingly perfect, so it is meaningful to sort out and review the DEA-related literature in the past four decades. It can provide valuable information and guidance for DEA researchers and participants. This paper conducts a bibliographic analysis of the updated DEA article database to reveal the development path and trend of the DEA method, and concludes with the most popular journals publishing DEA-related articles, the distribution of DEA article authors, the most frequently occurred keywords, the page numbers of DEA articles, and the most popular research keywords and fields in DEA investigation in recent two years.

Keywords: data envelopment analysis, statistical analysis, efficiency and productivity

1 Introduction

Researches in the field of DEA have been vigorously developing after the initial work of Charnes et al. (1978). This paper aims to demonstrate the development path of DEA since 1978 and the hotspots of DEA-related researches in recent years. Authors updated the database of DEA-related articles, which is the most complete reference source on the existing DEA theory and DEA application literature as far as we know, and carried out a comprehensive analysis of the updated bibliography. What the authors hope is to provide the researchers and practitioners in exploring the frontiers and fresh fields of DEA with helpful guidance and bibliographic support. However, it is impossible to dig out all the existing DEA-related articles due to the great amount of existing and newly published DEA literature. See the detailed reference list at http://DEAzone.com/biblio/. Should there be any errors occur, please report them to the authors without hesitation.

2 An overview of DEA journal articles

Reviews of DEA and its application have already appeared in several pieces of literature. Depending on different DEA methods, several researchers performed reviews on the existing DEA literature. Kao (2014) made an overview of Network DEA, specifically. Aldamak and Zolfaghari (2017) reviewed the DEA articles on efficiency ranking methods. The SFA(Stochastic Frontier Analysis) method was studied as the research object by Olesen and Petersen (2016), in which stochastic DEA articles were collected and reviewed. Based on the existing DEA literature, Gattoufi et al. (2004a) systematically collated a classification mechanism for DEA methods. Some scholars reviewed the DEA literature according to different fields of application, e.g. Cavaignac and Petiot (2016) conducted a review of DEA-related articles applied in the transport sector; Ahn et al. (2018) reviewed the use of DEA in the public sector; Zhou et al. (2017) made the bibliographic analysis of DEA application in sustainable development and sustainability assessment; Mardani et al. (2017) reviewed journal articles using the DEA approach in energy efficiency. In addition, there were a few comprehensive reviews of the DEA literature, but lacked sufficient timeliness to some extent, e.g. Emrouznejad et al. (2008), Emrouznejad and Thanassoulis (1996a, 1996b, 1997), Emrouznejad and Yang (2018), Gattoufi et al. (2004b), Seiford (1994, 1997), and Tavares (2002).

In this paper, the DEA-related articles are obtained from Scopus (http://www.scopus.com/), which are added to the website of www.DEAzone.com. Journal articles are considered as the research object in this paper, so more than 2,000 articles published as book sections, conference proceedings and serials are excluded. Ultimately, 11,554 DEA articles published until the end of 2017 were investigated in this paper.

Recognized as a widely accepted management science and operations research (MS/OR) tool, DEA research developed quickly in both theory and application. First, the number of DEA-related articles published increased exponentially annually, especially with an obvious rapid growth in 2017. Second, *European Journal of Operational Research*, *Journal of the Operational Research Society*, *Journal of Productivity Analysis* and *Annals of Operations Research* published the most articles related to the DEA theory and its applications. Third, 92.70% of DEA-related articles were written by fewer than four authors, and most of DEA-related articles were written by two authors. Besides, the DEA approach is often applied in the areas of sustainability, banking, energy, education and the environment in recent years. We counted and analyzed the information of 11,554 papers, with 14,011 distinct authors, 27,571 distinct keywords and 147,312 pages. The remainder of this paper shows and analyses the bibliographic statistics involving publication years, journals, authors, keywords and page numbers of DEA-related articles in our database.

3 Statistics and analysis

3.1 Statistics based on publication years

The histogram of DEA-related articles in Figure 1 reveals a continuous and rapid growth in the number of DEA-related articles published annually since Charnes et al. (1978). There are four obvious characteristics in Figure 1. First, before the year of 1994, no more than 100 articles related to DEA were published in a year, which represents that the DEA theory had a relatively narrow scope of innovation and the researchers engaged in DEA research and application grew slowly. Second, articles in the DEA field entered the stage of steadily growing in 1994–2004, even though the number of DEA-related articles published remained under 200 in this stage. Third, the time period from 2004 to 2017 is the spanking growing and developing stage of the DEA theory and its application. The annual average increased number of DEA-related papers has exceeded 80. Fourth, the most obvious growth of article number occurred from 1,028 in 2016 to 1,434 in 2017. Overall, the number of DEA-related articles was in line with the exponential distribution.

In summary, this development momentum indicates that the DEA method has been widely accepted in many fields and has attracted plenty of researchers. If the current development status continues, DEA will acquire more and more achievements.

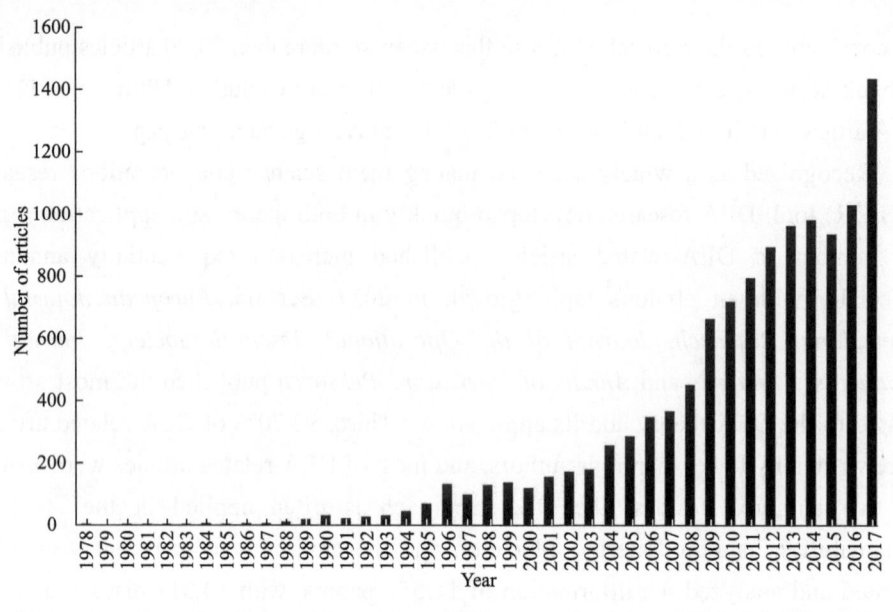

Figure 1. Annual statistics of the number of DEA-related articles published (1978–2017)

3.2 Statistics based on journals

Table 1 displayed the top 25 journals that have published the largest number of articles with respect to DEA and its application from 1978 to 2017. Totally 3,576 DEA-related articles were published in these 25 journals, which accounted for 30.95% of the totally 11,554 journal articles. Since the DEA theory and most applications belonging to the field of MS/OR, the most commonly used periodicals were related to MS/OR such as *European Journal of Operational Research*, *Journal of the Operational Research Society*, *Journal of Productivity Analysis*, *Annals of Operations Research*, and so on.

Table 1. The 25 journals that have published the largest number of DEA-related articles

No.	Journals	Numbers	% of papers
1	European Journal of Operational Research	731	6.32
2	Journal of the Operational Research Society	313	2.71
3	Journal of Productivity Analysis	272	2.35
4	Annals of Operations Research	213	1.84
5	Expert Systems with Applications	196	1.70
6	Applied Economics	143	1.24
7	Omega	130	1.13
8	Journal of Cleaner Production	127	1.10
9	Socio-Economic Planning Sciences	125	1.08
10	Omega (United Kingdom)	124	1.07
11	Computers and Industrial Engineering	112	0.97

			Continued
No.	Journals	Numbers	% of papers
12	Energy Policy	106	0.92
13	Sustainability (Switzerland)	100	0.87
14	Applied Mathematics and Computation	95	0.82
15	International Journal of Production Economics	92	0.80
16	Benchmarking	86	0.74
17	Energy Economics	79	0.68
18	Computers and Operations Research	78	0.68
19	International Journal of Production Research	72	0.62
20	Energy	68	0.59
21	Health Care Management Science	66	0.57
22	Applied Economics Letters	64	0.55
23	Journal of Air Transport Management	62	0.54
24	Applied Mathematical Sciences	61	0.53
25	Applied Mathematical Modelling	61	0.53
	Sum	3,576	30.95
	Total number of journal articles	11,554	100

3.3 Statistics based on authors

According to the statistical data, 14,011 distinct authors are identified in the 11,554 DEA-related articles within the updated database. Through the analysis of the number of authors in DEA-related articles, the articles with less than four authors are the most frequent form of composition, accounting for 92.70% in total. The largest number of DEA-related articles were written by two authors, accounting for about 33.40% of the total. Almost 15.77% of the total investigated articles were written by a single author. Besides, an article was written by 30 distinct authors(Di Giorgio et al., 2016), which is the article with the largest number of authors. More details of the distribution of DEA-related articles by different numbers of authors are presented in the following Figure 2.

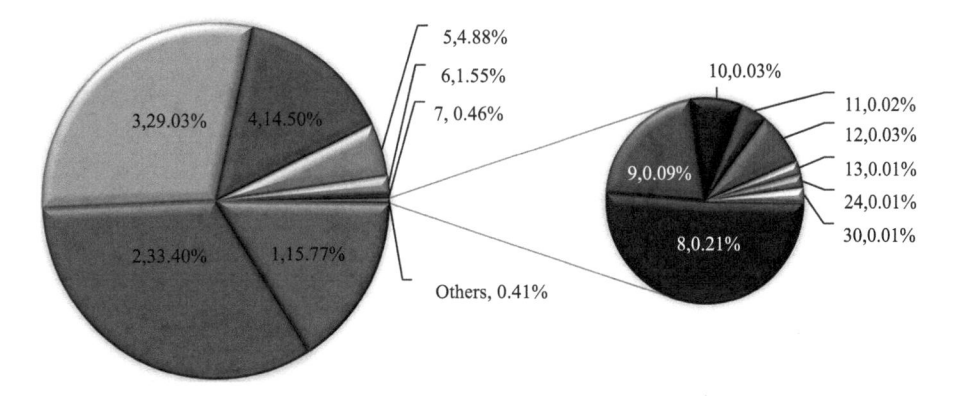

Figure 2. Distribution by number of authors of DEA-related articles (1978–2017)

3.4 Statistics based on keywords

We obtained 27,571 different keywords in DEA-related articles within the updated database, and the top 50 most frequently used keywords are listed in Table 2. Undoubtedly, DEA-related terms, e.g., data envelopment analysis, DEA and DEA models, were used most widely, appearing 10,640 times. In addition, some words referring to efficiency measuring and decision-making analysis were also actively used keywords, i.e., efficiency, decision making, technical efficiency, and so on.

Table 2. The 50 most commonly used keywords in DEA-related articles

No.	Keywords	No. of publications
1	data envelopment analysis, data envelopment analysis (DEA), DEA, or DEA models	10,640
2	efficiency	2,549
3	decision making	997
4	technical efficiency	907
5	productivity	729
6	linear programming	699
7	mathematical models	551
8	decision making unit, decision-making units, decision making units	537
9	benchmarking	520
10	data reduction	513
11	human, humans	485
12	article	484
13	efficiency measurement	425
14	malmquist index, malmquist productivity index	417
15	optimization	360
16	China	328
17	operations research	326
18	performance	301
19	data handling	296
20	energy efficiency	296
21	bootstrap, bootstrapping	280
22	performance assessment	276
23	regression analysis	267
24	efficiency, organizational	267
25	economics	258
26	returns to scale	258

		Continued
No.	Keywords	No. of publications
27	data analysis	236
28	United States	226
29	performance evaluation	225
30	Eurasia	221
31	ranking	204
32	relative efficiency	204
33	banking	202
34	industry	202
35	resource allocation	180
36	efficiency analysis	180
37	performance measurement	179
38	data envelopment	177
39	problem solving	176
40	costs	170
41	total factor productivity	166
42	Europe	164
43	sustainable development	162
44	decision theory	162
45	competition	157
46	mathematical programming	149
47	methodology	147
48	organization and management	144
49	profitability	142
50	efficiency evaluation	138

3.5 Statistics based on page numbers (size)

During the past 40 years, DEA-related articles have been published in various journals for over 140,000 pages, with an average of 13.4 pages per article. Statistics show that 74.31% of DEA-related articles have 6-18 pages, and the DEA-related articles with 10 pages in length are the most frequent, accounting for about 7.64%. A DEA-related article with 74 pages ranked first as the most pages in length of all the surveyed articles. More details of the page number of DEA-related articles can be seen in Figure 3.

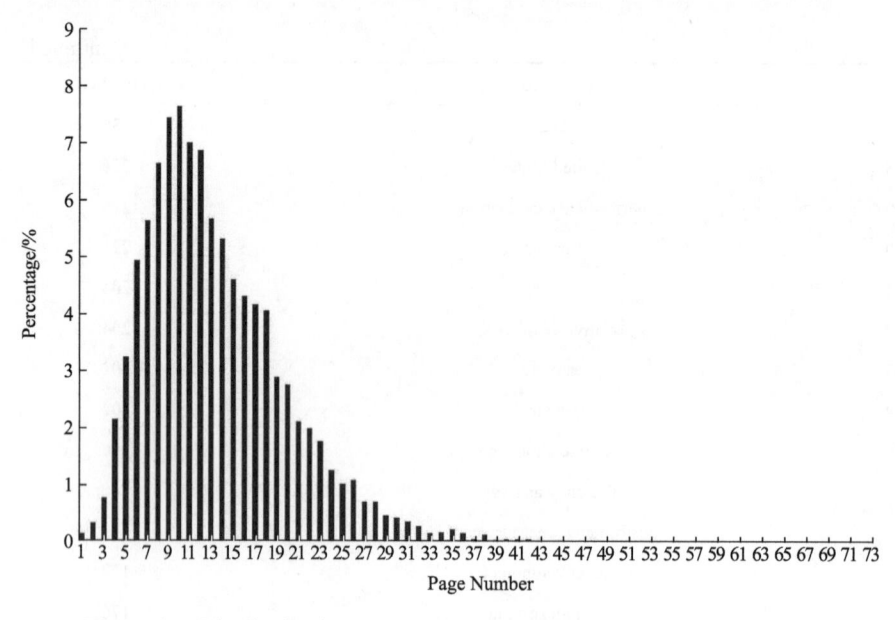

Figure 3. Distribution by page number of DEA-related articles (1978–2017)

4 Hot research topics in 2016–2017

To explore the hotspots of the latest DEA research and grasp the development trend of the DEA theory and its application, we further count and analyze the keywords of DEA-related articles published in 2016–2017. In Table 3, the six types of most commonly used keywords in DEA-related articles in 2016–2017 are listed.

Table 3. The most commonly used six types of keywords in 2016–2017

No.	Keywords
1	sustainability, eco-efficiency, undesirable outputs, directional distance function (DDF), environmental efficiency, sustainable development, environmental protection, energy efficiency, CO_2 emissions
2	efficiency evaluation, efficiency analysis, cost efficiency, technical efficiency, performance evaluation, performance assessment, ranking, benchmarking
3	Malmquist, Malmquist index, Malmquist productivity index, DEA-Malmquist index, total factor productivity
4	network DEA, two-stage, efficiency decomposition
5	bootstrap, bootstrapping
6	returns to scale, scale efficiency, congestion

Table 4 shows the top 10 most actively implemented fields of DEA methods in 2016–2017, i.e., energy, banking, education, environment, hospital, public policy, supply chain, transportation, agriculture and sociology. Compared with the previous DEA reviews (see references in Section 2), it is obvious that the application of DEA in the fields of energy, education and environment has increased significantly.

Table 4. Top 10 most implemented fields of DEA methods in 2016 and 2017

No.	Application fields
1	Energy
2	Banking
3	Education
4	Environment
5	Hospital
6	Public policy
7	Supply chain
8	Transportation
9	Agriculture
10	Sociology

5 Conclusions and future trends

The DEA theory and its application have developed rapidly in the past four decades since the original work of Charnes et al. (1978) until 2017. In terms of the scale of DEA outcomes and participants, the number of DEA-related articles published each year had increased exponentially, reaching 11,554, and 14,011 distinct scholars had contributed to the development of the DEA theory and application. Based on our analysis in different aspects of the DEA-related articles, the following conclusions were drawn: ① *European Journal of Operational Research*, *Journal of the Operational Research Society*, *Journal of Productivity Analysis* and *Annals of Operations Research* are the most popular journals which publish DEA-related articles; ② 92.70% of DEA-related articles were written by less than four authors, and the largest number of DEA-related articles were written by two authors, occupying about 33.40%; ③ data envelopment analysis [including data envelopment analysis (DEA), DEA, and DEA models] are the most frequently occurred keywords, meanwhile efficiency, decision making, technical efficiency and productivity occur with the posterior frequency; ④ the previous published DEA-related articles have an average of 13.4 pages per article, and statistics show that 74.31% of these articles have 6-18 pages, while the articles with 10 pages in length are the most frequent; ⑤ sustainability [including the related eco-efficiency, undesirable outputs, directional distance function (DDF), environmental efficiency, sustainable development, environmental protection, etc.], efficiency evaluation (including efficiency analysis, cost efficiency, technical efficiency, performance evaluation, performance assessment, ranking, benchmarking, etc.), total factor productivity (including Malmquist index, Malmquist productivity index, etc.), network DEA (with two-stage and efficiency decomposition), bootstrap, bootstrapping, returns to scale, scale efficiency, congestion are the most popular research keywords in DEA investigation in 2016–2017. DEA methods were most frequently applied in the fields of energy, banking, education, environment, and hospital in 2016 and 2017.

Acknowledgements

We would like to acknowledge the support from the National Natural Science Foundation of China (No. 72071196).

References

Ahn H, Afsharian M, Emrouznejad A, et al. 2018. Recent developments on the use of DEA in the public sector. Socio-Economic Planning Sciences, 61: 1-3.

Aldamak A, Zolfaghari S. 2017. Review of efficiency ranking methods in data envelopment analysis. Measurement, 106: 161-172.

Cavaignac L, Petiot R. 2016. A quarter century of data envelopment analysis applied to the transport sector: A bibliometric analysis. Socio-Economic Planning Sciences, 57: 84-96.

Charnes A, Cooper W W, Rhodes E. 1978. Measuring the efficiency of decision-making units. European Journal of Operational Research, 2(6): 429-444.

Di Giorgio L, Moses M W, Fullman N, et al. 2016. The potential to expand antiretroviral therapy by improving health facility efficiency: Evidence from Kenya, Uganda, and Zambia. BMC Medicine, 14(1): 108.

Emrouznejad A, Thanassoulis E. 1996a. An extensive bibliography of data envelopment analysis (DEA), Vol. I : Working papers. Working Paper: 1-55.

Emrouznejad A, Thanassoulis E. 1996b. An extensive bibliography of data envelopment analysis (DEA), Vol. II : Journals papers. Working Paper: 1-21.

Emrouznejad A, Thanassoulis E. 1997. An extensive bibliography of data envelopment analysis (DEA), Vol. III : Supplement 1. Working Paper: 1-24.

Emrouznejad A, Yang G L. 2018. A survey and analysis of the first 40 years of scholarly literature in DEA: 1978-2016. Socio-Economic Planning Sciences, 61: 4-8.

Emrouznejad A, Parker B R, Tavates G. 2008. Evaluation of research in efficiency and productivity: A survey and analysis of the first 30 years of scholarly literature in DEA. Socio-Economic Planning Sciences, 42: 151-157.

Gattoufi S, Oral M, Reisman A. 2004a. A taxonomy for data envelopment analysis. Socio-Economic Planning Sciences, 38(2-3): 141-158.

Gattoufi S, Oral M, Reisman A. 2004b. Data envelopment analysis literature: A bibliography update (1996–2001). Socio-Economic Planning Sciences, 38(2-3): 122-159.

Kao C. 2014. Network data envelopment analysis: A review. European Journal of Operational Research, 239(1): 1-16.

Mardani A, Zavadskas E K, Streimikiene D, et al. 2017. A comprehensive review of data envelopment analysis (DEA) approach in energy efficiency. Renewable and Sustainable Energy Reviews, 70: 1298-1322.

Olesen O B, Petersen N C. 2016. Stochastic data envelopment analysis — A review. European Journal of Operational Research, 251(1): 2-21.

Seiford L M. 1994. A DEA bibliography (1978–1992)//Charnes A, Cooper W W, Lewin A Y. Data Envelopment Analysis: Theory, Methodology and Applications. Boston: Kluwer: 437-469.

Seiford L M. 1997. A bibliography for data envelopment analysis (1978–1996). Annals of Operations Research, 73: 393-438.

Tavares G. 2002. A bibliography of data envelopment analysis (1978–2001). RUTCOR, Rutgers University. https://docshare.tips/a-bibliography-of-data-envelopment-analysis_577ab548b6d87f76798b47b7.html[2024-08-21].

Zhou H, Yang Y, Chen Y, et al. 2017. Data envelopment analysis application in sustainability: The origins, development and future directions. European Journal of Operational Research, 264(1): 1-16.

作者简介

杨国梁

中国科学院科技战略咨询研究院研究员、博士生导师，科技发展战略研究所党支部书记兼学术所长，中国科学院改革发展重大问题研究支撑中心执行主任，中国科学院大学岗位教授，中国发展战略学研究会常务理事、智库专业委员会秘书长，中国优选法统筹法与经济数学研究会理事、副秘书长、管理决策与信息系统分会副理事长兼秘书长，*Socio-Economic Planning Sciences* 副主编。

主持过 60 余项来自英国皇家工程院、德意志学术交流中心、国务院研究室、国家发展和改革委员会、教育部、科学技术部、农业农村部、中国科学院、国家自然科学基金委员会、国家管网、国家电网等机构的委托与竞争性项目课题，取得了一批决策咨询成果和理论方法研究成果。截至 2025 年 1 月，发表学术论文 170 多篇，出版学术专著 10 余部。

E-mail: glyang@casipm.ac.cn

新时期我国社会安全治理的挑战和应对研究

李倩倩　张云睿　刘怡君

> **摘要**
>
> 当前，我国进入社会转型期的显著特点是经济体制深刻变革、社会结构深刻变动、利益格局深刻调整、思想观念深刻变化，带来整个社会系统的结构性变迁。在社会转型背景下，社会结构分化程度深、速度快，而社会领域改革呈现出严重滞后性，造成新的结构整合机制发育缓慢。不合理的社会结构会诱发诸多社会问题，如社会阶层分化、劳资关系紧张、利益分化加剧、底线民生薄弱等。这种社会结构与经济结构之间呈现"不同步、不平衡、不协调、不可持续"等结构性矛盾，日益表现为社会制度规范整合的速度滞后于结构分化速度而形成结构要素之间的紧张与脱节，导致社会利益关系日趋复杂，社会不同利益群体之间由于政策、制度和资源配置的结构性安排产生相对剥夺感，社会矛盾和问题交织叠加，社会治理面临的形势更为复杂。本文分析了新时期我国社会安全治理的突出问题，并提出了应对措施。
>
> 关键词：社会安全、社会治理、应对举措

1　我国社会安全治理所面临的挑战

加强和创新我国社会安全治理体系，仍然面临多元共治、基层自治、信息基础设施建设人才队伍优化等方面的治理挑战。

1.1　多元主体合作关系有待进一步确立

社会安全治理需要面临的问题跨界性、关联性、复杂性增强，需要党委、政

府、社会、公众携起手来，形成社会治理共同体。党的十八大以来，我国确立了党委领导、政府主导、社会协同、公众参与、法治保障的社会治理体制和全民共建共享的社会治理格局。但从治理实践来看，治理责任边界不清、权责不匹配、属地管理与条线管理扯皮等问题突出（国务院发展研究中心，2018），企业、社会组织、公众等主体参与社会治理的资格没有得到有效保障，合作关系有待于进一步确立。

（1）政社关系尚未理顺，社会组织发育与治理需求仍存较大差距

社会组织是社会治理的重要参与主体，在引导社会成员参与社会治理、推动社会治理整合方面发挥着重要作用（王东旭和郑慧，2018）。2015年，中共中央办公厅、国务院办公厅印发《行业协会商会与行政机关脱钩总体方案》，提出"加快形成政社分开、权责明确、依法自治的现代社会组织体制，理清政府、市场、社会关系，积极稳妥推进行业协会商会与行政机关脱钩"。2016年，中共中央办公厅、国务院办公厅印发了《关于改革社会组织管理制度促进社会组织健康有序发展的意见》，提出"政社分开、权责明确、依法自治的社会组织制度基本建立，结构合理、功能完善、竞争有序、诚信自律、充满活力的社会组织发展格局基本形成""支持社会组织在创新社会治理、化解社会矛盾、维护社会秩序、促进社会和谐等方面发挥作用"。但由于各级政府推进事权规范化、法律化等动力不足，仍未能落实理顺政社合作关系。例如，政府在购买公共服务时往往委托给自己下设或培育的社会组织，缺乏公平、公正、公开的竞争机制。

在社会组织培育方面，近年来我国社区社会组织发展较快，但真正能发挥作用的还比较少，新增的社会组织中互益型居多、公益型偏少，文化娱乐型居多、专业服务型偏少。目前我国还没有专门的社会组织法，现行的三大社会组织条例《社会团体登记管理条例》《民办非企业单位登记管理暂行条例》《基金会管理条例》，修订迟缓，很多内容与当前改革要求严重脱节（王名，2018）。政府对培育新型社会组织的重视不够，专业调处类组织较少，且覆盖面窄，服务质量参差不齐，管理缺乏专业化、精细化、规范化，公众参与社区服务的程度低。

（2）引入社会资本的政策壁垒仍然较多，市场作用没有充分发挥

社区建设离不开市场在资源配置方面的决定性作用。市场"缺位"必然会造成政府"越位"和"错位"。2015年《关于在公共服务领域推广政府和社会资本合作模式的指导意见》提出"政府作为监督者和合作者，减少对微观事务的直接参与，加强发展战略制定、社会管理、市场监管、绩效考核等职责"。但在实际工作中，社区建设和社区服务主要由政府及其所属的投融资平台或国有企业来承担，社会资本进入社区治理的政策壁垒仍然较多，相关的规划、支持、约束和监管措施均比较缺失。政府财力有限的地方，社区发展水平就比较滞后，欠发达地区的社区建设水平尤为不足：服务设施布局分散、简单粗放、功能单一；工作力量配备不足，与治理任务相比显得捉襟见肘；不少社区经费只能确保日常运转，社区活动和居民自治开展不起来（刘理晖，2019）。

1.2 基层自治治理水平有待进一步提升

基层群众自治制度是人民当家作主制度体系的一项重要内容。它是中国共产党对农村和城市社区的基层群众自治性组织不断加以规范和引导，使广大基层群众依照宪法和法律参与国家和社会事务、经济文化事业管理，以实现基层群众自我管理、自我服务、自我教育、自我监督为目标的中国特色社会主义民主政治制度。坚持和完善基层群众自治制度，是发展社会主义民主政治的一项基础内容，也是人民群众直接参与国家和社会事务、直接行使民主权利的重要制度保证（彭海红，2018）。

（1）村居"两委"自治功能作用有限，社区自治水平有待于提升

1982年，城市居民委员会和农村村民委员会被一起写进宪法。1989年、1998年先后通过《中华人民共和国城市居民委员会组织法》《中华人民共和国村民委员会组织法》，1992年党的十四大首次把我国基层民主制度形式确定为农村村民委员会、城市居民委员会和企业职工代表大会，此后逐步形成了以村委会、居委会和职代会为主要内容的基层群众自治基本政治制度（何毅亭，2019）。尽管法律明确规定了村居"两委"作为自治组织的法定地位和自治职能，然而我国目前自治意识相对较弱，自治能力相对不足。在行政事务烦琐庞杂的情况下，村居"两委"往往难以有效地回应社区居民的期望，满足他们的需求（于今和蒋国长，2020）。随着我国工业化、城镇化快速发展，我国城乡利益格局深刻调整，城市和农村社会管理面临的流动人口管理、商业维权、农村土地权益纠纷等一系列问题难以找到治理依据。2018年12月，《全国人民代表大会常务委员会关于修改〈中华人民共和国村民委员会组织法〉〈中华人民共和国城市居民委员会组织法〉的决定》通过。但其仅对村民委任期、居民委员会选举权等进行修改，并未涉及治理现实问题，居委会的法人地位、工作人员待遇等也没有明确提出。

（2）基层社会治理的优秀经验缺乏制度化建构，难以有效推广和传播

目前，社会治理领域中许多好经验好做法尚未提升为科学理论，更缺乏制度化建构。例如，2019年1月发布的《中国共产党农村基层组织工作条例》第二十条规定："党的农村基层组织应当健全党组织领导的自治、法治、德治相结合的乡村治理体系。深化村民自治实践，制定完善村规民约，建立健全村务监督委员会，加强村级民主监督。推广新时代'枫桥经验'，推进乡村法治建设，提升乡村德治水平，建设平安乡村"。又如，2019年6月由中共中央办公厅、国务院办公厅印发的《关于加强和改进乡村治理的指导意见》规定"坚持发展新时代'枫桥经验'，做到'小事不出村、大事不出乡'。健全人民调解员队伍，加强人民调解工作。完善调解、仲裁、行政裁决、行政复议、诉讼等有机衔接、相互协调的多元化纠纷解决机制"。但是，在法律和行政法规当中目前还没有出现"枫桥经验"的概念。

1.3 信息基础设施建设有待进一步加强

运用大数据、云计算、区块链、人工智能等前沿技术推动城市管理手段、管理模式、管理理念创新，是推进社会安全治理现代化的必由之路。党的二十大对建设网络强国、数字中国做出战略部署。党的十九届四中全会明确要求，"建立健全运用互联网、大数据、人工智能等技术手段进行行政管理的制度规则。推进数字政府建设，加强数据有序共享，依法保护个人信息"。近年来，依托智慧城市、数字政府建设，新一代信息技术在促进政府职能转变、推动政府治理转型、提升政府治理能力方面发挥了重要作用。但由于信息基础设施建设的很多资源没有充分应用，社会安全治理能力的提升仍然有限。

（1）信息基础设施建设缺乏顶层设计，信息资源共享问题仍然突出

近年来，国家相继发布《国务院关于积极推进"互联网+"行动的指导意见》《促进大数据发展行动纲要》《政务信息系统整合共享实施方案》等，提出消除信息孤岛，推进数据资源向社会开放，大力推动政府信息系统和公共数据互联开放共享。但由于现有建设模式缺乏顶层设计，热衷于单个项目建设并取得成效，缺乏各个项目之间的有机联系，建设时协同化不足，标准不一，体系各异，难以从数据的原始底层进行数据的融合（胡煜等，2018）。在政府内部、各部门基本呈现纵向隶属管理，大都听从于上级指令，相互独立。信息基础设施也主要由有关部门根据各自的需求进行建设，形成了类似于"烟囱式"的组成架构，虽然在一定程度上解决了各自的需求，但很多资源还没有得到充分应用，相关部门、城市之间的数据融合困难，仍做不到深入的共享互通。

（2）信息资源共享和应用的相关规制滞后，信息安全问题仍然严峻

依托智慧城市、数字政府建设，信息化技术手段在社会治理中的资源分配、诉求表达、风险研判、应急管理等方面发挥了很大作用。与此同时，各个行业、各个领域的数据信息随着大数据、物联网、互联网等技术的应用不断叠加，数据体量不断增加。随着信息技术的深度应用，公民隐私、信息安全等问题日益凸显，不可避免地带来一系列安全隐患。一是技术层面，如系统漏洞，使得黑客可进入核心部分进行攻击；二是一些人为了获取经济利益，利用非法渠道获取信息进行交易。此外，由于数据共享的制度建设不健全，也阻碍了不同部门间的数据共享和应用场景的扩展。例如，政务信息共享的权责关系不清晰，涉及信息技术、安全保障方面的法律法规和标准规范过于宏观，造成了监管难题。

1.4 治理人才队伍结构有待进一步优化

社会安全治理人才短缺突出表现在社区管理人才、大数据技术人才、社会心理服务人才、专业社会工作者数量少，且人员素质参差不齐（王伟进等，2018）。

（1）基层人才队伍稳定性不够，影响基层社会治理效能发挥

基层承担了化解风险的主要工作，但基层工作任务重和人员严重短缺之间的矛盾日益突出。由于编制、经费等相关保障和激励措施不到位，降低了岗位吸引

力，影响了基层社区、乡镇、街道办事处等基层人才队伍的稳定和效能发挥。此外，从我国基层治理的具体实践来看，基层治理的水平仍处于初步发展阶段，专业化程度较低，专业知识更新滞后，专业技术利用率不高，缺乏专业人才。

（2）专业社会工作人才供给不足，发挥社会调节作用不强

专业社会工作源于西方国家，通过运用专业方法为弱势群体提供专业服务，具有解决社会问题、优化资源配置、提供社会公共服务以及促进社会公平与正义等功能。社会工作以服务的方式化解社会问题、弥合社会裂痕、建构良好社会秩序而实现社会治理（周群英，2016）。2010年，中央出台的《国家中长期人才发展规划纲要（2010—2020年）》第一次将社会工作专业人才纳入国家人才发展大局，确立了社会工作专业人才在我国国民经济和社会治理中的重要地位。根据中国社会工作联合会发布的数据，截至2022年底，我国专业社会工作人才队伍已达160万人。但根据民政部的测算，我国未来需要300万社会工作专业人员才能满足社会需要。

（3）科技型治理人才培养布局缺乏，科技支撑社会治理人才保障不够完善

我国各级政府培养的干部队伍和人才队伍，主要着眼于政治素质、领导能力、协调能力等综合素质，掌握高端技术的人才比较稀缺。此外，由于政府的主要职能是制度设计、政策出台和行政监管等，政府可以通过引导高科技企业发展、政府购买高科技服务等方式参与社会治理的"智治"，因此政府没有动力培养政府内部的高技术人才。然而，随着对社会安全治理智能化要求的不断提高，迫切需要提高政府工作人员的科技素养和能力。科技支撑的社会安全治理体系不仅需要大批精通业务和基础数据资源的业务型人才，还需要了解新型信息技术并善于管理的复合型治理人才。

2　完善我国社会安全治理长效机制的建议

稳定是激发社会活力、促进社会进步、积蓄新的发展力量的前提与基础。发展可以解决群众的诉求，提升社会文明的程度，保障人民的获得感、幸福感和安全感，减少社会的不稳定因素。当前，我国进入全面深化改革攻坚期，社会风险治理要处理好在发展中保持稳定与稳定中保持发展的辩证统一关系。必须要立足于中国实际统筹改革、发展和稳定之间的关系，协调好活力与秩序的关系。习近平指出对社会治理要全面辩证看待，"社会治理是一门科学，管得太死，一潭死水不行；管得太松，波涛汹涌也不行。要讲究辩证法，处理好活力和秩序的关系，全面看待社会稳定形势，准确把握维护社会稳定工作，坚持系统治理、依法治理、综合治理、源头治理[①]"。

[①] 习近平2014年1月7日在中央政法工作会议上的讲话。

2.1 完善多元主体参与体制机制，推进社会安全治理共同体建设

完善总揽全局、协调各方的社会安全治理党委领导体制。充分发挥党总揽全局、协调各方的领导核心作用，统筹各方力量，树立"全周期管理"意识，协调行动，牢牢把握社会安全治理的正确方向。完善多元主体社会安全治理平战转换机制。针对常态化社会安全治理，构建政府、市场、社会互信、互助、互担的风险防控链条，规范和畅通群众诉求表达、利益协调、权益保障通道等；针对重大突发事件的非常态化治理，着力形成资源统筹、高效协同的组织动员机制。完善联动融合、集约高效的政府治理机制。各地抓紧落实"平安中国建设协调小组"，统筹整合各方资源力量，协调解决社会安全治理中单一部门层级难以解决的突出问题，加强督导考核，落实目标管理责任制。进一步深化权责清单制度，优化和调整政府权力运行机制。深入落实政社分开的社会体制改革要求，深化权责清单制度，细化分类分级，减少自由裁量权，强化权力监督机制。涉及矛盾突出、专业性强的新产业、新业态等领域，加快完善社会安全治理的政策供给，避免在新兴治理领域各部门相互推诿。

2.2 深化基层风险化解法治建设，构建基层社会安全治理新格局

加快推进"枫桥经验"法治化，将其纳入推进全面依法治国的整体战略部署。将"枫桥经验"纳入全面依法治国战略轨道，通过深化司法体制综合配套改革，全面落实司法责任，依法化解社会矛盾。尽快制定"社会组织法"，培育社会矛盾调处类新型社会组织。英国、德国、日本等发达国家注重通过法治建设培育社会组织。我国应加快对社会组织的立法，形成现行社会组织管理"三大条例"的上位法，实行依法监管，完善适合我国国情的社会组织分类体系，规范现代社会组织体系和体制建设。同时，落实政社分开，完善政府采购机制、竞争机制。加大对新型社会组织的培育力度，进一步完善人才引进、资金支持、税收优惠等政策。

2.3 推进"新基建"赋能社会治理，强化科技支撑的安全治理体系

当前，国家部署加快推进信息网络等新一代新型基础设施，为社会安全治理智慧化升级提供了战略机遇（潘教峰和万劲波，2020）。应抓住"新基建"建设的战略机遇，加快我国社会安全治理顶层设计。统筹社会安全治理供给侧和需求侧，注重系统谋划、综合协同、体系化推进建设标准、多元共建、智能决策、配套政策的设计，完善社会安全治理风险预警、创新应用、风险评估、新型预案、应急救援等机制。以"市域社会治理现代化试点"为突破口，探索"新基建"赋能社会安全治理的新模式。市域因其社会风险更加集聚、治理资源更加集中，已经成为社会安全治理的关键层级。建议由中共中央政法委员会、国家发展和改革委员会牵头，以"市域社会治理现代化试点"为切入点，把握市域社会风险的区域性和阶段性特征，推进社会风险预判机制、化解纠纷机制、利益表达机制变革

与"新基建"深度融合，特别注意提高预测预警预防社会风险能力和应对突发事件能力，从源头、传导、转化的关键环节加速"新基建"的赋能作用，防止市域矛盾风险溢出。

2.4 优化社会治理人才队伍结构，提高社会安全治理专业化水平

建设稳定的基层社区工作人才队伍。健全选拔任用体系，健全教育培训体系，着力培养适应新时期需要的专业基层队伍，加强基层人才培养，增加经费支持，保持队伍的稳定。政府应加强与高校社会工作专业的合作，引导培育适应社会安全治理需求的社会专业工作人才，优化人才结构；加大对民办社会工作机构的政策支持、财政投入，扩大购买民办社会工作机构服务规模；制定政府长期、连续、稳定购买社会工作服务规划，为社会工作服务提供稳定预期。加强政府科技型治理人才队伍建设。政府加大对 5G、大数据、云计算等专业人才招考力度，完善科技型人才晋升通道；将公务员数字化技能水平纳入培训和考核体系；依托企业、高校等联合开展科技型治理人才培养，畅通政府和企业的人才流动机制。

致谢

感谢国家自然科学基金委员会面上项目"公共政策舆情决策价值和社会风险智能计算研究"（批准号：72374193）的支持。

参考文献

国务院发展研究中心. 2018. 我国社会治理的制度与实践创新. 北京：中国发展出版社.
何毅亭. 2019-12-02. 坚持和完善中国特色社会主义基本制度. 学习时报, A1.
胡煜, 薛文胜, 罗欣伟. 2018. 关于发展我国新一代信息基础设施的思考. 中小企业管理与科技, (21)：104-105.
刘理晖. 2019. 新时代加强社区治理的政策建议. 社会治理, (5)：25-29.
潘教峰, 万劲波. 2020. 构建现代化强国的十大新型基础设施. 中国科学院院刊, 35(5)：545-554.
彭海红. 2018. 基层群众自治制度体现人民民主实质. 红旗文稿, (20)：20-22.
世界经济论坛. 2020. 2020 全球风险报告. 伦敦：世界经济论坛.
王东旭, 郑慧. 2018-05-21. 基层社会治理何以实现. 光明日报, 11.
王名. 2018. 中国社会组织 1978—2018. 北京：社会科学文献出版社.
王伟进, 李兰, 沈和. 2018. 社区多元共治机制建设路径——基于江苏太仓系列实践的考察. 行政管理改革, 107(7)：68-74.
于今, 蒋国长. 2020. 深化社会治理体制改革 构建社会命运共同体和社会治理共同体. 学习强国. https://www.xuexi.cn/lgpage/detail/index.html?id=7539088284677531771&item_id=7539088284677531771[2024-08-21].
周群英. 2016. 社会工作参与社会治理的路径探析. 长江论坛, (3)：81-86.

作者简介

李倩倩

中国科学院科技战略咨询研究院副研究员。2011年获得中国科学院科技政策与管理科学研究所管理科学与工程博士学位。研究方向为社会舆情、社会治理等领域，已在国内外权威杂志和知名国际会议发表学术论文20余篇。

E-mail: lqqcindy@casipm.ac.cn

作者简介

张云睿

中国科学院科技战略咨询研究院博士研究生。研究方向为舆情风险、复杂网络。

E-mail: zhangyunrui21@mails.ucas.ac.cn

作者简介

刘怡君

中国科学院科技战略咨询研究院研究员、博士生导师。主要从事风险管理与社会治理、可持续发展等研究。担任中国科学院科技战略咨询研究院社会治理与风险研究中心主任，中国发展战略学研究会社会战略专业委员会秘书长，全国风险管理标准化技术委员会（SAC/TC310）委员，中国科学院青年创新促进会会员，北京市朝阳区应急办专家等。先后主持5项国家自然科学基金、中国科学院方向性创新项目、中国科学院创新团队项目等。

E-mail: yijunliu@casisd.cn

国内外舆情大数据系统功能调研与分析

马 宁 刘怡君 李燕杰

摘要

随着互联网设施及应用快速发展,互联网上舆情信息呈爆炸式增长。舆情系统成为政府部门、企事业单位、个人用户等实现舆情追踪、预警、应对的重要辅助工具。本研究通过梳理国内外典型舆情系统开发情况,选取国外 Global Pulse、CrisisTracker、Twitcident、Pulse of the Nation、WeFeel,以及国内清博智能舆情分析系统、新浪舆情通、中国科学院舆情大数据决策平台、蚁坊软件、乐思网络舆情监测系统共十个舆情系统展开调研。重点调研各舆情系统的舆情产品、特色功能、技术优势等,通过对以上舆情系统的服务对象、应用场景进行对比分析,发现目前舆情系统存在的问题并提出发展建议。

关键词:舆情系统、功能分析、技术优势、SWOT 分析

1 引言

随着互联网和大数据等技术快速发展,普通网民可以即时、方便、快捷地在互联网等社交媒体发表观点或评论。2023 年 8 月,中国互联网络信息中心(China Internet Network Information Center,CNNIC)在北京发布的第 52 次《中国互联网络发展状况统计报告》显示,截至 2023 年 6 月,我国网民规模达 10.79 亿人,较 2022 年 12 月增长 1109 万人,互联网普及率达 76.4%。互联网成为传播网络舆情的主要载体,网络舆情则成为反映社情民意的"晴雨表"。

网络舆情由网民对现实社会中的社会现象或突发事件等,所表达的观点、态度、情绪等组成,且常与负面、虚假等谣言信息相伴而生。当下舆情环境呈现出信息量规模巨大、信息传播速度极快且信息展示形式复杂多样的新特性,给舆情

监测带来新的挑战，单一依靠人力已经无法进行信息收集、分析和处理，必须依靠舆情系统来进行管控。舆情系统综合运用搜索引擎技术、文本处理技术、知识管理方法、自然语言处理等，通过对互联网海量信息自动获取、提取、分类、聚类、监测等，满足用户对网络舆情追踪、预警、应对等的需求。

本研究对国内外典型舆情系统进行调研，重点分析现有舆情系统的主要功能、技术优势等，对典型舆情系统进行对比分析，并提出未来发展建议。

2 国内外舆情系统发展概况

2.1 舆情系统开发情况

国外舆情系统注重运用系统性、科学性、定量性方法，精准收集群众对公共事务的意见，反映各阶层民众对公共事务的情绪，即利用舆情系统自动收集并分析社情民意。例如，在美国大选期间，美国多家研究机构基于网络舆情数据对总统选举结果进行预测（Yaqub et al., 2017），基于 Twitter、Facebook 舆情数据，类似的研究也应用于印度大选（Sharma and Ghose, 2020）、芬兰议会选举（Vepsalainen et al., 2017）等。①在危机事件监测方面，IBM 公司和墨尔本大学等合作开发"CrisisTracker"在线系统（危机追踪系统），实时抓取重大突发事件时期的 Twitter 相关数据，进行聚类分析等以感知舆情态势（Rogstadius et al., 2013）；荷兰代尔夫特理工大学专家开发"Twitcident"系统，主要监测 Twitter 上的信息，用于过滤、搜索和分析与现实事件或危机相关的网络信息（Abel et al., 2012）。2009 年联合国秘书长执行办公室正式启动"全球脉动"（Global Pulse）倡议项目，运用大数据对全球范围内 Twitter 和 Facebook 的信息实施监测和情绪分析，对动乱、种族冲突进行早期预警（UN Global Pulse, 2021）。②在负面情绪监测方面，美国东北大学和哈佛大学对 Twitter 内容进行持续监控，绘制美国情绪版图，开发"Pulse of the Nation"系统，主要分析 Twitter 情绪时间、地点动态变化趋势（Pulse of the Nation. U.S., 2021）；同样以 Twitter 为监测对象，印度斋浦尔大学应用 RapidMiner 数据挖掘技术开发情绪监测系统（Singh et al., 2019）。澳大利亚联邦科学与工业研究组织（Commonwealth Scientific and Industrial Research Organisation, CSIRO）和黑犬研究所（Black Dog Institute）利用 Twitter 绘制世界情绪地图，开发"WeFeel"舆情监测系统。另外，也有研究侧重将舆情系统分析结果应用于商品精准推荐，综合应用深度学习、观点挖掘算法（Da'u et al., 2019, 2020）。③在舆情预警系统方面，以维护公司经济利益为出发点，自动识别针对公司及其产品的网络舆情突发紧急情况（Bodendorf, 2011）。

国内舆情系统开发目的主要包括热点话题发现、突发事件监测、舆情危机预警等。从开发主体来看，主要包括企业类舆情系统、研究类舆情系统和政务类舆情系统等。①企业类舆情系统包括清博智能舆情分析系统、新浪舆情通、蚁坊软件、乐思网络舆情监测系统。例如，清博智能舆情分析系统拥有清博舆情、清博指数、清博热点等多个核心产品，提供微信、微博、头条号等新媒体排行榜、舆情报告、数据咨询、融媒体等服务。新浪舆情通基于互联网信息采集、文本挖掘和智能检索，及时发现并快速收集所需的网络舆情信息，实现社会热点话题、突发事件、重大情报的快速识别和定向追踪。蚁坊软件从事互联网大数据分析，专注于大数据信息的挖掘和价值传递。乐思网络舆情监测系统针对互联网新兴媒体，通过对海量网络舆论信息进行实时的自动舆情采集、舆情分析、舆情汇总、舆情监视，识别其中的关键舆情信息。②研究类舆情系统主要包括我国科研院所或高校开发的舆情系统，如中国科学院、北京大学、东北大学、哈尔滨工程大学等自主开发的舆情系统。中国科学院科技战略咨询研究院社会治理与风险研究中心从系统层面开发具有自主知识产权的"舆情大数据决策平台"。北京大学针对微博舆情深度分析，开发"北京大学 PKUVIS 微博可视分析工具"，对单条微博的传播路径、转发层级等进行可视化展示。③政务类舆情系统包括各地政府或相关部门自主或委托第三方开发的舆情监测系统。例如，"人民网舆情数据中心""中国舆情网""本果舆情监测软件"为党政机关、企事业单位等提供舆情监测、文本分析、舆情报告、舆情排行榜等多种形式的舆情服务。

2.2 舆情系统研究情况

目前舆情系统的研究主要集中在系统功能的设计与实现方面，包括舆情信息采集、舆情分析预警、舆情情绪监测等功能的设计和实现。研究过程包括需求分析、架构设计、逻辑设计、模块设计、数据库设计、安全测试等环节（侯树茂，2020；曾德伟，2020）。

在关键技术方面，舆情系统在数据获取、预处理、数据分析、结果呈现各重要阶段均需要关键技术支撑（李振江，2015），包括信息采集技术、话题监测技术、文本分析技术、可视化技术（马梅等，2016）等。例如，在数据采集方面，最新研究对大数据环境下多媒体网络舆情并发获取的特征、数据源进行分析，深度解析机理与数据源、过程、机理间的相互作用关系，以快速、高效、准确获取舆情数据（黄微等，2019）。

在功能实现方面，以突发事件或危机事件的监测、分析、预警为主（方茜，2019），包括话题追踪、舆情态势预测、情感倾向判断等。例如，应用马尔可夫模型，将舆情发展态势划分为生成期、发展期、急速发展期和衰退期，通过对历史数据的计算预测舆情的未来发展趋势（洪小娟等，2019）；采用深度学习的网络舆情情绪监测系统，运用网络舆情感知模型，实现了对数据更加准确的分类（杨娜和褚茂胜，2020）。

在分析对象方面，主要聚焦热点事件舆情、突发事件舆情、高校舆情、食品安全舆情、政务舆情等。例如，"网络热点爬虫舆情系统"为有效控制和应对网络热点事件，从不同维度处理分析事件，为增强网络热点事件舆情管控等工作提供技术支撑（田煜，2020）。"校园网络舆情监测系统"通过对大数据背景下数据挖掘技术面临的问题进行分析，研究大数据为校园网络舆情监测带来的机遇，并利用大数据挖掘技术对校园网络舆情进行监测（邝楚文，2021）。"食品安全事件舆情监测与预警体系"从食品安全事件大数据库建设出发，设计舆情预警系统各环节运作机制，以把握食品安全风险治理的主动权（叶金珠，2021）。

3 国外典型舆情系统调研

3.1 Global Pulse 倡议项目

随着大数据发展战略得到世界各国的高度重视，联合国秘书长执行办公室于2009年正式启动了"全球脉动"（Global Pulse）倡议项目，旨在推动数字数据快速收集和分析方式的创新。

在舆情监测方面，"全球脉动"用大数据对全球范围内 Twitter 和 Facebook 的信息实施监测和情绪分析，对动乱、种族冲突进行早期预警。

在全球性疫情大流行期间，该项目对疫情相关舆情信息进行大数据分析，包括：①开发医疗保健服务监测和感知分析功能，分析公众对流行病的看法和担忧，包括疫苗接受度或歧视信息的分析等；②对谣言等虚假信息进行实时监控和分析，以识别与防疫措施相悖的、潜在的有害误解或谣言，并指导国家决策部门实施有效沟通策略；③对官方公布信息进行深度挖掘，以创建基于人工智能（artificial intelligence，AI）、机器学习和数据工程的全球可扩展分析平台。

3.2 CrisisTracker

CrisisTracker 是一个由 IBM 公司和墨尔本大学等合作伙伴共同研发的在线系统，其核心功能在于跟踪中非共和国和刚果民主共和国等地部分战乱地区的武装活动与冲突事件。在舆情信息监测领域，该系统通过采集当地相关报道或民众讨论信息，并实时抓取重大突发事件时期的 Twitter 相关数据，运用先进的聚类分析，精准把握舆情态势（Rogstadius et al.，2013）。此举有效克服了当前战乱地区实时数据不足的问题，为政府提供了有力的决策支持。特别是在加强人道主义援助和保护行动者响应、提高公众对武装冲突对弱势平民影响的认识等方面，CrisisTracker 发挥了重要作用。

CrisisTracker 数据主要来自社区的预警系统（early warning system，EWS），该系统涵盖了中非共和国东部和刚果民主共和国东北部的120多个社区。基于以上社区数据集，该系统可以反映当地的武装团体活动，包括杀戮、抢劫和绑架等，以及武装冲突对平民的影响。除了在线地图，CrisisTracker 系统可以通过每日电子邮件警报、每月趋势摘要和季度安全简报对武装冲突进行分析。

3.3 Twitcident 系统

荷兰代尔夫特理工大学专家开发了 Twitcident 系统，主要通过监测 Twitter

上的信息，搜索、过滤和分析与现实事件或危机相关的网络信息。系统通过筛选本地推文和其他有关紧急情况的社交媒体更新，将有用的信息直接传送给急救人员。该系统消除了 Twitter 的噪声，并专注于事件最相关的方面。过滤器可用于显示灾难的位置、报告损坏的数量以及是否有人员伤亡。

该系统的工作原理是首先监视当地的紧急事件广播。一旦报告突发事件，Twitcident 系统便开始汇总社交媒体 Twitter 的相关信息，通过深度分析和过滤，使第一响应者可以使用 Twitcident 的过滤器来解析其感兴趣的信息。

3.4 Pulse of the Nation 系统

美国东北大学和哈佛大学对 Twitter 内容进行持续监控，绘制出反映美国情绪分布的版图，并开发了 Pulse of the Nation 系统，主要分析 Twitter 上情绪的时间、地点动态变化趋势。

舆情分析功能包括：①情绪变化。整体的每日变化，如清晨和深夜的快乐推文水平最高，而且情绪存在地理差异，如西海岸地区推文展示出更快乐的情绪，其模式始终比东海岸晚三个小时。②每周变化。分析每周的情绪变化趋势，发现周末比工作日更快乐，且推文情绪得分的高峰出现在周日早上，低谷出现在周四晚上。③数据可视化。结合美国人口普查数据等，将以上情绪分析与地图进行匹配，绘制美国情绪版图。

3.5 WeFeel 系统

WeFeel 舆情监测系统由澳大利亚联邦科学与工业研究组织和黑犬研究所联合开发，其利用 Twitter 分析用户情绪变化趋势和特征，将 Twitter 信息映射形成不同层次的情绪，包括爱、喜悦、惊讶、生气、伤心、恐惧等。

舆情体现了情绪的变化，WeFeel 系统对情绪的计算综合考虑了不同的核心情感，并将不同层次的核心情感融合在一起进行分析。另外，WeFeel 能够以易于理解的方式展示个人情绪随时间变化的情况，通过可视化数据，可以挖掘开心或愤怒的关键时间点，通过真实数据辅助人们找到情绪的真相和原因，进一步改变生活状态。

4 国内典型舆情系统调研

4.1 清博智能舆情分析系统

4.1.1 主要舆情产品

（1）清博舆情

以海内外全网数据分析、智能语义分析、危机传播管理为技术支持，提供实时舆情分析、阶段性舆情研判、专题性舆情分析、定制化舆情会商等服务。

主要开发"舆论大数据分析平台"，基于数据化的舆论分析，智能跟踪传播路径，助力解决舆论领域传播分析、评估与决策难题。主要分析功能包括：①舆论推演：通过大数据和人工智能深度学习实现舆论事件发展、演变及未来走向的自动化预测、研判，帮助客户用大数据技术手段实时预判风险和机遇，为企业决策提供有力参考。②数据溯源：当突发舆情事件时，清博舆情可以回溯突发舆情事件相关数据信息，宏观分析整体舆情事件，预测舆情发展趋势，为进一步的舆情应对提供决策参考。③媒介关系图：对所有文章内容进行情感值判断，根据正面倾向占比来定义媒体与企业的关系属于何种范围。

（2）清博指数

提供微信榜单、头条榜单、抖音榜单、快手榜单等全覆盖的新媒体大数据平台，形成第三方新媒体数据搜索引擎和"两微一端"新媒体大数据平台（图1）。

图1 清博指数用户界面示意图

各类榜单由不同的指标体系计算得出，一般包括一级指标和二级指标。例如，微信运营指数包括活跃度、内容质量、传播互动度、互动质量、层级互动度等一级指标，包括总文章数、原创文章数、发文频次、篇均在看数、篇均评论数、篇均阅读数等二级指标。

（3）清博热点

展示全国不同类型热点事件的区域热度分布，并可实现对特定事件的知识图谱分析、传播指数分析、情绪地图分析等（图2）。

图 2　清博热点用户界面示意图

4.1.2　主要功能优势

（1）情感分析

情感分析（sentiment analysis）是指对带有情感色彩的主观性文本进行分析、处理和抽取的过程。以微博为例，微博以其强大影响力已经深深地融入大多数网民的生活，而对微博的情感分析，不仅可以获取网民此时的心情、对某个事件或事物的看法，还可以获取其潜在的商业价值，对社会的稳定做出一定的贡献。

全网数据文本长短差异大，清博智能舆情分析系统通过自然语言处理（natural language processing，NLP）技术针对长文本和短文本分别开发两种通用舆情模型，基于人工交叉验证的百万全网数据以及 BERT 预训练模型，实时添加当前热点话题数据，在长文本和短文本的情感分析上进一步提升准确率。

（2）情绪分析

情绪分析相比情感分析依赖于更复杂的系统。现有的情绪分析的方法主要分为两类，一是基于词典和规则的方法，二是基于多种分类的机器学习方法。

目前已有的面向中文文本的情绪分析的研究主要使用单一模式的正负向分类方法，而现实中社交网络中文本的情绪类别往往更为细致，清博智能舆情分析系统针对此类问题提出了基于多任务联合学习的情绪分类方法，即一种包含乐、哀、好、怒、恶、惊、惧共七大类和 22 个细分子类的情绪分析方法，对训练数据预处理、采用交叉验证、算法模型结合反馈的方式进行标注。

（3）文本分类

文本分类指对文本数据按照一定的分类体系或标准进行自动分类。清博智能舆情分析系统将全网微信、网页、应用（application，APP）、微博等来源的文本分为时政类、娱乐类、社会类等 24 个类别，结合人工交叉验证标注和半监督学习方法得到百万训练集，并且针对不同文本长度，通过不同的截断、多模型训练等方式，保证了模型的推理速度以及鲁棒性，不断提高的文本分类准确率为舆论分析、观点挖掘和文本宏观分析等应用提供理论与技术支持。

4.2 新浪舆情通

4.2.1 主要舆情产品

（1）舆情大数据分析

"舆情大数据分析"包括全网事件分析、微博事件分析、微博传播效果分析、竞品分析、评论分析五类，旨在满足政企客户多样化的信息分析需求。这里介绍前三类：①全网事件分析，针对某一网络事件在互联网上的整体传播情况，收集全网数据进行分析，自动生成涵盖事件简介、事件走势、网站统计、数据类型、关键词云、热门信息、热点网民、传播路径、相关词、网民观点、舆情总结等 23 个维度的全网事件分析报告。②微博事件分析，针对某一网络事件在微博上的整体传播情况进行分析，自动生成涵盖事件简介、事件趋势、热点词、意见领袖、热门信息、传播途径、情绪分析、博主分析、数据类型等 30 个维度的微博事件分析报告。③微博传播效果分析，针对某一单条微博在微博上的传播路径进行梳理，自动生成涵盖该条微博的传播路径、转发评论内容、转发评论者概况、发布设备等共计 21 个维度的单条微博全面分析报告。

（2）舆情信息监测

在新浪舆情通系统内添加关键词后，系统对新闻、报刊、政务、博客、论坛、视频、网站、客户端等全网 11 类信息源进行监测，并向用户展示关键词相关的全网信息及其分析图表（图 3）。

（3）舆情预警

"舆情预警"共包括 5 种方式的预警，主要为邮件、短信、微信、APP 客户端、电脑弹窗，保障客户不错过重要舆情信息。

4.2.2 主要功能优势

（1）数据优势

微博数据涵盖面全，拥有新浪微博全面官方数据。

微博信息时效性强，可以快速、实时获取信息。另外，网站、论坛等信息源最快 2 分钟轮询 1 次，预警信息最快 1 分钟下达。

（2）技术优势

提供稳定的 7×24 小时全天候服务、自动化的运维监控、异常流量发现并处理的技术，并支持横向扩展，可根据业务增长进行系统调整。

图 3　新浪舆情通用户界面示意图

4.3　中国科学院舆情大数据决策平台

4.3.1　主要舆情产品

（1）社会态势演化系统

自媒体影响力迅速发展，微博、微信成为重大突发事件的"首发地"和"舆论场"，极易激化社会矛盾、引发突发舆情危机。社会态势演化系统实现对突发事件网络舆情的实时监测追踪，探究舆情信息空间扩散与时间演化规律，发现舆情高峰；对比群体和个体行为模式，挖掘民众关注热点，识别活跃博主；基于"集中度""组织度""临界度"三度演化指数，精确把握舆情动向、积极发挥其风向标作用。

（2）决策模拟预警系统

公共政策实施前的有效评估、决策可行性的预判预警，是推进社会治理能力现代化的重要内容。该系统采用随机过程动力学模型对政策发布后的社会舆情进行仿真,预判政策实施后的社会效果和舆论支持度。预演后的最终社会倾向稳定态是评判决策可行性的依据,为政策的持续、发展、调整或终结提供决策支撑。

(3)情绪识别研判系统

网络舆情是公众情绪在网络端的集中体现,情绪识别研判系统将网络文本大数据转化为情绪数值,跟踪公众情绪变化。提出自媒体短文本"词、相、符"相结合的情绪计算方法,在基础词库的基础上,动态添加领域事件词库,更为准确地反映公众的情绪倾向。通过实时监测情感值以及变化量,研判情绪走势;通过情绪热词的变化反映舆情主题的演替,获取公众议题走向;通过情绪版图直观呈现公众情绪的空间特征,为区域差异化决策提供参考。

(4)传播网络分析系统

实现对复杂格局的结构化、可视化、定量化处理,即应用复杂网络分析方法构建舆情交互网络、对立观点网络、敏感词共现网络、多层传播超网络。首次提出舆情超网络,具有逻辑自洽的多层交互机制,对研究要素多样、关系多元的突发事件舆情传播具有突破性创新。

(5)干预策略推演系统

系统基于线上、线下舆情传播交互网络的搭建,通过追踪真实事件信息传播关系,进行干预策略沙盘推演。系统设计了舆情信息组合式干预策略,以期通过隔离、嵌入以及隔离加嵌入信息等方式,对舆情观点演化过程予以引导。对比不同干预策略实施前后,主要观点随时间的变化规律,分析干预策略的舆情引导效果,为相关决策部门提供科学指导建议(图4)。

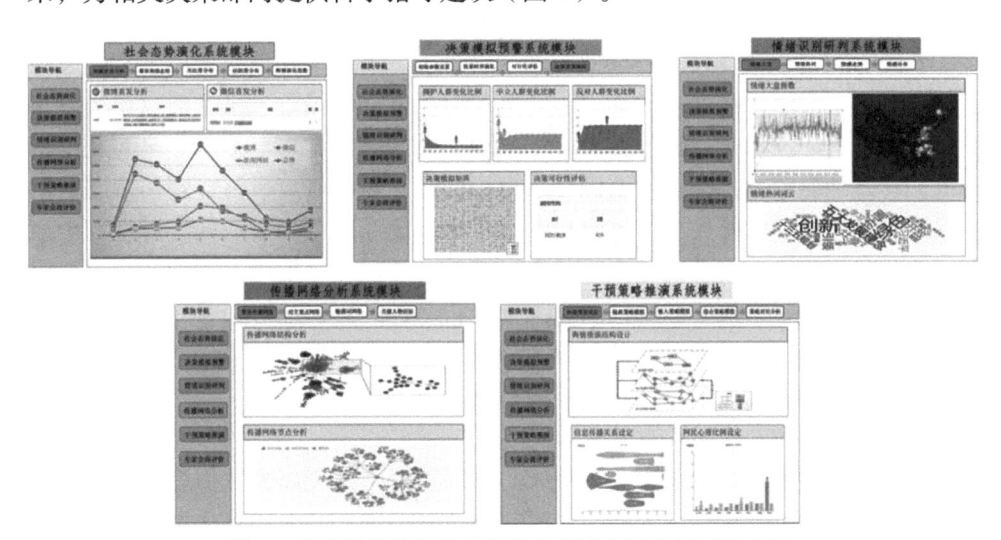

图4 中国科学院舆情大数据决策平台用户界面示意图

4.3.2 主要功能优势

(1)政策效果模拟

通过对进入"政策议程"的公共问题进行社会舆情仿真研究,预演政策执行后的社会效果和基本走向。马尔可夫决策与元胞自动机都是典型的随机过程动力学模型，马尔可夫决策过程描述状态变量数量转移，元胞自动机描述状态变量受空间位置影响的变化过程。通过集成马尔可夫决策过程与元胞自动机，提出集成的 Markov-CA-Policy 舆情演化模型，通过大数据驱动计算马尔可夫决策转移概率矩阵，预演重大政策发布的社会舆情，并结合实际政策的执行，给出仿真案例。

（2）舆情超网络建模

传统舆情复杂网络中节点同质、连边基于二元组的形式，难以全面表达舆情信息传播中的"5W1H"模型。创新性地提出涵盖舆情交互多要素、多属性，基于集合表达形式的"舆情超网络模型"。舆情超网络模型的构成要素包括舆论主体、环境外驱动力和观点关键词，其关联关系是"舆论主体"在"环境外驱动力"的作用下，发布了"观点关键词"。由以上三种构成要素即可构建舆情超网络模型的三层子网，分别是"社交子网""环境子网""观点子网"。

（3）干预策略仿真

结合案例反演效果，提供具有可操作性、可行性、可预见性的舆情干预策略，包括隔离策略、嵌入策略、综合策略（隔离和嵌入）等，并对实施不同隔离策略后的情景进行仿真模拟，对比舆情观点演化情况、各类舆情观点数占比等。

4.4 蚁坊软件

4.4.1 主要舆情产品

（1）鹰击早发现系统

面向政府的在线社交网络舆情监测分析系统。鹰击早发现系统以大数据思维监测和分析海量的社交网络数据，为各级政府提供社情民意、民生热点或突发事件等各类舆情的发现与分析服务。"早发现"突发事件，为早报告、早响应提供先机。具体功能包括：①实时监测在线社交网络平台的热点事件、热门话题、民生议题、意见领袖、网民群体等重点关注信息，提高舆情早发现的实时性和全面性。②及时将关注的信息通过桌面提醒、微信、邮件或短信等方式通知用户，保障线上、线下预警方式的有效性。③深入分析事件的发展趋势、言论观点、意见领袖、传播路径、传播源头、地域分布或情感分布，便于掌握事件的发展阶段、关键节点和传播影响，采取针对性响应措施。

（2）鹰眼速读网系统

面向政府的全网舆情监测分析系统。鹰眼速读网系统以大数据思维监测和分析海量的互联网公开数据，为各级政府提供全网话题、全网热点、重大事件、民生热点等重点关注舆情的订阅和分析服务。具体功能包括：①实时监测各大权威新闻媒体、主流门户网站、论坛、博客、在线社交网络平台、微信公众号、数字报、行业垂直站点和新闻客户端等互联网公开信息，提高舆情话题相关信息的全面性。②将最新的舆情信息通过桌面通知、微信、邮件或短信等方式提醒用户，内置多种分类标签和舆情报告，聚焦话题演变和全网态势，便于快速了解最新的舆情动态。③追踪舆情话题的发展态势，在全网范围内分析挖掘舆情的传播声量、传播来源、传播媒体类型、转载情况以及情感态度，便于掌握舆情发展的路径、脉络和态势。

（3）鹰领舆情态势系统

鹰领舆情态势系统实现了对辖区内舆情态势的多维分析。以"舆情指数"呈现舆情态势变化，辅助决策者进行舆情研判。具体功能包括：①对互联网信息进行多维统计分析，计算地域、情绪、热词等舆情指数，为舆情研判提供支持。②用地图、热力图、仪表盘、雷达图和动态曲线等方式展现舆情态势实时变化，帮助决策者快速把握舆情态势。③实时推送辖区内的热门事件、重点博主动态、最新敏感舆情，确保决策者及时掌握辖区内重点舆情。④实时播报辖区内的突发事件，通过弹窗预警，让决策者及时了解、快速决策，防止事态扩大。

4.4.2 主要功能优势

（1）社会情绪指数

对网民言论进行分析（不含营销类、广告类、娱乐类信息），判断正负面情绪，计算得出每天的网络社会情绪，衡量社会情绪波动状况。

（2）蚁坊指数

实现对分领域的舆情热度排行，如物流快递行业网络舆情热度排行、互联网网游行业舆情热度排行、手机行业品牌网络舆情热度排行等。

4.5 乐思网络舆情监测系统

4.5.1 主要舆情产品

（1）乐思舆情监测云服务（机构适用）

适用于各类机构，可对目标地名、人名、机构名等进行全媒体秒级监测，及时发现舆情，自动预警，并自动生成各种舆情报告。具体功能包括：①全媒体监测：包括微信、微博、手机 APP、贴吧、论坛、新闻、搜索引擎、电子报、平面媒体、视频、问答、境外新闻、脸书、推特等；②自动分类过滤：主题分类匹配准确，优先呈现强相关信息，自动排除垃圾信息；③自动负面识别：准确度高，为事件应对赢得黄金时间；④自动分析：媒体分析、地域分析、情感分析、传播分析、意见领袖画像、趋势分析、话题分析、热词分析。

（2）乐思品牌监测云服务（企业适用）

适用于各类企业，可对品牌相关话题及竞品进行全媒体秒级监测，自动生成各种分析报告与数据报告。包括全媒体监测、自动分类过滤、自动预警、数据分析与可视化等功能，实现媒体分析、地域分析、情感分析、传播分析、趋势分析、话题分析、热词分析、竞品对比分析、营销活动监测与测量等。

（3）乐思网络情报中心系统（企业/机构适用）

企业与机构均适用，从指定的数据源（如行业网站、在线数据库、境外媒体）中采集信息，汇聚整合，分类展示，成为内部情报信息中心，促进营销者、科研者、决策者获取商业情报的效率。

4.5.2 主要功能优势

（1）垂直搜索

垂直搜索，是针对某一特定领域、某一特定人群或某一特定需求提供的有一定价值的信息和相关服务，其特点就是专、精、深，且具有行业色彩。它是与通用搜索引擎截然不同的引擎类型。垂直搜索引擎专注具体、深入的纵向服务，致力于某一特定领域内信息的全面和内容的深入，这个领域外的闲杂信息不被收录。

应用乐思网络信息采集系统软件，可以在任何时间自行配置采集任何网站的任何内容，快速构建垂直搜索引擎。

（2）聚类算法

乐思网络舆情监测系统依靠人工智能聚类算法技术，自动将海量信息按客户关键词设置进行分类，并自动预判舆情种类，帮助政企解决分类笼统的问题，并对监测信息进行评分，让价值高的信息优先呈现。系统还能够自动识别负面信息以及用户设置的推送信息，准确读取相关内容的转发数、回复数、相似度较高的其他相关信息，甚至还配备了基于大数据智能化的主题分析、媒体分析、情感分析、地域分析、新闻传播分析、微博传播分析、源头分析以及转发者人物画像的塑造等功能。

5 典型舆情系统对比分析

5.1 国外舆情系统总结

从开发目的来看，国外舆情监测系统主要分为两类，一类是对危机事件的监测，既有针对武装冲突等暴力事件的监测，也有针对火灾等常规突发事件的监测；另一类是对情绪变化的监测，既有对整个国家或地区的情绪监测，也有针对用户个人的情绪监测。从开发主体来看，主要包括高等院校和科研院所，或者由企业与大学联合开发（表1）。

表1 国外舆情系统对比分析

开发目的	开发主体	舆情监测系统	主要应用场景
危机事件监测	联合国秘书长执行办公室	Global Pulse	以Twitter和Facebook数据为分析对象，对动乱、种族冲突进行早期预警
	IBM和墨尔本大学	CrisisTracker	以Twitter数据为分析对象，实时分析武装冲突等暴力事件
	荷兰代尔夫特理工大学	Twitcident	主要监测Twitter信息，用于过滤、搜索和发现火灾等突发危机事件

续表

开发目的	开发主体	舆情监测系统	主要应用场景
情绪变化监测	美国东北大学和哈佛大学	Pulse of the Nation	对 Twitter 内容进行持续监控,绘制美国情绪版图,探索情绪的时空变化规律
	澳大利亚联邦科学与工业研究组织和黑犬研究所	WeFeel	将 Twitter 信息映射形成不同层次的情绪,反映个人用户情绪变化特征
	印度斋浦尔大学	RapidMiner	以 Twitter 为监测对象,应用数据挖掘技术开发情绪监测系统

5.2 国内舆情系统总结

从开发目的上看,国内舆情监测系统主要分为两类:一类以盈利为目的,实现企业经营发展;另一类以科研为目的,主要为科学研究服务。不同开发目的主体所开发的舆情监测系统所具有的优势功能不同、主要服务对象和应用场景也各有侧重(表2)。

表 2 国内舆情系统对比分析

开发目的	开发主体	舆情监测系统/开发主体	主要服务对象和应用场景
企业经营发展为主	独立企业	清博智能舆情分析系统	为众多政务机构、新闻媒体、品牌企业、互联网公司提供大数据服务
		蚁坊软件	主要面向各级政府部门,为各级政府提供社情民意、民生热点或突发事件等各类舆情的发现与分析服务
		乐思网络舆情监测系统	面向企业和机构,通过海量网络数据采集与整合工作,将外部网络数据转换为企业或机构的竞争优势
		海量数字化转型服务平台	主要服务企业,包括企业舆情监测、竞品舆情分析、行业情报研究、产品口碑监控
	依托自媒体或搜索平台	新浪舆情通	面向政府和企业,帮助政企机构对社会热点话题、突发事件进行快速发现、及时应对和正面引导
		百度舆情	面向政府和企业,提供全方位互联网的实时舆情、语义分析、搜索指数及事件脉络等数据与分析能力
科学研究为主	科研院所	中国科学院舆情大数据决策平台	主要面向政府部门,为相关决策部门应对突发事件舆情风险、政务舆情风险等提供决策支持
	高等院校	北京大学	推出 PKUVIS 微博可视分析工具,利用可视分析技术帮助挖掘微博传播、事件、关键词、用户等关系
		哈尔滨工程大学	对社会化媒体文本大数据中的潜在情绪进行判别和归类统计,呈现时间和空间维度上的情绪地图分布

5.3 舆情系统 SWOT 分析

SWOT 分析指将与研究对象密切相关的各种优势(strengths)、劣势

(weaknesses)、机遇(opportunities)和威胁(threats),通过调查列举出来,然后应用系统分析的思想,把各种因素相互匹配起来加以分析,从中得出相应结论并辅助决策。本文借鉴 SWOT 分析思想,对典型舆情系统在数据采集、技术条件、研发投入、推广应用等方面具有的不同优势、劣势、机遇或挑战进行分析,如图 5 所示。例如,在"数据获取"方面,Global Pulse 掌握全球的 Twitter 和 Facebook 数据、"新浪舆情通"掌握新浪微博全网数据、"百度舆情"掌握百度搜索数据,以上舆情系统具有数据获取优势;在"研究力量"方面,Pulse of the Nation 由美国东北大学和哈佛大学联合开发,中国科学院舆情大数据决策平台和北京大学 PKUVIS 有高端的研发力量支撑。

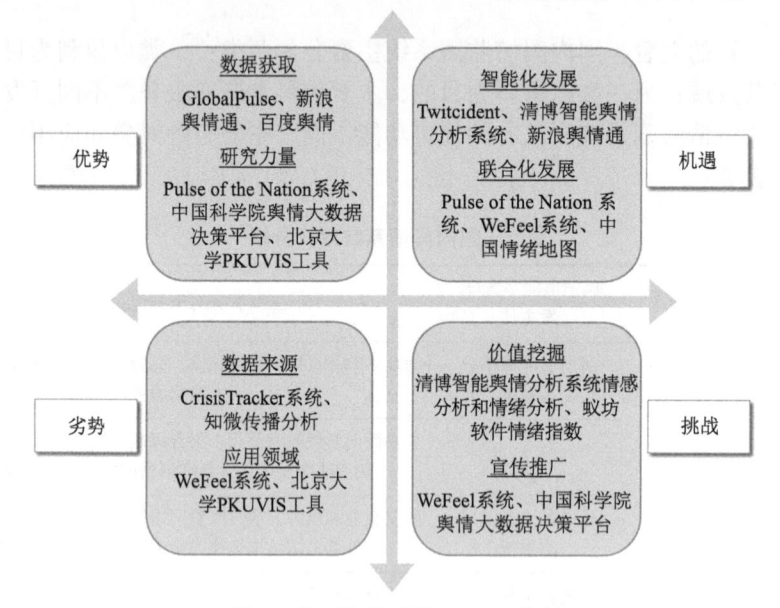

图 5 典型舆情系统 SWOT 分析

6 结论

本文以舆情系统为研究对象,通过对舆情系统相关研究的梳理,选择国内外典型舆情系统展开调研,包括国际上的 Global Pulse 倡议项目、CrisisTracker 在线系统、Twitcident 系统、Pulse of the Nation 系统、WeFeel 系统等,国内的清博智能舆情分析系统大数据平台、新浪舆情通、蚁坊软件舆情系统等,从数据采集、功能模块、未来发展等角度对已有舆情监测系统进行 SWOT 分析。通过分析,发现在实际应用中已有舆情系统存在的主要问题体现在以下几方面:①监测内容形态单一,以文字信息监测为主,图片和视频监测难,不能完全适应当前的舆情环境和需求场景;②监测的准确度无法保证,大多系统只是通过关键词的设置及在标题、正文中的检测次数来进行筛选判定,在现实中经常会出现判断偏差;③使用门槛高,从功能上未充分考虑到真实应用场景和人群,大多系统的关键词设置和选择要求用户自行完成，对用户的专业要求较高。未来舆情系统的发展应更注重数据形式多元化、服务功能智能化等，加强科研院所等以科学研究为主所开发舆情系统与企业类舆情系统的交流对接，全面提升各类舆情系统功能。

致谢

感谢国家自然科学基金项目"重大突发事件舆情风险的多元主体协同治理研究"（编号：72074206）、"舆情大数据视角下的网络社会治理'时、度、效'研究"（编号：72074205）对本研究的支持。

参考文献

方茜. 2019. 网络舆情系统关键技术研究综述. 现代计算机(专业版), (7): 54-57.
洪小娟, 宗江燕, 于建坤, 等. 2019. 网络舆情监测系统的分析与设计. 软件工程, 22(8): 37-39, 13.
侯树茂. 2020. 面向企业的网络舆情分析系统的设计与实现. 南京: 南京大学.
黄微, 许烨婧, 刘熠. 2019. 大数据环境下多媒体网络舆情并发获取的数据驱动机理研究. 情报理论与实践, 42(6): 42-48, 16.
邝楚文. 2021. 基于数据挖掘的校园网络舆情监测系统研究与设计. 数字技术与应用, 39(5): 158-161.
李振江. 2015. 网络舆情监测系统框架研究. 中国管理信息化, 18(13): 193-195.
马梅, 刘东苏, 李慧. 2016. 基于大数据的网络舆情分析系统模型研究. 情报科学, 34(3): 25-28, 33.
田煜. 2020. 基于语义情感分析的网络热点爬虫舆情分析系统. 软件, 41(8): 89-93.
杨娜, 褚茂胜. 2020. 基于深度学习的网络舆情情绪监测系统设计. 中国科技信息, (24): 76-78.
叶金珠. 2021. 食品安全事件舆情监测与预警体系构建. 武汉轻工大学学报, 40(3): 73-79, 119.
曾德伟. 2020. 基于主题爬虫的网络舆情系统研究和实现. 重庆: 重庆理工大学.
Abel F, Hauff C, Houben G J, et al. 2012. Twitcident: Fighting fire with information from social web streams. Proceedings of the 21st International Conference on World Wide Web. Lyon: ACM: 305-308.
Bodendorf S F. 2011. Warning system for online market research—Identifying critical situations in online opinion formation. Knowledge-Based Systems, 24(6): 824-836.
Da'u A, Salim N, Rabiu I, et al. 2019. Recommendation system exploiting aspect-based opinion mining with deep learning method. Information Sciences, 512: 1279-1292.
Da'u A, Salim N, Rabiu I, et al. 2020. Weighted aspect-based opinion mining using deep learning for recommender system. Expert Systems with Applications, 140: 112871.
Pulse of the Nation. U.S. 2021. Mood Throughout the Day Inferred from Twitter. https://mislove.org/twittermood/[2024-08-21].
Rogstadius J, Vukovic M, Teixeira C A, et al. 2013. CrisisTracker: Crowdsourced social media curation for disaster awareness. IBM Journal of Research & Development, 57(5): 4.
Sharma A, Ghose U. 2020. Sentimental analysis of twitter data with respect to general elections in India. Procedia Computer Science, 173: 325-334.

Singh S H, Astha P, Sharma A. 2019. Twitter sentiment analysis using rapid miner tool. International Journal of Computer Applications, 177(16): 44-50.

UN Global Pulse. 2021. United Nations Global Pulse. https://www.data4sdgs.org/partner/united-nations-global-pulse/[2024-08-21].

Vepsalainen T, Li H, Suomi R. 2017. Facebook likes and public opinion: Predicting the 2015 Finnish parliamentary elections. Government Information Quarterly, 34(3): 524-532.

Yaqub U, Chun S A, Atluri V, et al. 2017. Analysis of political discourse on twitter in the context of the 2016 US presidential elections. Government Information Quarterly, 34(4): 613-626.

作者简介

马 宁

中国科学院科技战略咨询研究院创新副研究员，博士。主要研究领域为社会治理、复杂网络、舆情风险等。主持国家自然科学基金3项。

E-mail: maning@casisd.cn

作者简介

刘怡君

中国科学院科技战略咨询研究院研究员、博士生导师。主要从事风险管理与社会治理、可持续发展等研究。担任中国科学院科技战略咨询研究院社会治理与风险研究中心主任，中国发展战略学研究会社会战略专业委员会秘书长，全国风险管理标准化技术委员会（SAC/TC310）委员，中国科学院青年创新促进会会员，北京市朝阳区应急办专家等。先后主持5项国家自然科学基金、中国科学院方向性创新项目、中国科学院创新团队项目等。

E-mail: yijunliu@casisd.cn

作者简介

李燕杰

抖音有限公司技术资深经理，主要负责创新数字化科技产品研发。曾任网易传媒大数据架构师、58集团技术高级经理、百度和搜狗大数据工程师。主要研究领域包括大数据架构、数据仓库、商业智能（BI）、Web服务端架构、人工智能语音技术及虚拟现实（VR）与增强现实（AR）技术等。

E-mail: bian198531@163.com

全球网络空间治理发展态势与国际合作模式研究

王红兵

摘要

网络空间治理是国际合作的重点领域，在全球治理体系中具有重要的地位和作用。本研究系统梳理了全球不同类型国家网络空间治理战略，从战略设计、战略体系、战略调整和战略合作四个方面总结全球网络空间治理的发展态势。在国际合作方面，基于网络空间治理国际机构和平台调研，总结出美国主导、联合组织和中国倡议三种主要形式。在此基础上，总结出全球网络空间治理五种框架和模式，包括双边关系框架、区域合作框架、多边合作框架、多利益攸关方模式和多边治理模式，并就全球网络空间治理体系优化和提升，提出对策建议。

关键词：全球网络空间、网络空间治理、国际合作模式

互联网拓展了人类活动的范围，创造了人类社会发展的新空间，并与现实空间逐渐融合，通过信息加速传递和共享，在全球范围内压缩了时间和空间，使得国际社会逐渐成为一个息息相关的命运共同体。随着网络空间的战略地位不断上升，现实世界的物理冲突与网络空间冲突交织串联，在国际局势日趋紧张大背景下，网络攻击及数据泄露等网络空间安全问题越来越突出。世界经济论坛（World Economic Forum，WEF）发布的《2020年全球风险报告》指出，在2020年，"大规模数据欺诈和窃取"被列为全球第六大风险，而"网络攻击"紧随其后，位居第七，网络空间领域的安全威胁一直处于全球风险前列。针对全球共同面临的网络空间安全问题，如何建立更有效的制度框架、提升全球网络治理能力，使先进网络技术更好地服务于人类的共同福祉，成为世界各国所共同关注的热点问题。在此背景下，各国开始制定相关战略计划，维护自身网络空间安全，

并携手探索解决全球网络面临的共同威胁。

1 全球网络空间治理发展态势

根据主要网络大国空间治理战略,梳理全球网络空间治理的目标和措施等方面的基本态势(表 1),总体来说,网络空间治理战略发展在全球范围内逐渐走向深化、细化、分化,主要网络大国战略措施向更多细分领域覆盖延伸,其他国家纷纷跟进,开始逐渐重视维护自身网络空间安全,并积极参与全球网络空间治理。在全球网络空间治理具体措施方面,强化网络空间发展顶层设计,建立健全网络安全战略体系,加强网络技术发展、安全机构和力量建设,推动网络空间治理的国际合作,是网络空间治理战略发展的重点领域。

表 1 主要网络大国国家网络空间治理战略

网络战略	主要内容
美国《国家网络战略》,2018 年	(1)保护美国人民、国土及美国人的生活方式,主要目标是管控网络安全风险,提升国家信息与信息系统的安全与韧性; (2)促进美国的繁荣,主要目标是维护美国在科技生态系统和网络空间发展中的影响力; (3)以实力求和平,主要目标是识别、反击、破坏、降级和制止网络空间中破坏稳定和违背国家利益的行为,同时保持美国在网络空间中的优势; (4)扩大美国影响力,主要目标是保持互联网的长期开放性、互操作性、安全性和可靠性
俄罗斯《俄罗斯信息安全学说》,2016 年	(1)信息领域的国家利益; (2)主要信息安全威胁和信息安全态势; (3)保障信息安全的战略目标和主要方向; (4)保障信息安全的组织基础
英国《国家网络安全战略 2016—2021》,2016 年	(1)防御,能够保护英国免受不断变化的网络威胁,有效响应网络事件,确保英国网络、数据和系统得到保护和恢复; (2)威慑,在网络空间领域,英国将难以被任何形式的攻击行为攻克。能够侦测、理解、调查和中断敌方的网络攻击行动,并且追捕和起诉网络罪犯; (3)发展,拥有一个由世界领先的科学研发所支撑的不断壮大的创新型网络安全行业。可持续性的人才发展渠道,提供相关技能以满足英国政府部门和私营部门的安全需求。具备先进的网络分析与专业知识将使英国能够迎接和克服未来的网络威胁及挑战
日本《网络安全战略》,2018 年	三年战略期(2018~2021 年)内容: (1)促进社会经济活力和可持续发展; (2)为国民建设一个安全的社会; (3)为国际社会的和平稳定和日本的国家安全做出贡献; (4)网络安全的交叉途径

续表

网络战略	主要内容
澳大利亚《网络安全战略》，2016年	（1）构建政府、研究者和企业之间的国家网络合作关系； （2）以强有力的网络防御措施来更好地发现、阻止并应对威胁的发生，对风险进行预测； （3）增强全球化的责任感和影响力，营造安全、开放和自由的互联网环境，同时打击网络犯罪； （4）通过发展和改革，帮助澳大利亚的网络安全企业成长繁荣，支持本土网络安全专家发展； （5）建设一个网络智能国家，在大学里构建网络安全精英学术中心培养网络安全专家，并加强整个教育系统的科学、技术、工程、数学（STEM）技能培养； （6）成立网络威胁中心
中国《中华人民共和国网络安全法》，2016年；《网络空间国际合作战略》，2017年	（1）网络安全支持与促进； （2）网络运行安全； （3）网络信息安全； （4）监测预警与应急处置

1.1 强调网络主权，加强网络空间治理顶层设计

发展中国家以及网络发展落后国家，开始逐渐重视网络空间安全，强调网络主权，加强顶层设计，积极制定出台网络空间治理战略。2016年11月，中国颁布《中华人民共和国网络安全法》，明确提出要维护网络空间主权和国家安全。2018年9月，阿联酋通过《国家网络安全战略》，针对网络安全问题，从预防准备、处置能力、统筹协调、安全防护体系和人才培养五个方面，确保信息和通信安全。为保障网络安全，避免"敌对反动势力"用互联网煽动分歧和暴力，2019年1月，越南开始实施极为严格的网络安全法，规定互联网公司必须删除被政府认定为"有毒"的网上内容，Facebook、谷歌等公司须将用户数据提交给政府。俄罗斯总统普京签署了一项法案，要求所有在俄罗斯销售的智能手机、电脑和智能电视都必须预装俄罗斯软件。

1.2 根据治理新议题，完善网络安全战略体系

网络强国及发达国家，逐步开始细化各领域的网络治理方案，逐步构架全面的网络安全战略体系。2018年以来，基于国家安全战略高度，美国陆续发布新版《国家网络战略》《国土安全部网络安全战略》《国防部网络战略》《2019年国家情报战略》等政策性文件，提高网络空间能力建设。2019年12月，美国参议院外交关系委员会通过《保卫美国安全免受克里姆林宫侵略法案》。欧盟2013年通过《欧盟网络安全战略》，2015年出台《数字单一市场战略》，2018年通过《欧盟网络安全法案》，旨在通过扩充欧洲网络与信息安全管理局（ENSIA）职责，构建通用的欧洲网络安全认证框架，以提高欧盟内部的网络弹

性和响应能力，推动实施欧盟的"数字单一市场"战略。

1.3 面对新技术、新挑战，积极调整治理战略

新技术发展给网络治理带来新的挑战，各国根据网络治理面临的新问题及时调整发展战略。2019 年 8 月，加拿大政府发布《国家网络安全行动计划（2019—2024）》，列出了加拿大未来发展的 3 项主要目标及具体举措，打造安全强劲有弹性的系统，营造创新和适应性的网络生态系统，增强有效领导、治理和协作建设，提出将在 5 年内提供 1030 万美元用于推进加拿大的网络安全建设。澳大利亚发布《2020 年网络安全战略》，旨在更好地了解澳大利亚企业和家庭面临的网络威胁，并根据收集到的意见调整政府职能与政策。2019 年 11 月，《俄罗斯联邦网络主权法》正式生效，其要求所有本地网络服务供应商必须通过由电信监管机构管理的特殊服务器来传输流量，并将在"紧急情况"下断开俄罗斯与境外的网络连接，同时在俄罗斯境内重新建立一处大型局域网。

1.4 加强开放合作，推动形成全球网络治理共识

面对跨国网络犯罪、网络恐怖主义威胁等网络治理的国际共同问题，单个国家和地区都无法独立应对，更为广泛的网络空间治理国际合作成为各国网络治理战略中的重要组成部分。美国在《国家网络战略》中提出要促进开放、互操作、可靠和安全的互联网建设。俄罗斯在《俄罗斯信息安全学说》中提出在战略稳定和平等战略伙伴方面形成稳定的、不冲突的国家间关系。此外，许多国家针对网络治理国际合作出台了专项战略，如澳大利亚发布《2020 年网络安全战略》，指出要构建一个"网络防御网"，有效地监测、阻止和应对网络威胁、可预测风险。中国 2017 年发布《网络空间国际合作战略》，旨在推动网络空间治理国际交流合作。

2 网络空间治理国际机构和平台

全球网络空间治理依托各类国际平台组织，负责全球网络资源分配、规则秩序制定和合作交流等，具体治理的手段包括协议（如 IPv4/IPv6 或者 TCP/IP）、法律、条例、规章以及标准（技术）等（侯欣洁和王灿发，2016）。国际网络治理的机构和组织有很多，如国际互联网工程任务组（The Internet Engineering Task Force，IETF）、国际互联网协会（Internet Society，ISOC）、互联网名称与数字地址分配机构（The Internet Corporation for Assigned Names and Numbers，ICANN）、数字资源组织（Number Resource Organization，NRO）、信息社会世界高峰会议（World Summit on the Information Society，WSIS）、联合国互联网治理论坛（Internet Governance Forum，IGF）、联合国互联网治理工作组（Working Group on Internet Governance，WGIG）、世界互联网大会

（World Internet Conference，WIC）等，这些组织看似相互独立，却又有着错综复杂的关系（表 2）。在这些组织平台中，美国力量仍然是主导，其他各国政府参与力量还很弱小。

表 2　全球网络空间治理主要机构和平台

名称	建立时间	领域	职能
国际互联网工程任务组（IETF）	成立于 1985 年	互联网技术标准	由为互联网技术工程及发展做出贡献的专家自发参与和管理的国际民间机构，是全球互联网最具权威的技术标准化组织，主要任务是负责互联网相关技术规范的研发和制定，汇集了与互联网架构演化和互联网稳定运作等业务相关的网络设计者、运营者和研究人员，并向所有对该行业感兴趣的人士开放
国际互联网协会（ISOC）	成立于 1992 年	互联网发展和推广	为全球互联网的发展创造有益、开放的条件，并就互联网技术制定相应的标准、发布信息、进行培训等。除此以外，还积极致力于社会、经济、政治、道德、立法等能够影响互联网发展方向的工作
互联网名称与数字地址分配机构（ICANN）	1998 年成立，隶属于美国的非营利性的民间组织	互联网资源分配和管理	集合了全球网络界商业、技术及学术各领域专家的非营利性国际组织，负责在全球范围内对互联网唯一标识符系统及其安全稳定的运营进行协调，包括互联网协议（IP）地址的空间分配、协议标识符的指派、通用顶级域名（gTLD）以及国家和地区顶级域名（ccTLD）系统的管理，以及根服务器系统的管理
数字资源组织（NRO）	由几个区域互联网注册管理机构（RIRs）于 2003 年发起成立	互联网资源分配和管理	保护那些未分配的 IP 地址资源，保证原有的由下而上的政策发展模式，并且作为世界互联网社群与 RIR 系统交流的统一接口
信息社会世界高峰会议（WSIS）	2003 年 12 月在瑞士日内瓦举行了第一阶段峰会	信息技术与社会	多利益方广泛参与，其中包括政府、政府间和非政府组织、私营部门和民间团体。致力于驾驭基于信息与通信技术的数字革命焕发的潜能，进而造福全人类，建设一个以人为本、具有包容性和面向发展的信息社会
联合国互联网治理论坛（IGF）	2006 年 11 月，联合国根据 WSIS 的决议设立	全球网络治理和技术发展	关注全球网络治理以及互联网相关新技术发展，为各国政府、私营部门、学术界和科技界提供了平等的交流和磋商平台
联合国互联网治理工作组（WGIG）	2003 年 12 月，由 WSIS 授权设立	全球网络治理	制定有关全球网络治理的工作定义；确定与全球网络治理有关的公共政策问题；就各国政府、现有国际组织和其他论坛以及发展中国家和发达国家私营部门和民间团体各自的作用和责任形成共识
世界互联网大会（WIC）	首届世界互联网大会于 2014 年 11 月 19 日至 21 日在乌镇举办	全球网络治理	由中华人民共和国倡导并每年在浙江省嘉兴市桐乡乌镇举办的世界性互联网盛会，大会由中华人民共和国国家互联网信息办公室和浙江省人民政府共同主办，旨在搭建中国与世界互联互通的国际平台和国际互联网共享共治的中国平台，让各国在争议中求共识、在共识中谋合作、在合作中共创共赢

2.1　美国主导：互联网名称与数字地址分配机构

ICANN 是国际全球网络治理的核心机构，职责涉及域名、数字地址和协调互联网技术参数的分配。它主要负责互联网协议（IP）地址的空间分配、协议标识符的指派、通用顶级域名（gTLD）以及国家和地区顶级域名（ccTLD）系统的管理，以及根服务器系统的管理。ICANN 控制全球网络空间最基础的规则，包括对 IP 地址、域名服务器（DNS）和根服务器三个方面的管理，被称为互联网领域的世界警察。

ICANN 是美国试图单方面建立起一种全球制度的产物，并且是基于一种新的非政府模型建立的，其中最有争议的是主权国家政府只在其内部的政府咨询委员会（Government Advisory Committee，GAC）承担咨询职责。ICANN 采用"自下而上、共识驱动、多利益攸关方模式"，支持各不同利益攸关方组成组织进行治理，本质上是以西方社会价值观为基础建立的，私人组织和社会组织起主要作用。2016 年 10 月 1 日 ICANN 正式脱离美国政府独立，但 2019 年 11 月 ICANN 新章程规定，赋权社群应根据加利福尼亚州法律成立非营利组织，即通用名称支持组织、一般用户咨询委员会等；ICANN 的总部为美国加利福尼亚州的洛杉矶，并且相关业务的仲裁地也在加利福尼亚州（除非调解管理部门和董事会调解代表双方同意另一地点）（刘越等，2020）。

ICANN 的制度设计背离了以国家为中心的全球治理传统模式，极大地削弱了主权国家和既有的国际电信联盟（International Telecommunication Union，ITU）等国际组织的权力。ICANN 的定位是私营非营利机构，但在权力来源、职能、管理体制和决策机制等各方面都与其他非营利性组织有着重大区别。ICANN 通过与美国政府签订一系列合同及谅解备忘录，取得了全球网络治理权力（张心志和刘迪慧，2018）。

2.2 联合国组织：信息社会世界首脑峰会

联合国参与全球网络治理，一般以成员国政府间组织参与到全球网络治理过程中，与 IETF 和 ICANN 等非正式组织或私人企业等有着本质的区别。WSIS 是由联合国授权国际电信联盟组织的会议，体现联合国政府间组织的性质，在发展中国家积极推进并促成，联合国在 2001 年第 56/183 号决议中即建议 WSIS 为政府间组织会议，强调主权国家在全球网络治理中的主导作用（郭良，2017）。

2005 年 7 月，WGIG 发布报告，强调各治理主体"根据各自的作用"进行全球网络治理，实际上支持了政府单独负责公共政策。报告提出"任何一个国家的政府都不应在国际互联网管理方面享有主导地位"，并设计了变革美国主导的国际全球网络治理的制度模式，其中，全球互联网理事会的模式倡导政府主导、多方参与，美国对此持强烈反对态度。报告发布前美国通信管理局便抢先发表原则性声明，称将维护互联网域名和地址系统的安全和稳定，继续其在授权更改或修改权威区域文件方面的历史性作用。

WGIG 背后也受到美国很大的影响，在突尼斯阶段的会议，美国采取强硬态度和外交游说并用的策略，与会各国最后妥协，经《突尼斯议程》宣布由美国继续在互联网治理方面发挥重要作用。议程重申了互联网国际治理的多边、透明和民主原则，相关的公共政策的决策权属国家主权；各国政府在有关互联网的国际公共政策问题上地位平等；呼吁相关国际组织制定关于与关键互联网资源的协调和管理有关的公共政策问题的全球通用原则。

2.3 中国倡议：世界互联网大会

世界互联网大会是中国举办的规模最大层次最高的互联网大会，即使在世界范围内，这样的规模和层次的互联网大会也是第一次。世界互联网大会逐渐成为可与 ICANN 大会、IGF 并列的全球网络治理的三大会议之一。

2015 年的第二届世界互联网大会上，习近平主席在"网络主权"的基础上提出推进全球互联网治理体系变革的"四项原则"和"五点主张"，同时提出了"构建网络空间命运共同体"的倡议，使全球网络治理的"中国主张"进一步完善。时任 ICANN 总裁兼首席执行官的法迪·切哈德将大会誉为互联网历史上的里程碑，称真正有包容性的国际全球网络治理生态系统不能没有中国的参与，而中国也正在逐步发挥领导作用。2019 年，世界互联网大会组委会发布《携手构建网络空间命运共同体》概念文件，明确提出了构建网络空间命运共同体应加强政府、国际组织、互联网企业、技术社群、社会组织、公民个人等各主体的沟通与合作，形成立体协同的治理架构。这是中国第一次系统完整地明确网络空间各利益相关方在网络空间治理进程中的地位和作用，兼容并蓄，是照顾了各方利益和诉求的中国方案、中国模式。2020 年世界互联网大会发布了《网络主权：理论与实践（2.0 版）》，强调网络主权是国家主权在网络空间的自然延伸，是一国基于国家主权对本国境内的网络设施、网络主体、网络行为及相关网络数据和信息等所享有的最高权和对外独立权。

3 全球网络空间治理框架和模式

全球网络空间治理方式的演进，伴随互联网技术和应用的发展。在互联网诞生初期，更多侧重于如网络资源分配、技术规则制定等，为全球网络空间的发展构建了基础框架。随着互联网技术不断成熟和应用深度和广度的持续拓展，出现了需要全球共同应对的网络攻击、网络恐怖主义以及其他网络犯罪等问题，网络空间治理的重要性凸显。不同层次、不同组织、不同地区之间的合作框架开始形成并迅速发展，维护全球网络空间的安全成为各方合作的基础共识。

而国际网络安全合作是互联网时代国际合作的新领域，其面临的挑战与问题值得关注。因此，这一部分首先通过对现有的国际网络安全合作发展状况进行梳理，从政治、经济、文化等视角出发，总结归纳了目前国际网络安全合作存在的问题，主要包括：合作理念的差异性使国际网络安全合作的基础不稳固、利益争夺的矛盾性使国际网络安全合作的积极性不高、国家能力的不对称性导致国际网络安全合作机制的缺失与失灵，以及美国推行的"网络霸权主义"对国际网络安全合作构成了重大威胁。这将为后面论述面对国际网络安全合作问题时该采取的对策提供方向。

3.1 双边关系框架

大国的一言一行对世界格局的发展趋势起着决定性作用，对国际上的重大问题也拥有较多的话语权和主导权。由互联网衍生出的国际网络安全合作已成为新兴的世界课题，大国在网络空间中利益交叠而又相互依赖的趋势越来越明显。大国之间在网络安全相关问题上处于既相互冲突又有限合作的复杂局面，推进国际网络空间治理合作过程中大国之间的双边关系框架显得尤为重要。

中美在网络安全领域的诸多共同利益，两国均高度依赖网络，面临着共同的网络安全问题，都需要一个稳定、安全的网络发展环境，这些为两国的网络安全合作奠定了基础。2013 年，中美两国借"习奥会"以及中美经济与安全战略对话通道，将网络安全双边合作提上了新的议程，双方成立了中美网络安全工作组，提出了中美在网络安全方面关切的问题并建立起了网络安全双边合作关系。2016 年 5 月，中国和美国首次就"网络空间的国家行为规则及其他关键国际安全问题"这一议题在华盛顿展开了高级专家组级别的会谈，且此类会谈今后每年将进行两次。

两极格局解体以后，美俄这两个大国的博弈与对峙在网络空间显得更为突出。然而，基于网络共同利益，早在 2009 年，美俄两国首次开启了网络安全双边合作之路，两国由于网络安全威胁，计划频繁交流并建立互信机制，通过网络预警应对危机。2016 年 4 月，美俄网络安全高官在日内瓦举行网络安全双边会议，会上双方重审了 2013 年签订的网络安全协议，该协议的条款包括网络安全危机期间在美俄官员间建立应急热线等。

网络治理合作在中欧、美欧战略关系格局中的重要性不言而喻。2012 年 2 月在中国北京举行了第十四次中欧领导人会晤。2015 年 1 月，在华盛顿接受英国广播公司（British Broadcasting Corporation，BBC）政治编辑尼克·罗宾逊（Nick Robinson）采访时，卡梅伦表示，网络入侵是我们在新时代面临的威胁之一。2016 年 6 月，中德两国达成网络安全协议，双方承诺，"不为各自的企业或商业领域从事经济间谍活动，也不有意为其提供支持。通过建立一个监控机制，澄清、追究经济间谍行为"。

2016 年 6 月，中俄发布关于协作推进信息网络空间发展的联合声明，达成七项共识，贯穿个人权益、经济、科技、网络安全与反恐合作以及国家主权理念原则。

在双边关系框架下，中、美、俄三国在网络空间进行的大国博弈对国际网络治理大局影响较大，除此之外，欧盟成员国等重要的国际行为体在网络空间与大国的博弈同样对世界网络安全格局有重要的影响。

3.2 区域合作框架

在国际网络安全区域合作方面欧盟、北约和东亚地区比较具有代表性。欧盟最早构建了网络安全合作系统的法律框架，制定了一系列有关网络安全合作的协议、公约，如《布达佩斯网络犯罪公约》。2013 年 2 月，欧盟通过了统一的网络安全战略，部分欧洲私人网络公司联合成立了欧洲网络安全小组（European Cyber Security Group，ECSG）。

北约同样注重加强网络安全方面的合作，尤其是当爱沙尼亚受到大规模网络侵袭之后。具体表现在：一是努力寻求网络安全合作的战略共识。2010 年 11 月，北约声明，为确保北约成员国领土与人口的安全，决定将应对网络威胁视为其核心使命。2013 年 10 月，在北大西洋理事会上，北约各国的国防部部长就网络安全问题达成一致，并同意各国在此问题上持统一立场。二是通过整合成员国力量，形成网络安全防护体系。2011 年 6 月，北约批准了修订版《北约综合网络防御政策》，整合北约自身信息及通信系统的安全防护体系，加强集体防御及危机应对能力。2014 年 9 月，北约成员国的领导人针对网络防御政策的更新与加强集体网络攻击防御能力等问题在纽波特举行了为期两天的会谈。三是北约在努力加强与成员国、私人部门（企业和社会组织等）以及学术界的合作。2012 年 5 月，北约通过《芝加哥峰会宣言》并达成多项共识，其中就包括网络安全方面与成员国展开合作。此外，北约还有多个对外合作计划，如"和平伙伴关系计划"（PfP，北约与东欧国家的合作计划，2008 年改组重启）、"地中海对话关系"（MDP，北约与环地中海非北约成员国间的对话关系）、"伊斯坦布尔合作倡议"（ICI，主要面向中东国家）等。

近年来，东亚地区围绕网络安全议题展开的交流合作活动显著增多，并取得了一定的成效。具体表现在，一是设置了有关网络安全专门的对话与交流机制。亚太经济合作组织（APEC）已建立了多个对话交流平台，如电信工作组会议、电信部长级会议，以及各类不定期的网络安全专门性讨论会议等。二是开展网络安全的技术合作并提升应对危机的能力。亚太地区计算机应急响应组（APCERT）成立于 2003 年，其目的是协调并进行个体组织之间的信息共享与技术合作。

3.3 多边合作框架

联合国是当今世界最具影响力与权威的多边国际组织，其致力于国际网络安全合作的贡献不容忽视。由国际电信联盟主持召开的信息社会世界高峰会议第一次阶段会议、第二次阶段会议分别在日内瓦和突尼斯举行，形成的《原则宣言》和《行动计划》成为多边合作的基本框架。2011 年 6 月，在英国伦敦召开了第二届全球网络安全峰会，与会者针对国际网络安全挑战如网络犯罪、网络攻击等问题，主张加强互联网安全与国际合作，包括采取共同打击网络犯罪、网络攻击信息的透明化以及全天候网络应急系统建设等措施。

2012年2月，在德国慕尼黑召开了第48届国际安全政策会议，网络安全也是会议的议题之一。在WSIS的影响和推动下，IGF已经举办了13次，技术发展、网络安全、国际合作也是全球网络治理论坛关注的主要议题。2014年6月，1600多名代表齐聚日内瓦，其中包括国际组织、国家政府、工商企业、民间团体以及学术界知名人士等，共同审议了近十年来WSIS成果落实的进展情况，发布了WSIS+10成果文件，并确立了2015年后发展议程的重点领域。

2014年11月，首届世界互联网大会"全球网络治理论坛"在浙江乌镇召开，有一百多个国家参加，围绕全球网络治理、跨境电子商务、网络安全、打击网络恐怖主义等问题集思广益、百家争鸣。

3.4 多利益攸关方模式

互联网领域的"多利益攸关方"最早出现在2003年WSIS《日内瓦行动计划》中，该模式的出现多少受到了已实行多利益攸关方治理方式的美国主导下ICANN的影响。但在WGIG确立之前，该模式在全球网络治理体系中很少出现，是美国为了控制网络霸权营造出的治理模式。WGIG的确立促进了该词的使用，WGIG的两份报告曾分别11次使用该词，并直接促成联合国大会将该词写入2005年《突尼斯议程》（该文件18次提及该词）。"多利益攸关方"迅速成为全球网络治理领域和政府间组织的流行语，成为全球网络治理的代名词，被广泛地认为是以往20年来美国主导下的全球网络治理模式（郑文明，2020）。

美国倡导互联网治理模式——以多利益攸关方为原则。美国以其技术先发性优势、资源配置优势、标准颁发优势、知识产权利益固化优势、非政府组织功能性治理优势、健全法律体系优势以及国际组织影响力优势，构建了多层次、均衡性、统摄性兼具的"多利益攸关方"网络治理体系（侯欣洁和王灿发，2016）。

3.5 多边治理模式

互联网多边治理模式是指由三个或三个以上主权国家，为了各自国家利益构建政府间组织，通过自上而下、平等协商合作的方式，就互联网技术的标准化、关键资源的分配和公共政策等互联网议题制定互联网规则、原则和政策的方式。互联网多边治理模式始于WSIS期间，因为此时互联网的商业化和全球化使很多互联网技术后发国家开始意识到了互联网的重要性，纷纷要求干预不受本国控制的互联网经济活动。联合国在2001年第56/183号决议中建议WSIS为政府间组织会议，强调民族国家在全球网络治理中的主导作用。"斯诺登事件"的发生使互联网多边治理模式受到更多国家的重视，作为多利益攸关方治理模式主要支持者的欧盟也认为，为了保护成员国免于美国情报机构的监控，应将制定互联网公共政策的权力纳入国家主权范围之内（方兴东等，2017）。

从国际网络安全合作现状来看，国际网络安全合作已在中、美、俄等大国之间，欧盟、北约、东盟等区域性组织之间以及联合国、国际网络安全会议、国际网络安全合作机制等方面都取得了一定的进展和成效，同时，国际网络安全合作存在的诸多问题与挑战也值得我们关注。

4 结论和建议

在日益不稳定的全球网络安全格局中，各类网络攻击、数据泄露、安全漏洞等问题频发，网络安全已成为国家安全的重要因素。为此，各国持续加强战略顶层设计、加速网络空间军事竞争、促进网络技术应用发展，网络治理已经逐渐上升成为国家战略的重要组成部分。在网络空间命运共同体框架下，针对全球网络治理面临的问题和已有的治理模式，在网络空间治理国际合作方面，提出以下建议。

1）广泛凝聚理念共识，联合治理各方主体力量。在网络空间命运共同体框架下，以维护全球网络空间持续稳定的安全状态为目标，强调网络共治、技术共享、发展共赢，构建广泛的合作利益基础。对于发展中国家来说，维护网络空间主权，打破发达国家技术垄断，争取合理、均衡的网络发展空间，是包括中国在内的发展中国家的共同诉求，应凝聚共同需求，形成合作的广泛基础。

2）丰富治理理念内涵外延，形成体系化方案集。在网络空间主权和命运共同体框架下，丰富关于国家利益体现、网络可持续性、意识形态包容等方面的内涵，形成普遍的价值认知基础。在理念认识的基础上，基于新技术、新秩序、新模式带来的全球网络治理新问题，进一步细化网络空间命运共同体在网络安全维护、互联互通基础建设、互联网技术发展和规范、数字经济发展等方面的指导性框架，强化网络空间命运共同体治理理念在实践层面的指导性。通过治理理念内容体系的丰富，区别于技术方案、协调方案和分配方案等方面的治理方式，构建基于共同价值基础、具有广泛操作指导性的体系化全球网络空间治理的方案集。

3）引导发挥平台积极作用，规范网络空间治理秩序。在国际网络空间治理深化的核心阶段，各国尤为关注既有机制的有效性提升、新兴技术治理方式的转型，以及全球网络安全防范等重点议题。同时，联合国框架和机制在未来网络安全维护与治理中所扮演的角色也备受瞩目。为此，应引导网络空间治理国际机构和组织更好、更公平服务于全球共同利益，并有效规范网络空间治理秩序。

参考文献

方兴东, 田金强, 陈帅. 2017. 全球网络治理多方模式和多边模式比较与中国对策建议. 汕头大学学报(人文社会科学版), 33(9): 8.

郭良. 2017. 聚焦多利益相关方模式: 以联合国互联网治理论坛为例. 汕头大学学报(人文社会科学版), 33(9): 11.

侯欣洁, 王灿发. 2016. 网络空间四大治理体系的理念与共识解析. 新闻爱好者, (12): 4.

刘越, 杨涵喻, 杨晓芳. 2020. 从 ORG 收购案看 ICANN 管辖权. 互联网天地, (11): 6.

张心志, 刘迪慧. 2018. IANA 移交的实质及影响. 信息安全与通信保密, (10): 7.

郑文明. 2020. 互联网治理的进程, 模式争议与未来走向. 中国社会科学文摘, (7): 1.

作者简介

王红兵

中国科学院科技战略咨询研究院创新副研究员，中国国土经济学会理事。主要研究领域：创新社会治理、可持续发展等。主持和参与中国科学院、中国科学技术协会、国家自然科学基金委员会等单位的 20 多项重大课题，发表论文 20 余篇，出版学术著作 4 部。

E-mail: wanghongbing@casisd.cn

欧盟碳市场排放企业的配额管理模式及管理效率评价

刘寅鹏

—— 摘要

本研究对欧盟碳排放权交易体系（The European Union emissions trading system，EU ETS）中企业配额交易的全样本记录进行分析。配额交易呈现交易不均衡、配额分配集中、交易活跃程度的非对称性及交易的季节性四大特征。通过配额盈余与短缺状态及配额交易收益两个维度，对 5267 家排放企业的配额资产管理模式进行分类，同时构建了与价格和配额交易量无关的配额资产管理效率指标并对典型企业进行评价，评价结果表明 EU ETS 试验阶段中的排放企业配额管理参与度较低且效率普遍低下。但是从排放水平和行业的角度来看，排放水平较高的企业配额资产管理水平也相对较高，能源密集型行业配额资产管理的参与程度较低但效率相对较高，而非能源密集型行业的参与程度较高，但效率低下。

关键词：碳市场、配额管理、管理效率

1 引言

EU ETS 始建于 2005 年，是迄今为止最大的二氧化碳排放权交易市场，它利用市场机制有效地控制了欧盟境内的二氧化碳排放[1]。EU ETS 的发展循序渐

---

[1] European Union. The EU Emissions Trading System（EU ETS）. https://climate.ec.europa.eu/document/download/5dee0b48-a38f-4d10-bf1a-14d0c1d6febd_en?filename=factsheet_ets_en.pdf [2024-08-24].

进地划为三个阶段，第一阶段从 2005 年到 2008 年 4 月，是一个在履行《京都议定书》[①]承诺前的"边学边做"的实验性阶段，因此又称为 EU ETS 的实验阶段。在此期间，以碳配额（以下简称配额）为形式的排放权交易逐渐成形[②]。

以 EU ETS 为对象的研究多从宏观结构出发，如市场宏观分析（李继峰和张亚雄，2012；张敏思等，2014），市场机制设计（Ellerman and Joskow，2008），价格运行规律（Convery and Redmond，2007），以及市场政策（Anderson and Di Maria，2011）等方面。虽然对其微观结构的研究同样重要，但受到数据可获得性的限制，这类研究较少。近些年，随着 EU ETS 交易数据的公开，从市场微观视角出发探讨碳市场建设与运行规律的文章逐渐增多，如 Ellerman 和 Buchner（2008）从交易数据中发现 EU ETS 并没有对排放企业的利润、就业率和产品附加值产生影响。Abrell 等（2011）计算了交易中产生的成本，并认为交易成本阻碍了排放企业的交易。此外，还有诸多分析市场参与者交易动机与交易模式的文章（Zaklan，2013；Martin et al.，2014；Trotignon and Delbosc，2008；Martino and Trotignon，2013）。

本文通过 EU ETS 中记录配额交易的全样本微观数据，首先分析排放企业交易行为的特点，结果显示它们的交易行为整体上呈现出不活跃、季节性、一致性的特点，且交易集中于配额初始分配量较大的高排放企业，反映出大多数排放企业交易配额的动机是为了履约。其次，通过第一阶段配额盈余与短缺状态及配额交易收益两个维度，对 5267 家排放企业的配额资产管理模式进行分类。最后，通过构建配额资产管理效率指标，结合企业排放水平的高低及所处行业，对占比最大的企业类型进行配额管理效率评价。

2 CITL 简介与数据整合

2.1 CITL 简介

本研究的配额交易数据来自欧盟独立交易登记系统（Community Independent Transaction Log，CITL）。CITL 系统详细记录了政府、排放企业和金融机构等市场参与者对配额的发行、清缴、作废、交易等操作的详细轨迹和信息，是 EU ETS 具体交易大数据集，也是难得的研究样本[③]。

[①] United Nations. Kyoto Protocol to the United Nations framework convention on climate change. http://unfccc.int/resource/docs/convkp/kpchinese[2024-08-24].

[②] European Commission. The EU Emissions Trading System. https://climate.ec.europa.eu/eu-action_en [2024-08-24].

[③] European Commission. European Union Transaction Log. https://ec.europa.eu/clima/ets/transaction.do[2024-08-24].

2.2 数据处理

EU ETS 市场参与者的全部交易信息可在 CITL 的官方网站上查询，但网站数据的使用存在以下困难：首先，网站单次数据下载量只有 3000 条，难以从全样本的角度分析数据；其次，交易记录的主体是账户，而非现实中的企业；最后，账户的标识具有无规律性且包含了多种欧洲语言，可读性不强。为克服以上困难，在进行本研究之前需进行大量数据处理工作，步骤如下。

1）数据抓取：利用网络数据抓取技术将 CITL 的网站数据遍历并保存至本地计算机。

2）数据清洗：从抓取的网页数据中提取出结构化数据，包括交易数据、账户信息和设备信息。为数据加入唯一标识，并且在提取过程中对冗余的数据加以识别和剔除。

3）数据存储：使用 Oracle 数据库存储结构化数据。Oracle 属于关系型数据库，其提供的标准化查询语言（SQL）可对数据进行查询和处理。

4）数据拼装：通过数据的唯一标识建立数据间的对应关系。

经过处理的数据显示，EU ETS 在实验阶段共有 13 131 个账户，其中 154 个国家账户，11 656 个设备账户，1100 个交易人账户，配额在这些账户间共流转了 120 350 次，流转途径主要有：发行、分配、清缴、作废、注销、交易[①]。可以验证配额的流转构成了一个闭合系统，如图 1 所示。

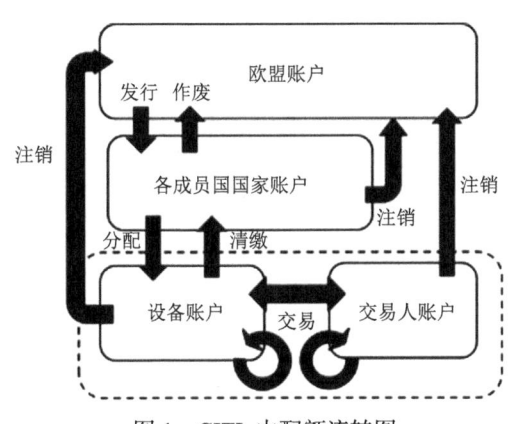

图 1 CITL 中配额流转图

该系统分为三层，每一层由一个或多个具有相同功能的账户组成。第一层是欧盟层，由唯一的欧盟账户构成，通过发行、作废和注销控制着整个 EU ETS 中配额的总量。第二层为国家层，由各成员国的国家账户组成，通过分配与清缴控制着本国内部的配额总量。第三层为市场层，由设备账户和交易人账户组成，这些账户从属于不同的利益相关者，它们之间的交易实现了配额的再分配。

---

① 关于 EU ETS 账户类型及配额流转途径的介绍参见文献（Martino and Trotignon, 2013；Trotignon and Delbosc, 2008）。

在市场层中，企业是交易行为的主体和有效的研究对象（Martin et al., 2014），但 CITL 的交易账户与企业主体并不等价。本研究以交易账户持有者的属性信息为依据，较准确地完成了实验阶段交易账户到企业主体的归并，结果显示 EU ETS 实验阶段共有 7199 家企业，其中拥有排放设备的企业有 6616 家，它们在 EU ETS 中有履约的义务。其余 583 家企业没有排放设备或其排放设备未被纳入 EU ETS，不具有履约义务，它们多为银行、交易所、基金公司、信托公司。在明确了市场企业主体的信息的基础上，利用 Jaraite 和 Maria（2012）建立的 EU ETS 实验阶段的企业数据库，得到企业的行业信息，以及企业在全球范围内的母公司（global ultimate owner，GUO）信息。剔除无行业数据的企业后，将剩余 5267 家排放企业作为本文关于排放企业配额资产管理模式的研究对象。

2.3 企业交易数据库

经过以上数据处理过程，本研究建立的数据库可以从多维度捕捉 EU ETS 实验阶段企业参与配额交易的完整过程。此外，为捕捉交易中的规律和模式，建立了相应的数据可视化系统。

该可视化系统展示了排放企业的基本信息，包括国籍（RG 字段）、企业名称（NAME 字段）、行业（NACE 字段，内容为欧盟行业划分的 NACE Rev2 编码）、企业类型（TYPE 字段）、全球范围内的母公司类型（GUO 字段），以及在实验阶段的配额总分配量（ALLO 字段）、总清缴量（SURR 字段）、总买入量（BUY 字段）、买入次数[c（Buy）字段]、总卖出量（SELL 字段）和卖出次数[c（Sell）字段]。企业基本信息列表支持分页浏览、数据排序、数据检索功能。当选中一家企业时，系统将展示选中企业的多维度交易时序图，包括企业在 2005 年 1 月 1 日至 2008 年 4 月 30 日的配额分配（allo 图例）、清缴（surr 图例）、单日净交易量（net 图例）、单日交易平仓量（spec 图例）和配额交易累积收益（income 图例），同时在时序图中还展示了配额的现货价格（price 图例）。此外，如果企业在某日存在多笔交易且交易方向不一致，系统还可以展示其当日交易轨迹。

3 排放企业交易行为的特点

3.1 交易不均衡

在实验阶段的三年中，平均每个排放企业的交易次数仅有 4 次，并且交易次数的分布呈现出非均衡的特点，如图 2 所示。在全样本的 6616 家排放企业（包括无行业数据的企业）中，2111 家无交易，此类企业虽然被纳入 EU ETS，但是它们除了完成规定的履约义务外，并没有参与到市场交易中。1509 家企业只进行了一次交易，交易次数超过 10 次的有 457 家，超过 60 次的仅有 50 家。可见排放企业在实验阶段的配额交易并不活跃。

图 2 排放企业交易次数的分布

3.2 配额分配集中

EU ETS 中排放企业总排放量的分布存在极大的差异性，可参照洛伦兹曲线，将所有排放企业依据排放量由低到高排序，并计算累积排放量占总排放量的比例，结果显示，前 90%的企业只排放了约 10%的二氧化碳，而其余 10%的企业却排放了约 90%的二氧化碳，如图 3 所示。据此可将排放企业划分为低排放企业与高排放企业。在实验阶段运行期间，低排放企业三年平均排放二氧化碳 10 万 t，高排放企业三年平均排放二氧化碳 855 万 t。较高排放量意味着可以获得更多配额分配，后者平均配额分配量约为前者的 8 倍。

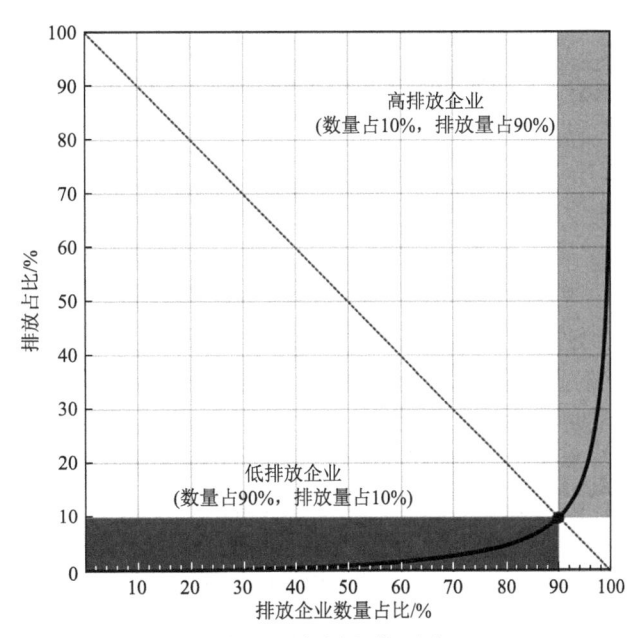

图 3 配额累积分配图

3.3 交易活跃程度的非对称性

虽然整体来看排放企业的交易并不活跃，但是当把样本依据排放量划分为高排放企业和低排放企业后，可观测到交易集中于排放量较高的企业。如图 4 所示。前者的平均交易次数为 19.8 次，而后者的平均交易次数仅为 2.6 次。从两类排放企业交易次数的分布情况来看，低排放企业交易次数的分布较为集中，方差为 331.5，且 81%的低排放企业交易次数低于全样本的平均值 4 次；而高排放企业的分布则较为离散，方差为 1334.3，交易次数超过 10 次的排放企业中约 60%是高排放企业，交易超过 60 次的 50 家企业中 45 家属于高排放企业。高排放企业通过配额分配获得了大量的配额，在资产保值增值的压力下，它们对配额资产的重视程度要高于低排放企业。此外，高排放企业往往是一些能源行业和高耗能行业，较强的经济实力和企业规模确保了它们可以更好地利用市场信息进行保值增值，因此它们能够积极地参与到市场交易之中。

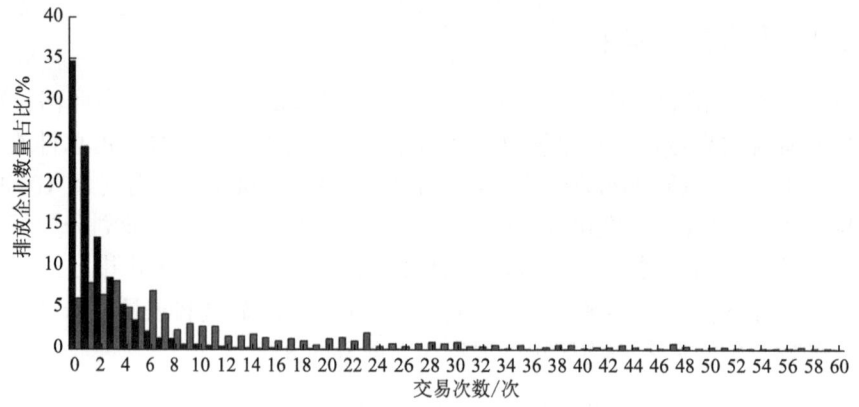

图 4 高排放与低排放企业交易次数分布

3.4 交易的季节性

排放企业的交易呈现出明显的季节性。图 5 展示了 EU ETS 实验阶段从启动到结束期间月单边交易总量（左坐标轴）及参与交易的排放企业数量（右坐标轴）。可以看出，两者在每年的 3~4 月和 11~12 月皆出现了较为明显的峰值。每年 3~4 月是排放企业集中发行和清缴配额的时间（图中阴影部分），此时排放企业已获知自身配额的盈余或短缺状况，可以通过交易更好地调整配额持有量。与此同时，欧盟在每年 4 月发布所有排放设备的核证排放量，排放企业也会因此形成对配额价格走势的预期，通过交易实现配额资产的保值增值。在配额分配过剩导致预期配额价格走低的 EU ETS 实验阶段，排放企业在获得自身信息和市场信息后，配额盈余企业倾向于及早出售配额，导致在前两年配额清缴前后出现交易峰值，而配额短缺企业则倾向于持续观望配额价格走低，直到实验阶段临近结束再交易配额，致使配额交易量在实验阶段结束前达到整个阶段的峰值。

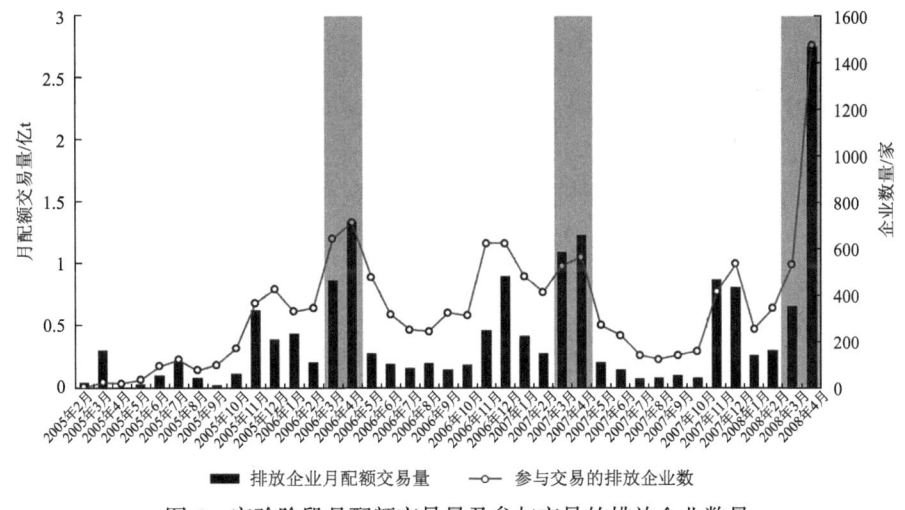

图 5 实验阶段月配额交易量及参与交易的排放企业数量

4 排放企业的配额资产管理模式

本文根据 EU ETS 参与者在第一阶段结束时点的净收益与总配额分配量和总 CO_2 排放量之间的关系对 EU ETS 参与者配额资产管理策略的优劣进行评价。首先，根据每个排放企业整个阶段配额分配总量与配额清缴总量之间的关系及每个排放企业整个阶段参与碳交易获得的收益对整个排放企业样本进行分类；然后，就每种排放企业类型中的典型代表的配额管理策略进行举例说明。

4.1 EU ETS 参与排放企业的类型

排放企业在配额交易中获得的总收益，可由其在一定时间内的交易现金流加总获得。第 t 天碳排放配额（European Union allowance，EUA）的价格为 P_t；第 t 天某个排放企业的配额净交易量为 NV_t，$NV_t > 0$ 表示当天排放企业净买入配额量，$NV_t < 0$ 表示当天排放企业净卖出配额量；TR_T 表示在第一阶段结束时点 T 时刻上排放企业在整个阶段参与配额交易的最终收益。则有：

$$TR_T = \sum_{t=1}^{T} P_t \cdot NV_t \tag{1}$$

式中，$TR_T > 0$ 表示某个排放企业在整个阶段参与配额交易过程中获得了收益；$TR_T = 0$ 表示排放企业在参与第一阶段配额交易过程中既无收益也无成本；$TR_T < 0$ 表示某个排放企业在整个阶段参与配额交易过程中付出了成本。

某公司在某天可能进行多笔的配额买入与卖出，并且每笔的配额买入与卖出对应相应时刻的配额价格。由于配额价格高频数据的不可获得性及配额价格一天内的波动不会太过剧烈，本文使用 EUA 每天的现货结算价格 P_t 作为当天配额买卖价格的近似值。

利用欧盟交易日志（European Union transaction log，EUTL）中原始数据合成公司层面的配额分配与清缴数据，再加上每天的配额交易（转移）量数据，共计获得 5257 个排放企业样本。根据每个排放企业整个阶段配额分配量与清缴量之间的关系及 TR_T 的符号，将这 5257 个排放企业分为七类，见表 1 和图 6。

表 1 EUTL 中排放企业分类

类型	TA > TS	TA = TS	TA < TS
$TR_T > 0$	2359	0	62
$TR_T = 0$	1267	44	0
$TR_T < 0$	339	4	1182

注：TA（total allocation），即总碳配额分配量；TS（total surrender），即总碳配额清缴量。

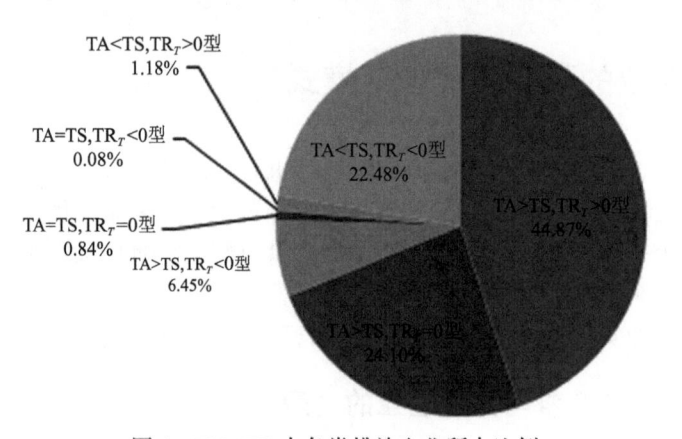

图 6 EU ETS 中各类排放企业所占比例

表 1 与图 6 表明，5257 家排放企业共有 7 种类型。在 TA > TS 的排放企业中，整个阶段参与配额交易最终使得 $TR_T > 0$ 的排放企业共有 2359 家，占到所有排放企业的 44.87%；$TR_T = 0$ 的排放企业共有 1267 家，占到所有排放企业的 24.10%；$TR_T < 0$ 的排放企业共有 339 家，占到 6.45%。而 TA = TS 的排放企业较少，只有 48 家，其中 $TR_T = 0$ 和 $TR_T < 0$ 的排放企业分别有 44 家和 4 家，分别占所有排放企业的 0.84% 和 0.08%。在 TA < TS 的排放企业中，$TR_T > 0$ 和 $TR_T < 0$ 的排放企业分别有 62 家和 1182 家，分别占到所有排放企业的 1.18% 和 22.48%。从饼状图可以看出，TA > TS、$TR_T > 0$，TA > TS、$TR_T = 0$，TA < TS、$TR_T < 0$ 三种类型的排放企业所占比例之和最高，达到 91.45%。

为进一步说明每种排放企业类型的具体含义并对其配额交易管理策略进行评价，下一节对每种排放企业类型进行分析，并在每一类排放企业中挑选出具有代表性的排放企业说明配额交易管理策略。

4.2 每类排放企业及典型代表

4.2.1 TA>TS，TR_T>0 型

这类排放企业第一阶段的配额分配总量大于整个阶段的排放量，配额分配过量，该类排放企业通过碳交易使得最终的收益为正，在参与 EU ETS 碳交易过程中实现了盈利。在该类型的排放企业中，ThyssenKrupp Steel Europe AG 公司获得了最大的盈利。图 7 显示出该排放企业整个第一阶段的配额管理模式。

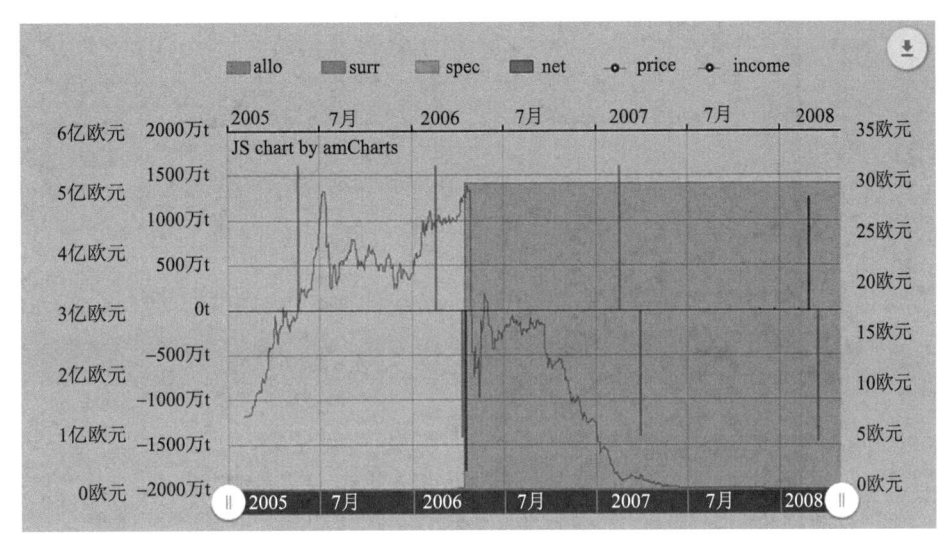

图 7 ThyssenKrupp Steel Europe AG 第一阶段配额管理模式图

allo-配额分配；surr-清缴；net-单日净交易量；spec-单日交易平仓量；income-配额交易累积收益；
price-配额的现货价格，下同

该公司在取得前两次配额之后并没有进行交易，在 2006 年 4 月进行第一次清缴之后，几乎将余下的配额在碳价的最高点全部卖出，从而获得巨额收益；第三次的配额分配用于第二次的履约；在进行第三次履约之前，几乎以 0 价格买入用于第三次履约的配额。最终在第一阶段结束时获得约 5.12 亿欧元的收益。这种配额管理模式准确地预期到了碳价格高开低走的态势，虽然交易的次数并不多（17 次），但却获得巨额的利润。

4.2.2 TA>TS，TR_T=0 型

这类排放企业第一阶段的配额分配总量大于整个阶段的排放量，配额分配过量，但该类排放企业并未通过碳交易获得收益。此类型典型的代表是 VERSALIS FRANCE SAS 公司。该公司在整个阶段拥有最多的配额盈余（948 265 t）。图 8 展示了该公司整个阶段的配额管理策略图。

图 8　VERSALIS FRANCE SAS 公司第一阶段配额管理模式图

该排放企业参与 EU ETS 完全处于被动参与的模式下。配额只进行分配与清缴，平时无交易。这类排放企业虽然拥有盈余配额，原本可以通过参与配额交易获利，但由于消极对待 EU ETS，盈余配额并未给排放企业带来收益。

4.2.3　TA>TS，TR$_T$<0 型

这类排放企业第一阶段的配额分配总量大于整个阶段的排放量，配额分配过量，但该类排放企业通过碳交易使得最终的收益为负，在参与 EU ETS 碳交易过程中形成了亏损。这类排放企业中代表性排放企业为 COFELY（GDF SUEZ ENERGIE SERVICES）公司，该排放企业拥有配额盈余，也积极参与配额交易，但最终形成了最大亏损。图 9 展示了该公司第一阶段的配额管理策略图。

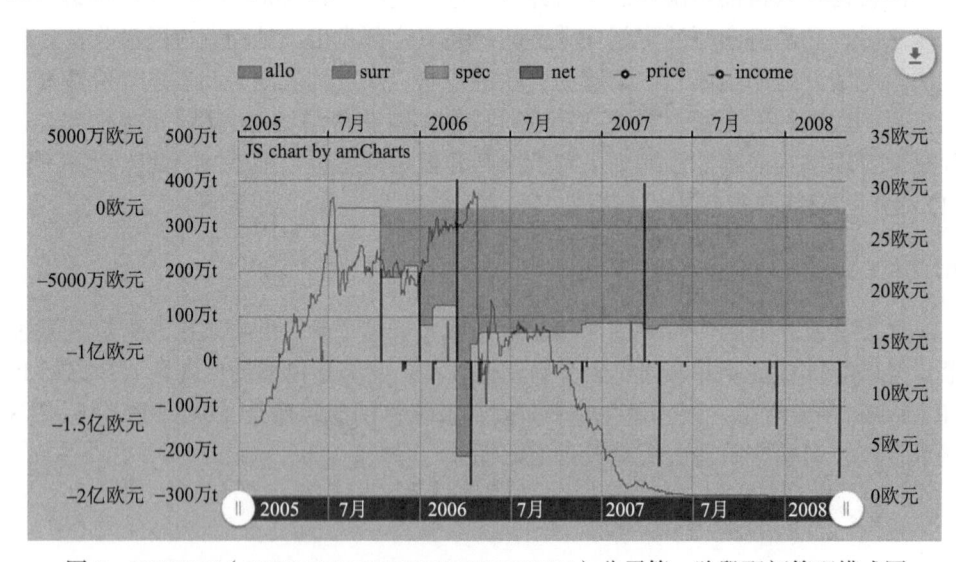

图 9　COFELY（GDF SUEZ ENERGIE SERVICES）公司第一阶段配额管理模式图

该公司的配额分配量与清缴量较小，但配额单次交易的量较大，数倍于排放企业的配额分配量。在 2006 年 4 月碳价出现断崖式下跌之前，排放企业 3 次以较高价位买入配额，虽然其间也卖出部分配额，但总体付出了较高成本；2006 年 4 月之后，排放企业以较低的价位卖出少许配额；在 2007 年 4 月左右又一次以当时的较高价格买入配额，却以较低的价格卖出配额；在接近第一阶段末期，虽然 2 次大量卖出配额，但终究由于碳价降到 0 左右导致巨额亏损，最终在第一阶段的配额交易中出现约 0.81 亿欧元的亏损。该排放企业出现巨额亏损的原因可能在于对碳价高开低走的趋势出现了误判，认为碳价会持续升高。

4.2.4　TA=TS，TR$_T$=0 型

该类型的排放企业的配额分配量与配额清缴量相等，在整个第一阶段的碳交易中收益为 0。该类排放企业的例子为 Academisch Medisch Centrum 公司，该公司在第一阶段的配额管理模式如图 10 所示。

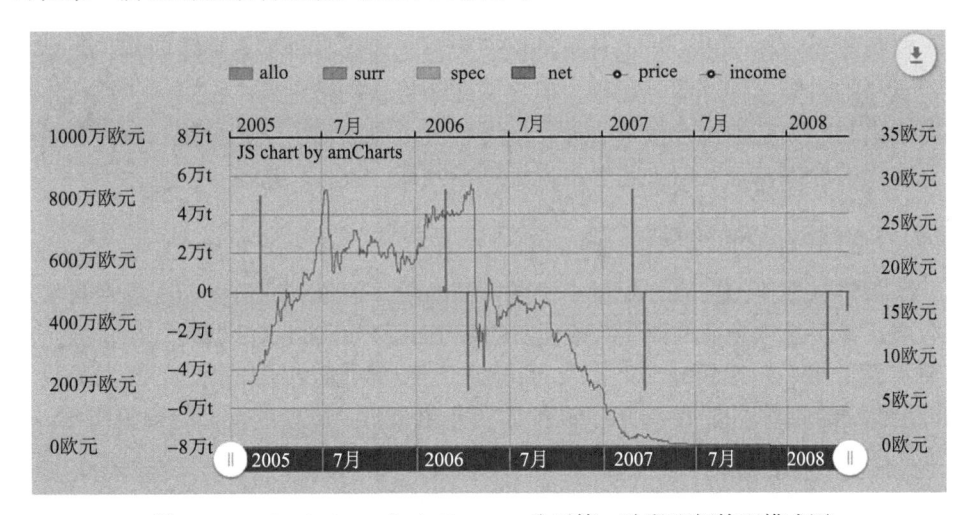

图 10　Academisch Medisch Centrum 公司第一阶段配额管理模式图

该排放企业只进行配额分配与配额清缴，不参与碳交易，且配额分配量与清缴量相等，最终使得收益为 0。

4.2.5　TA=TS，TR$_T$<0 型

该类型的排放企业的配额分配量与配额清缴量相等，但通过参与配额交易却在整个第一阶段的碳交易中出现了亏损。该类型的排放企业中典型代表是 Ciments Calcia 公司。该排放企业通过配额交易形成了最多的亏损（1.08 亿欧元）。图 11 展示了该排放企业整个第一阶段的配额管理策略图。

图 11 Ciments Calcia 公司第一阶段配额管理模式图

该排放企业在 2006 年 4 月碳价出现大跌之前以高价买入大量配额，虽然在碳价更高的时候出售了部分配额，但之后配额价格一路走低，在第一阶段行将结束时卖出的配额基本没有带来收益，最终排放企业出现了巨额亏损。该排放企业出现亏损的原因也是对碳价趋势出现了错误判断。

4.2.6 TA<TS，TR$_T$>0 型

该类排放企业的配额分配量小于配额清缴量，但最终通过参与配额交易实现了收益。该类排放企业的典型代表是 SCHWENK Zememt KG 公司。该排放企业虽然在整个第一阶段短缺 14 万 t 的配额，但通过碳交易却实现了最大的收益 330 万欧元的收益。图 12 展示了该排放企业整个第一阶段的配额管理策略图。

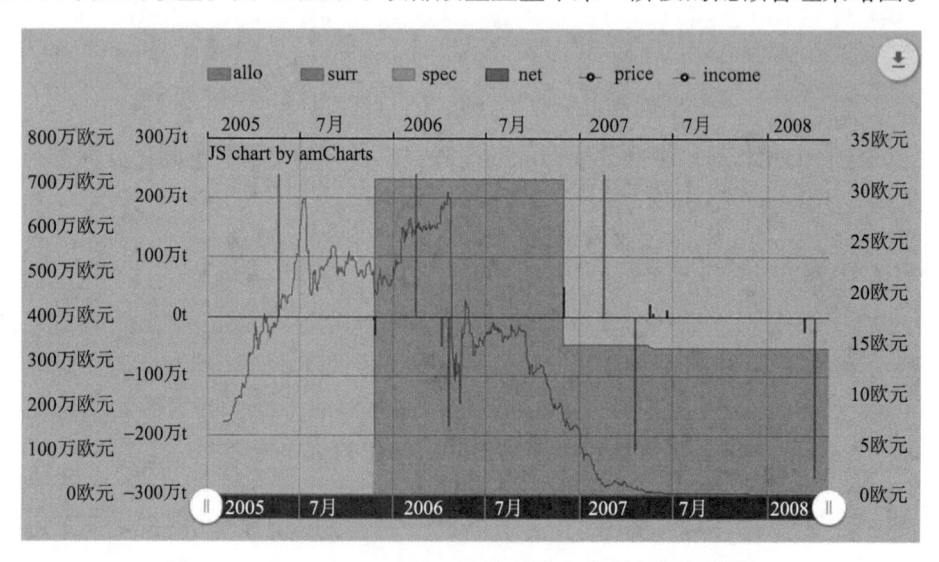

图 12 SCHWENK Zememt KG 公司第一阶段配额管理模图

该排放企业最终实现收益的原因是在 2005 年下半年碳价格较高时卖出部分配额,虽然在 2006 年下半年与 2007 年下半年陆续买入配额,但当时的碳价格已处在较低的价位,从而最终实现了盈利。

4.2.7 TA<TS,TR$_T$<0 型

该类型的排放企业在第一阶段的配额分配总量小于配额清缴量,虽然也参与了 EU ETS 的配额交易,但最终却付出了成本。该类排放企业中最典型的代表是 E.ON Kraftwerke GmbH 公司。该公司短缺 810 万 t 的配额,通过配额交易最终付出最多的成本(约 2950 万欧元)。图 13 展示了该排放企业第一阶段的配额管理策略图。

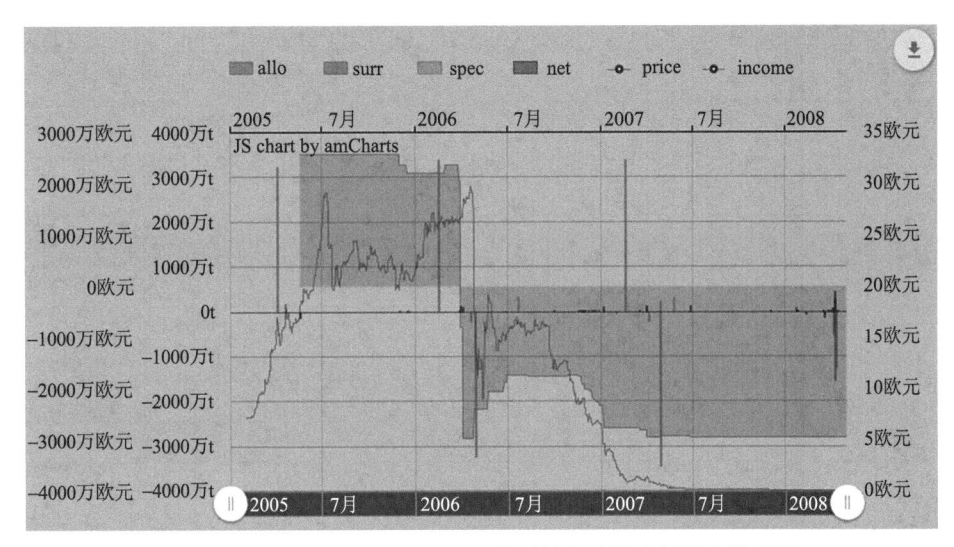

图 13 E.ON Kraftwerke GmbH 公司第一阶段配额管理模式图

该排放企业较为积极地参与配额交易(交易次数为 106 次)。但排放企业基本进行配额买入的交易,且每次的买入量与配额分配和清缴量相比极小。通过排放企业多次少量买入配额的模式可以看出,该企业交易较为谨慎,交易主要是由履约驱动的,主要是通过买入配额来弥补配额分配量的不足,从而最终导致了较高的成本。

5 配额资产管理效率评价

5.1 配额资产管理效率评价指标

使用配额资产管理效率评价指标衡量单位配额的盈利(或者亏损)能力,应保证任意两个排放企业之间是可比较的。建立一个二维坐标系,x 轴表示排放企业配额交易的净收益,y 轴表示排放企业配额发放与清缴的差额,任意排放企业 i 的交易收益与配额差额可用向量 (x_i,y_i) 在图中表示出,如图 14 所示。(x_i,

y_i）位于第一象限，表示该企业配额存在盈余且在交易中获利；（x_i, y_i）位于第二象限，表示该企业配额存在盈余，但是在交易中亏损；（x_i, y_i）位于第三象限，表示该企业配额存在短缺，在履约中付出了相应的成本；（x_i, y_i）位于第四象限，表示该企业配额存在短缺，但是它们在履约中不但没有付出购买配额的成本，反而在交易中获取了一定的利润。向量（x_i, 0）表示排放企业不存在配额差额，但配额交易使它们获利（或成本）；向量（0, y_i）表示排放企业存在配额差额，但是并没有参与配额交易或收益为 0。在之前的分析中 EU ETS 存在一类配额差额与交易收入同时为 0 的排放企业，它们在图中的坐标位于原点（0，0），由于本研究重点考察排放企业在配额资产管理中的收益状况，再加上企业的排放存在一定的不确定性，因此将此类排放企业与存在配额差额但收益为 0 的排放企业归为一类。

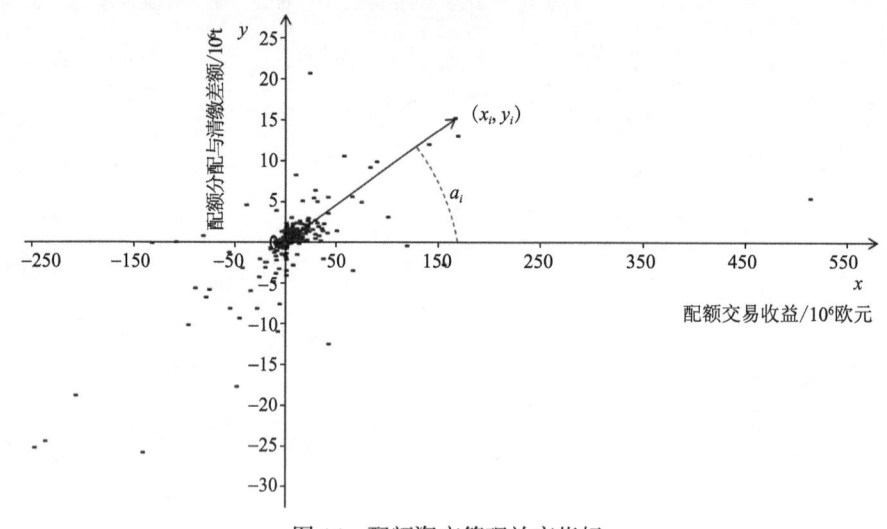

图 14　配额资产管理效率指标

在配额免费发放的 EU ETS 实验阶段，配额短缺的排放企业需要购买配额完成履约，这意味着此类企业的配额资产管理体现为降低成本。相反，配额盈余的排放企业可以出售剩余的配额获取一定的利润，这表示它们的配额资产管理体现为增加利润。虽然极少数的配额盈余企业在交易中出现了亏损，以及极少数的配额短缺企业产生了利润，但是两类排放企业的收益与成本存在本质上的不同，需要分别进行讨论。限于篇幅，本研究着重考虑占比较高的配额盈余且在配额交易中获利的排放企业（即第一象限的点），以下称为样本企业。数据显示，样本企业所在向量与 x 轴正半轴的夹角 α 越小，其配额资产管理的平均收益越高，与平均收益相比，夹角 α 在保留变量物理含义的同时大大降低了数据的差异性，更容易捕捉配额资产管理效率的分布特征。用 α 衡量排放企业配额资产管理的效率，其数学表达式为

$$\alpha = \arctan\left(\frac{y}{x}\right) \times \frac{180°}{\pi}, \quad (x, y > 0) \tag{2}$$

由平均收益 $\bar{c} = \dfrac{x}{y}$ 可知，

$$\bar{c} = \tan^{-1}\left(\dfrac{\alpha \times \pi}{180°}\right) \tag{3}$$

5.2 样本企业的配额资产管理效率评价

图 15 给出了配额盈余企业配额资产管理效率概率分布。从图 15 中可以看出，配额盈余的管理效率极高（靠近 0）的企业数量极少，处于 60~85 的企业数量较多，而处于 85~90 的企业数量最多。这说明大多数的企业虽然有配额盈余，但资产的管理效率较低；另一部分企业通过配额交易取得了较高的资产管理效率。

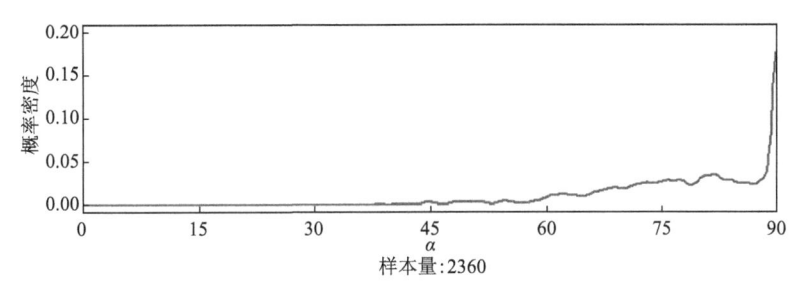

图 15 配额盈余企业配额资产管理效率概率分布

5.2.1 样本企业中高排放与低排放企业的配额资产管理效率

图 16 给出了配额盈余企业中高排放与低排放企业配额资产管理效率的概率分布。从图 16 可以看出，高排放企业与低排放企业的配额管理效率有显著不同。

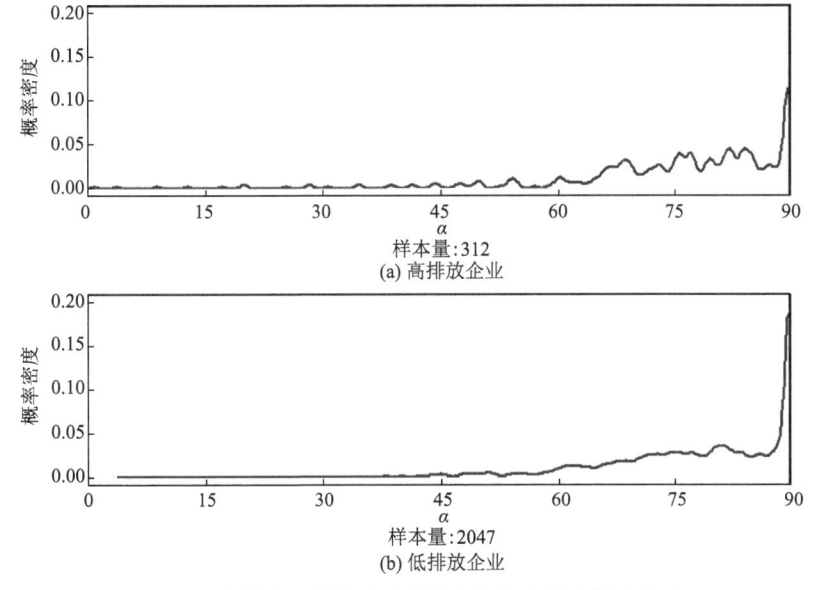

(a) 高排放企业

(b) 低排放企业

图 16 高排放与低排放企业的配额资产管理效率分布

就高排放企业而言，有极少数企业通过配额交易实现了极高的配额管理效率（接近 0），而且在 0~65 出现较为波动的分布；在 65~85，企业的数量增加，这些企业实现了较高的配额资产管理效率；在 85~95，企业的数量增多，峰值达到 0.12。就低排放企业而言，几乎没有企业实现极高的配额管理效率；在 0~65 的企业数量也较少；在 65~85 的企业分布较为平滑；而在 85~90，企业数量出现陡增的现象，峰值达到 0.18。这些特征说明总体而言，高排放企业的配额资产管理效率比低排放企业的配额资产管理效率高。

5.2.2　样本企业配额资产管理效率的行业差异性

《欧盟经济活动分类》（statistical classification of economic activities in the European Community，NACE）将欧盟企业从事的经济活动划分为 99 个具体行业，样本企业涉及其中的 41 个：能源行业占比 34%，非金属矿物产品制造行业占比 22%，造纸行业占比 12%，食品行业占比 7%，化工行业占比 7%，其余行业包括建筑与房地产行业、运输与仓储行业、信息与通信行业、教育与医疗行业等，累计占比 18%。图 17 展示了各行业样本企业的配额资产管理效率的分布，可以看出在配额资产管理效率上存在行业间的差异性，配额管理效率最高的为造纸行业，α 值为 75.1，平均收益为 0.27 欧元/t。配额资产管理效率（以 α 为衡量指标）较低的行业有非金属矿物产品制造行业、食品行业，以及其他行业，这些行业的 α 值均大于或等于 78，平均收益小于 0.19 欧元/t。

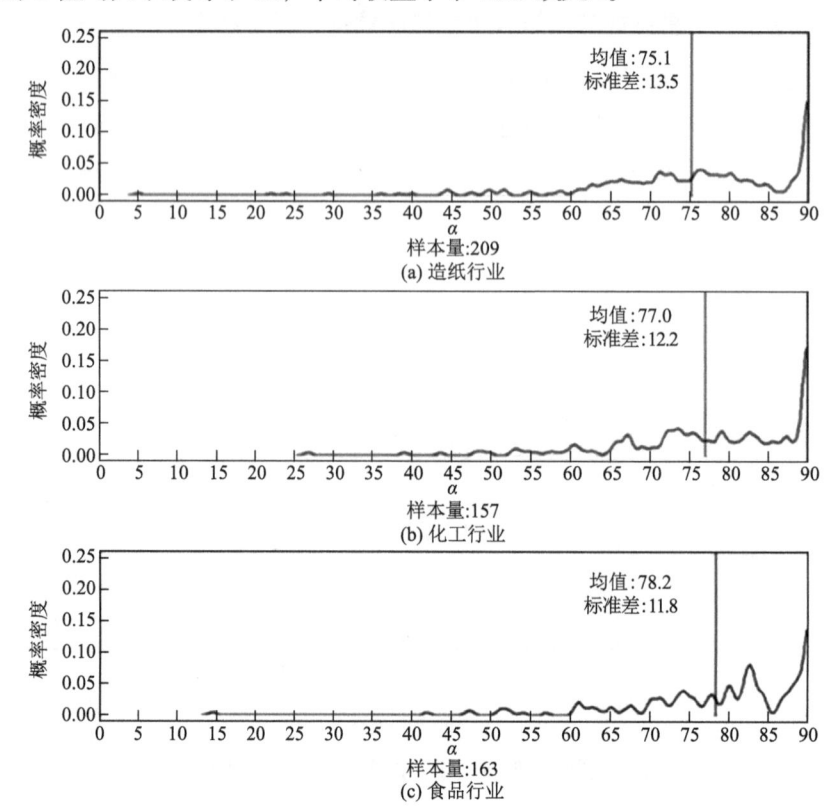

均值：75.1
标准差：13.5
样本量：209
(a) 造纸行业

均值：77.0
标准差：12.2
样本量：157
(b) 化工行业

均值：78.2
标准差：11.8
样本量：163
(c) 食品行业

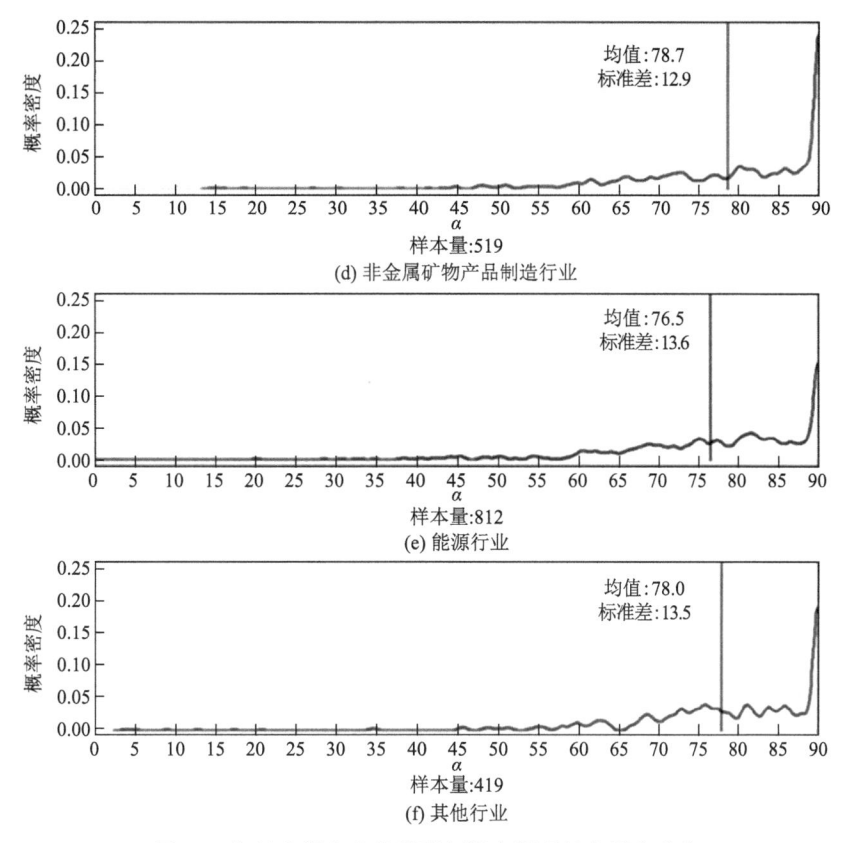

图 17 各行业样本企业的配额资产管理效率概率分布

从 α 值的分布特点来看,首先,由于实验阶段排放企业交易积极性不强,α 值在各行业的分布都集中于 90 左侧,比较而言,造纸行业与食品行业的峰度交易量较大,这说明它们的交易相对于其他行业而言更为活跃。其次,从[60,85]区间内的分布状况来看,能源行业、化工行业、非金属矿物产品制造行业在区间内的分布较广,这说明行业内部仍存在较大的配额资产管理的差异性,而造纸行业与食品行业在区间内的分布较为集中,说明这些行业配额资产管理水平较为相似,且相对较低。最后,能源行业、非金属矿物产品制造行业、化工行业同属于能源密集型行业,与非能源密集型行业相比,它们更容易利用自身配额存量优势、资金优势和信息优势提升配额资产管理的效率。

6 结论

本文基于 CITL 构建了一套企业层面的配额交易数据库及可视化系统,完整地再现了 EU ETS 实验阶段每个企业配额交易的场景。从交易的特点来看,EU ETS 实验阶段的交易呈现出活跃度低、季节性强且交易集中于高排放企业的特点。通过对大量排放企业交易行为的观察,发现排放企业配额资产管理存在一定的模式，如第 4 部分七类典型企业的配额管理模式。

为了比较排放企业配额资产管理水平的高低，本文从交易收益和配额差额两个维度构建了配额资产管理效率指标。该指标与配额价格和配额交易量无关，可反映出排放企业在配额资产管理能力上的差异性。评价结果显示，EU ETS 实验阶段中的排放企业配额资产管理参与度较低且效率普遍低下。

此外，本文还对不同排放水平和不同行业的排放企业配额资产管理效率进行了评价。评价结果表明：①高排放企业的配额资产管理效率相对较高，在配额免费分配的情况下，高排放企业在市场交易中有着巨大的优势，由于持有了市场中绝大多数的配额，它们形成一定的市场力，除此之外，高排放企业还存在信息优势，因为它们容易通过自身的排放量推断出整个市场的供需状况。因此高排放企业配额资产管理效率较高。②能源密集型行业配额资产管理的参与程度较低但效率相对较高，而非能源密集型行业的参与程度较高，但效率低下。能源密集型行业排放水平普遍较高且排放量较为固定，因此对自身配额的供需量较为确定，与非能源密集型行业相比，它们可以更好地把握配额价格并通过买卖配额获利。

参考文献

李继峰, 张亚雄. 2012. 我国"十二五"时期建立碳交易市场的政策思考. 气候变化研究进展, (2): 137-143.

张敏思, 范迪, 窦勇. 2014. 欧盟碳市场的进展分析及其对我国的借鉴. 环境保护, (8): 4-66.

Abrell J, Faye N A, Zachmann G. 2011. Assessing the impact of the EU ETS using firm level data. Strasbourg: Working Papers of BETA 2011-15, Bureau d'Economie Théorique et Appliquée.

Anderson B, Di Maria C. 2011. Abatement and allocation in the pilot phase of the EU ETS. Environmental and Resource Economics, 48(1): 83-103.

Convery F J, Redmond L. 2007. Market and price developments in the European Union emissions trading schem. Review of Environmental Economics and Policy, 1(1): 88-111.

Ellerman A D, Buchner B K. 2008. Over-allocation or abatement? A preliminary analysis of the EU ETS based on the 2005-06 emissions data. Environmental and Resource Economics, 41(2): 267-287.

Ellerman A D, Joskow P. 2008. The European Union's CO_2 Cap-and-trade System in Perspective. Arlington: Pew Center on Global Climate Change.

Jaraite J, Maria C D. 2012. Efficiency, productivity and environmental policy: A case study of power generation in the EU. Energy Economics, 34(5): 1557-1568.

Martin R, Muûls M, Wagner U J. 2014. Trading Behavior in the EU Emissions Trading Scheme. https://ssrn.com/abstract=2362810 or http://dx.doi.org/10.2139/ssrn.2362810[2024-08-24].

Martino V, Trotignon R. 2013. Back to the future: A comprehensive analysis of carbon transactions in Phase 1 of the EU ETS. Les Cahiers de la Chaire Economie du Climat, Information and debates Series, 27.

Trotignon R, Delbosc A. 2008. Allowance trading patterns during the EU ETS trial period: What does the CITL reveal. Climate Report, 13: 1-36.

Zaklan A. 2013. Why do Emitters Trade Carbon Permits? Firm-level Evidence from the European Emission Trading Scheme. Florence: European University Institute.

作者简介

刘寅鹏

北京航空航天大学副教授，任中国优选法统筹法与经济数学研究会管理决策与信息系统专业委员会理事、能源资源系统工程专业委员会理事。长期从事管理科学与数据科学交叉领域研究工作，研究领域包括行为大数据建模分析、经济管理行为实验、决策支持系统、地理信息系统等。在碳市场方面的研究方向为市场微观行为大数据建模、市场交易绩效、行为-价格驱动分析、市场微观结构大数据分析等。

E-mail: liuyinpeng@casisd.cn

基于舆论数据的高铁服务质量分析研究

董雪璠 廉莹

摘要

随着我国进入高铁快速发展时期，高速铁路以其快速、准点、方便、安全及舒心等特点深受广大旅客的厚爱。优化高铁服务质量，对于提升旅客对高铁服务的满意度，以及高铁长远健康发展，有着重要意义。当下，新媒体、大数据等技术的崛起为全社会话语权空间开拓了新天地，为民众更多、更好、更快地表达所思所愿、参政议政提供了平台和支撑。因此，本文从网络舆论的角度对高铁服务质量整体情况进行研究，基于网络舆论分析方法及引导策略，获取"高铁服务质量"相关话题的社交媒体数据，应用社会网络分析方法、情绪计算方法、观点聚类算法等技术，从舆论传播态势、网民情感变化、话题内容挖掘方面进行全面分析，力争为铁路部门提供决策依据。

关键词：高铁、服务质量、网络舆论、观点聚类、情绪计算、社会网络分析

1 引言

高铁因其安全、方便、快捷、舒适的特点，颇受人们的欢迎，高铁已经成为民众出行的最主要工具（刘梦雨和沈丽珍，2021）。随着人民生活水平以及受教育水平的不断提高，越来越多的旅客对于高铁服务质量提出更高的要求，也为铁路部门的管理和服务提出了更大的挑战。

随着互联网的发展，社交媒体成为人们表达观点、关注热点的重要工具。同时，政府部门也通过社交媒体对民众的关切问题进行回应和解答。社交媒体具有传播速度快、传播范围广、应用门槛低等特点，一些社会热点事件动辄引发上百万、上亿关注量，在舆论传播和监督方面具有一定的不可控性（张宁和唐嘉仪，2021）。同时，一些社会热点问题和事件容易被曲解、误读，在一定程度上为相

关部门管理决策增加了困难。民众对于高铁服务的反馈通常会第一时间在网络社交媒体中发布。诸如"高铁盒饭卫生问题"事件等一些高铁相关的事件在网络中引发网民广泛转发，形成舆论热点，影响力扩大，造成负面影响。可以说高铁服务质量逐渐成为新时期高铁舆论风险的重要来源，在应对事件本身的过程中也无法忽视网络舆论的引导和应对，对舆论大数据进行有效的监测和分析对相关部门进行管理决策具有非常重要的意义。

因此，本文利用大数据舆论分析技术，针对高铁服务质量整体情况，主要从舆论传播情况、舆论观点内容以及情绪等方面进行研究，以期得到我国现阶段网民对于高铁服务质量的评价情况。

2 数据说明

本文所选取的数据源为新浪微博。根据权威网站 Alexa 统计显示，新浪微博是我国国内排名第一的社交媒体网站，拥有庞大的用户群体。《2018 微博用户发展报告》数据显示，其月活跃用户数已高达 4.62 亿。如此庞大规模的用户量以及其所产生的数据量让微博已经成为国内外学术领域所青睐的数据源之一（Lin et al., 2016；Kim et al., 2017；Yuan et al., 2013）。同时，由于微博平台中也涵盖了几乎中国所有行政单位的官方账号，其也成了政府发布官方信息以及民众参政议政的主要媒体渠道（陈鹤阳和侯汝秋，2013；钟伟军，2013；Tong and Zuo, 2014；Medaglia and Zhu, 2017；冯小东等，2019）。钟伟军（2013）指出，随着中国进入新媒体时代，政府微博在公共危机中承担了越来越重要的信息发布、政治沟通、政治参与和舆论引导的功能。冯小东等（2019）指出，涵盖政务微博的社交媒体已经逐渐成为政府提供公共信息服务及其与公众沟通的新渠道，对政务微博信息传播行为规律的挖掘有助于实现"互联网+"背景下政府精准服务的具体落实以及实时对舆论导向的准确把控。

在数据采集过程中需要说明的是，由于微博对原创数据的控制与过滤，针对某一话题的原创微博数据大幅度减少，该问题随着时间的推移越发明显。同时，由于中文往往同一个词在不同语境中具有不同含义，在设定关键词步骤中难以准确控制包含关键词原创微博与话题之间的相关性，导致舆论数据质量较低，需要花费大量成本进行数据清洗。因此，已有文献多用微博评论数据对某一话题的网络舆论进行研究（Tommasel et al., 2018；Trilling, 2015）。

基于上述分析，本文构建了一个新的舆论数据抓取框架，主要包含以下四个步骤。

步骤 1，设定搜索关键词为"高铁"+"服务"，基于该关键词抓取 2016 年 1 月 1 日～2019 年 12 月 31 日所有的热门微博（即转发或评论量较高的微博）。同时，为保证尽可能获得更多的相关热门微博，抓取时间区间设定为 1 天。

步骤 2，利用人工方法对抓取的热门微博进行清洗，剔除无效数据，包括广告、包含"高铁"关键词但与高铁本身不相关的微博数据等。

步骤3，抓取清洗后的热门微博的评论数据和转发数据。

步骤4，对评论数据和转发数据进行结构化处理以便进行分析。

基于上述步骤，共从微博平台上抓取 1405 条热门微博数据，剔除无效数据 15 条，剩余 1390 条热门微博数据，走势如图 1 所示。基于 1390 条热门微博数据，本文共抓取转发数据和评论数据 147 092 条和 50 904 条，走势如图 2 所示。可以发现，图 2 相比较热门微博走势图更能反映讨论热度的波动，可得如下结论：①转发量走势与评论量走势基本一致；②各个时间节点转发量一般大于评论量；③2016~2019 年春节前后，评论量与转发量均有明显的增长。同时，排除春节前后峰值，本文对走势图中其他较为明显的峰值进行深入研究，包括 5 个时间节点，分别为 2016 年 11 月、2017 年 7 月、2018 年 7 月、2018 年 11 月和 2019 年 9 月（图3）。

2016 年 11 月：2016 年 11 月 11 日~20 日，全国铁路首次推出"电商黄金周"，提供高铁快运和铁路干线运输物流，其中包括 170 列最高时速为 350km 的高铁动车组。该措施主要是为了应对"双十一"期间社会物流需求特别是快件运输的巨大需求。这是铁路运输与电商团体之间的一次里程碑式的尝试。值得一提的是，相比于航空运输而言，高铁运输受天气影响较小，具有准点率高、成本低等突出优势。

图 1　2016 年 1 月~2019 年 12 月高铁相关热门微博走势图

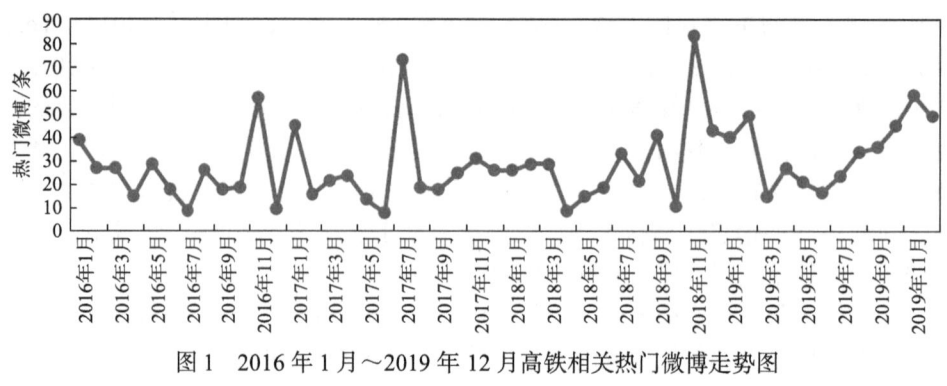

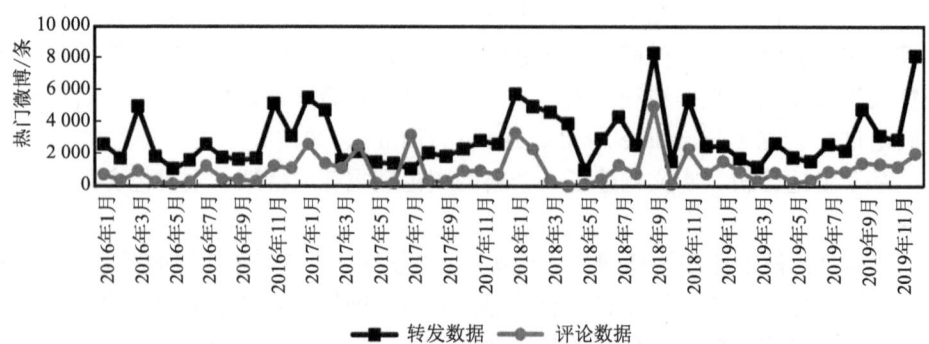

图 2　2016 年 1 月~2019 年 12 月高铁相关热门微博转发和评论数据走势图

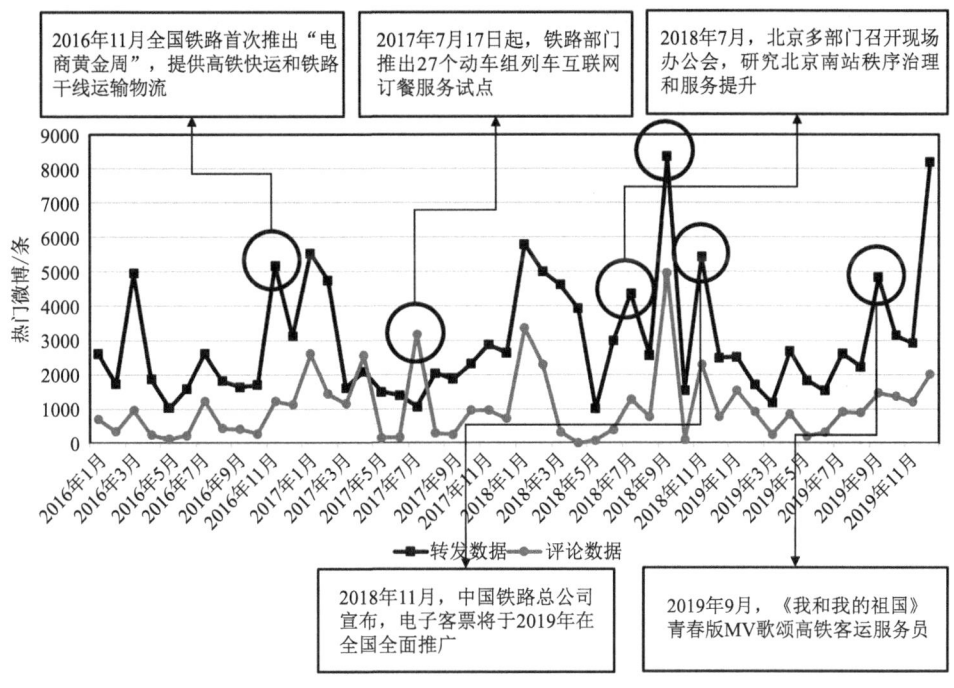

图 3 2016 年 1 月～2019 年 12 月高铁相关热门微博转发和评论数据峰值事件

2017 年 7 月：2017 年 7 月 17 日起，铁路部门推出 27 个动车组列车互联网订餐服务试点。该措施是中国铁路总公司（现中国国家铁路集团有限公司）服务供给侧结构性改革的一次新的尝试，该措施的目的是通过充分发挥"互联网+"优势，增强高铁餐饮服务的多元化，乘客不仅可以采用 12306 网站、手机 APP 等方式订购高铁品牌餐饮，还可以订购社会品牌餐饮。涉及的 27 个动车组列车包括上海、天津、广州、南京、杭州、西安、沈阳、长春、武汉、济南、福州、厦门、长沙、成都、重庆、兰州等省会（直辖市）及计划单列市所在地高铁客运站。

2018 年 7 月：北京多部门召开现场办公会，研究北京南站秩序治理和服务提升。北京南站作为全国重要的交通枢纽之一，一直受到乘客在管理秩序和服务等方面的投诉，尤其在节假日高峰时期。为了解决该问题，北京市交通委员会、中国铁路北京局集团有限公司、丰台区政府、北京南站地区管理委员会等多部门针对如何提高出租车运力，加强公交夜间运力保障，改善停车、乘车环境等问题进行了深入探讨，并制定了一系列改善措施，受到广大民众关注。

2018 年 11 月：中国铁路总公司宣布，电子客票将于 2019 年在全国全面推广。在由于高铁运输量激增导致的排队取票时间耗费长的大背景下，中国铁路总公司于 2018 年底决定 2019 年起全国全面取消纸质车票，标志着高铁从以往的"取票上车"时代、"无须取票"时代，直接跨入了"无票可取"的时代。该举措不仅在很大程度上缩短了高铁乘客的上车时间，也同时避免了不法分子通过车票获取个人身份信息的风险。

2019 年 9 月：《我和我的祖国》青春版 MV 歌颂高铁客运服务员。恰逢中华人民共和国成立 70 周年之际,《我和我的祖国》青春版 MV 正式上线,展示了高铁客运乘务员风采。

图 4 显示 2016 年 1 月~2019 年 12 月高铁服务相关热门微博评论用户的地理位置分布,可以发现关注该领域的用户大多分布在广东省、北京市、江苏省、浙江省和上海市等流动人口较多的省市,这些地区用户由于经常会选择高铁作为出行交通工具,因此更加关注高铁服务相关问题,尤其是在节假日时期。

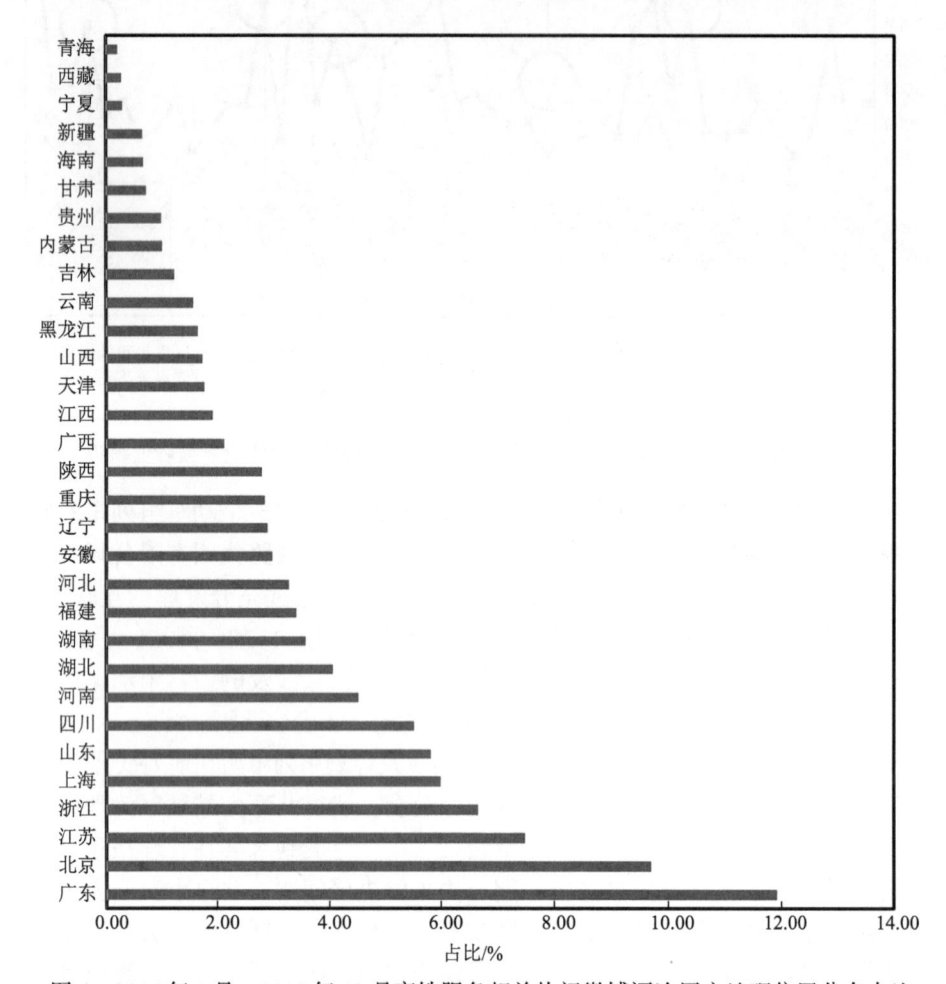

图 4 2016 年 1 月~2019 年 12 月高铁服务相关热门微博评论用户地理位置分布占比

3 研究方法

3.1 观点聚类方法

近年来,如何从网络舆论中抽取关键信息引发国内外学者的广泛关注,其中 k-均值聚类算法的应用最为普遍(刘怡君等,2016;谢修娟等,2018;周天宏和吴青林,2016)。然而,传统的 k-均值聚类算法对噪声和离群值较为敏感,进而会对聚类质量产生负面影响（谢修娟等，2018）。为了克服该缺点，有学者提出了一些改进算法。例如，谢修娟等（2018）提出了一种基于人工采样的动态增量聚类算法，包括四个步骤：第一步，根据词汇的重要性计算样本数据的中心；第二步，计算每个帖子与中心之间的距离；第三步，基于距离值确定每个帖子的类；第四步，基于聚类结果，人工确定关键信息。吴青林和周天宏（2016）提出了一种基于空间向量相似度的 k-均值聚类算法，其主要思想是通过计算每两条微博信息在语义上相似的程度，增加二者相关特征词的数量，进而在一定程度上消除了 TF-IDF 的文本漂移问题。裴超等（2016）提出了一种改进的 k-均值聚类算法，通过计算密度参数逐步选取高密度点作为聚类中心。

上述三篇论文中的实验结果表明，动态增量聚类算法在处理新浪微博数据时在精度和稳定性方面较优（谢修娟等，2018；裴超等，2016）。利用中国科学院 ICTCLAS 分词系统对微博数据进行分词、词性标注处理，并对停用词进行过滤。基于分词结果，运用 TF-IDF 方法度量各词汇的权重，如式（1）所示，以构造微博数据的向量空间模型。之后，对计算得到的特征向量进行归一化处理，以减小高频特征项对其他中低频特征项的抑制作用（郁圣卫等，2019）。利用式（2）计算每两个不同微博之间的相似性 Sim_{j_1,j_2}，以构建相似度矩阵。利用式（3）计算每个文档的密度 D_j，以选取核心文档，并基于核心文档之间的相似性值结合人工判断，确定初始聚类中心。最后，运用传统 k-均值聚类算法对处理后的文本进行观点聚类。

$$W_{ij} = \text{TF}_{ij} \times \text{ID}_{ij} = \text{TF}_{ij} \times \lg(N / \text{DF}_j) \tag{1}$$

式中，W_{ij}、TF_{ij} 和 ID_{ij} 分别为在信息 j 中词汇 i 的权重、词频和逆向文件频率；N 为信息总量；DF_j 为包含词汇 i 的总信息数（$i=1, 2, \cdots, n$；$j=1, 2, \cdots, N$）。之后，运用动态增量聚类算法，对聚类数设为 5～10 的结果进行比较，选取最优聚类数，基于各聚类类别中的关键词，手动将每个类别转化为一条关键观点。

$$\text{Sim}_{j_1,j_2} = \cos\theta_{j_1,j_2} = \frac{\sum_{i=1}^{n} w_{i,j_1} w_{i,j_2}}{\sqrt{\sum_{i=1}^{n} w^2_{i,j_1}} \times \sqrt{\sum_{i=1}^{n} w^2_{i,j_2}}} \tag{2}$$

$$D_j = \frac{\sum_{j',j'\neq j}^{N} \text{Sim}_{j,j'}}{N} \tag{3}$$

式中，w_{i,j_1} 和 w_{i,j_2} 分别表示词汇 i 在微博 j_1 和微博 j_2 中的权重值。

3.2 情绪计算方法

情绪分析是数据挖掘技术的重要组成部分（Xia et al.，2017），主要涉及情绪分类与情绪计算两个方面（刘雯等，2013）。情绪计算是基于情绪词库计算一条特定文本的情绪值，而情绪分类是根据计算结果或者文本特征向量对文本的情绪进行分类，包括负面、正面和中性（Greening et al.，2014；Kamel et al.，2019）。例如，Kamel 等（2019）提出了一种融合方法用于对负面、正面和中性情感进行分类，同时，他们还建立了一种基于 spaCy 和神经网络的评估融合步骤中使用不同损失函数的方法。一般来说，情绪分类可以看作情绪计算的最终目标，而情绪计算是情绪分类的实现路径之一。

根据已有文献，情绪分类方法主要涉及自然语言处理技术和机器学习算法（Chang and Huo，2018；Feng et al.，2019）。自然语言处理技术包括四个步骤：第一步，利用分词工具对文本进行分词，并剔除停用词；第二步，基于筛选出的高频词对文本进行空间向量的特征表征，其中每一个高频词即为一个维度，该步骤往往采用 TF-IDF 方法实现（Samoylov，2014）；第三步，构建情绪词库，包括情绪倾向词、情绪程度副词和情绪极性的否定词，同时，已有研究也指出利用微博文本中涵盖的表情符号进行情绪分类也是极为有效的（Fan et al.，2014）；第四步，利用所构建的情绪词库，结合文档频率和信息增益等方法对空间向量进行降维处理。

就新浪微博数据而言，Li 等（2016）发现基于情感字典的分类方法表现出了很好的效果。同时，由于中文语句没有边界，因此需要利用分词工具对微博信息进行分词处理，并剔除停用词。现阶段，部分语义分析领域内研究团队将所提出的前沿方法集成于软件之中，以方便其他学者直接使用。Rost CM 文本挖掘软件受到国内外研究者的青睐（谭雪晗等，2017；Tao et al.，2019）。例如，Tao 等（2019）分别利用 Rost CM 软件对"游客对空气质量感知"话题相关舆论信息进行分析，实证结果均显示该软件在处理微博数据时具有较高的准确性和稳定性。

该软件是由武汉大学信息管理学院沈阳教授团队进行开发的大型免费社会计算平台，软件中内嵌了词频分析、特征词提取、情感分析、可视化等多个功能性分析模块。同时，该软件包含词语权重字典以及自定义的否定词、程度词和感叹词词典，并通过对每一条微博信息中包含的子句权重进行加和来计算该信息的情感值。由于该软件被广泛应用于已有文献中，且显示出较好的效用，因此本文选取 Rost CM6 软件对所采集的数据进行情感倾向分析。Rost CM6 进行如下定义：积极情绪为情感值处于（5，+∞），中性情绪为情感值处于[-5,5]，消极情绪为情感值处于（-∞，-5）。

4 分析结果

4.1 传播分析

4.1.1 转发网络结构分析

基于转发数据，本文利用 Gephi 软件绘制了 2016～2019 年分阶段（每 6 个月为一个时间区间）转发网络图，如图 5 所示。转发网络图为有向加权网络，节点为参与转发的用户，边为转发行为，权重为转发次数。同时，本文采用 ForceAtlas 图布局算法对图中节点分布进行调整，该算法模仿物理世界的引力和斥力，自动布局直到力平衡，可以较为直观地反映节点之间的连接紧密程度，即两个相距较近的节点的紧密程度大于两个相距较远的节点的紧密程度。可以发现，8 幅网络图均直观呈现如下特点：①围绕少部分节点存在若干个簇；②大量节点分散分布在边缘。

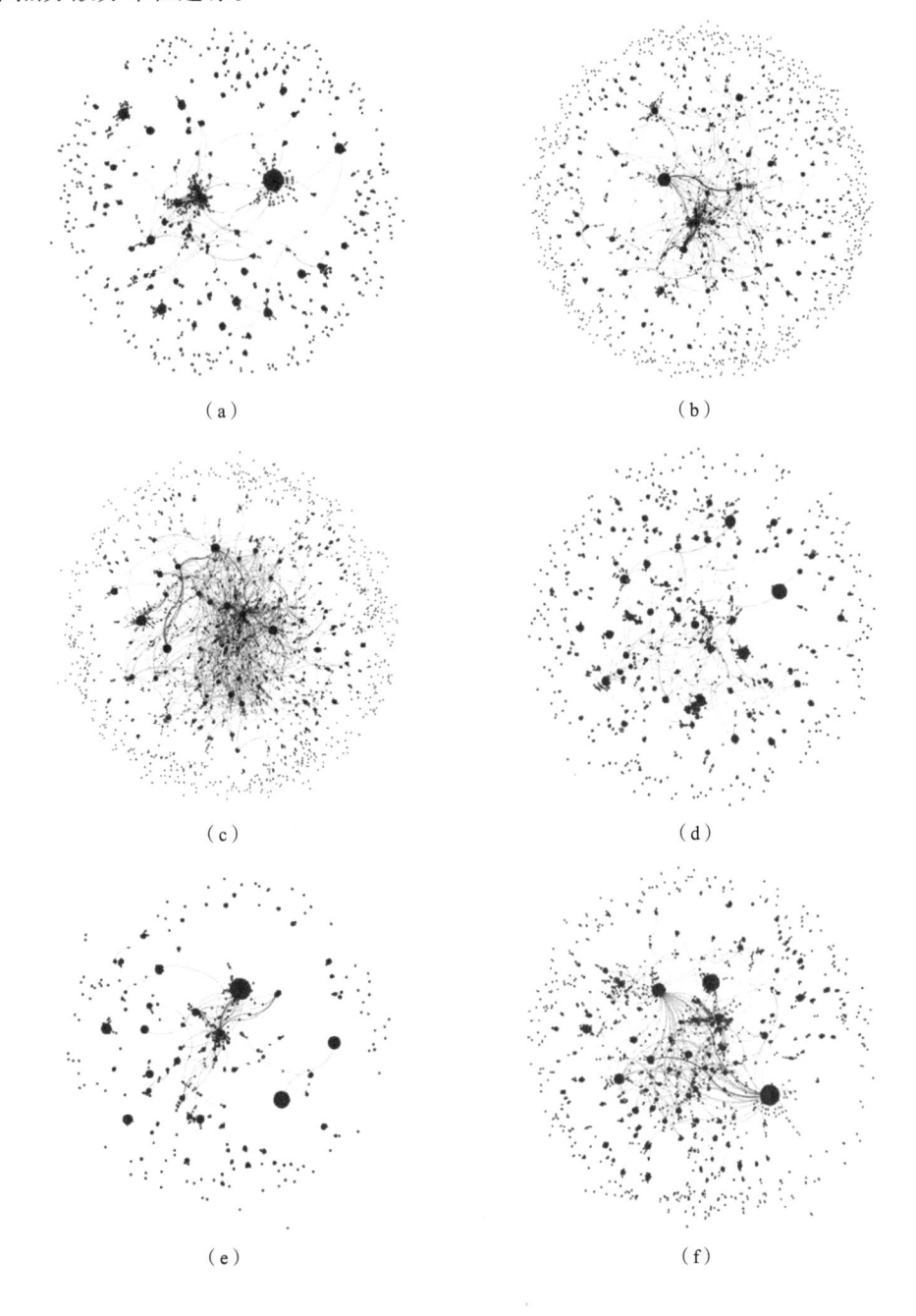

（a）

（b）

（c）

（d）

（e）

（f）

（g）　　　　　　　　　　　　　　（h）

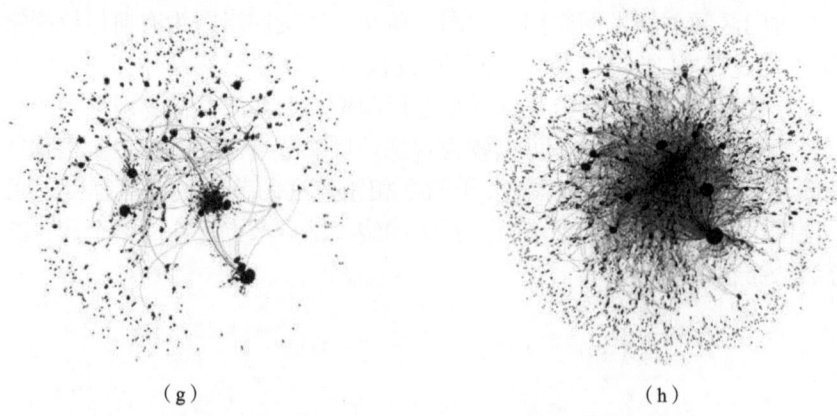

图 5　2016～2019 年分阶段热门微博转发网络图

（a）2016 年 1 月～2016 年 6 月；（b）2016 年 7 月～2016 年 12 月；（c）2017 年 1 月～2017 年 6 月；
（d）2017 年 7 月～2017 年 12 月；（e）2018 年 1 月～2018 年 6 月；（f）2018 年 7 月～2018 年 12 月；
（g）2019 年 1 月～2019 年 6 月；（h）2019 年 7 月～2019 年 12 月

为了进一步分析舆论转发网络，计算每个节点的度，发现各网络图存在无标度网络特征，即度较大的节点数量较少，而度较小的节点数量较大。为了验证该发现，以幂律分布函数 $P(k)=\gamma \times k^{-\alpha}$ 对各网络图节点数据进行拟合，其中 k 为特定网络中节点的度，$P(k)$ 为度的概率分布，γ 为常数项，α 为幂律指数。由于本文所涉及的网络均为加权网络，因此仅探讨各网络的加权度的分布结构，即 k 为加权度，拟合结果如图 6 所示。同时，利用该方法对图 5 中各时间区间的

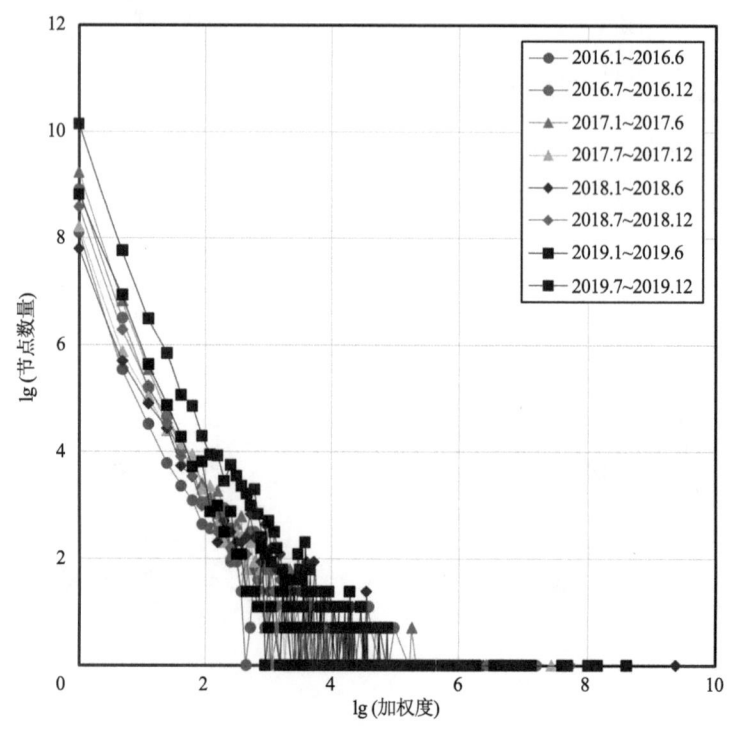

图 6　2016～2019 年热门微博转发网络加权度分布

网络图的度分布函数进行拟合,结果如表 1 所示。可以发现,8 个不同时间区间所形成的转发网络均呈现幂律分布特征,幂律指数围绕在 3 左右,且拟合精度均大于 0.95。现实世界中,这种"富者愈富"(the rich get richer)的现象在一定程度上类似于无标度模型所呈现的典型特征(Gómez-Gardeñes et al.,2011)。事实上,已有研究也基于实证数据发现了该特征。例如,Lian 等(2017)对"沈阳大学生'零首付'政策案例"和"开放式小区政策案例"引发的舆论网络进行了拟合研究,发现二者均在很大程度上符合无标度网络特征。

表 1　2016~2019 年分阶段网络图的加权度分布函数

转发网络	加权度分布函数	R^2
2016 年 1 月~6 月	$P(k)=0.8532 \times k^{-3.595}$	0.993
2016 年 7 月~12 月	$P(k)=0.8016 \times k^{-3.05}$	0.986
2017 年 1 月~6 月	$P(k)=0.817 \times k^{-2.911}$	0.997
2017 年 7 月~12 月	$P(k)=0.7046 \times k^{-2.962}$	0.993
2018 年 1 月~6 月	$P(k)=0.8214 \times k^{-3.069}$	0.992
2018 年 7 月~12 月	$P(k)=0.6755 \times k^{-2.861}$	0.997
2019 年 1 月~6 月	$P(k)=0.7392 \times k^{-2.753}$	0.981
2019 年 7 月~12 月	$P(k)=0.8394 \times k^{-3.16}$	0.993

4.1.2　转发网络节点分析

已有研究指出,在社交媒体中,政府相关部门或主流官方媒体应掌握舆论话语权,主导舆论演化方向,即时刻处在网络中的中心位置。为了验证该现象是否在"高铁服务"相关话题中存在,本文中所涉及的转发网络的节点分析主要是利用社会网络分析领域的若干指标去识别出网络中的重要节点。在此方面,中心度指标一直被研究者青睐。根据 Frasca 等(2015)所说的,一个特定网络中,节点的中心度越高,该节点在网络中就越重要。

因此,本文采用社会网络分析领域中的中心度指标来识别各个时间阶段转发网络中的关键节点。现阶段,度中心度(degree centrality)、紧密中心度(closeness centrality)和中介中心度(betweenness centrality)是三个较为常用的指标。度中心度为一个节点与其他节点直接连接的总和,度中心度包括入度中心度(或入度,in-degree)和出度中心度(或出度,out-degree),前者表现节点的被关注程度,而后者则表现节点关注其他节点的程度。就本文的转发网络来说,一个节点的重要程度体现在其发出的帖子被其他节点转发的次数,即节点的出度,因此本文仅涉及出度中心度。紧密中心度是指一个节点到达其他节点的难易程度,即该节点到其他所有节点距离的平均值的倒数,计算方法如式(4)所示,其中 CC_i 表示节点 i 的紧密中心度,N 为网络中节点总数,d_{ij} 为节点 i 到节

点 j 的距离。中介中心度是指一个节点的最短路径的数量。该指标认为经过一个节点的最短路径的数量越多，其中介中心度越高。中介中心度的计算方法如式（5）所示，其中，BC_i 表示节点 i 的中介中心度，p_{jk} 表示节点 j 到节点 k 的最短路径的数量，$p_{jk}(i)$ 表示节点 j 到节点 k 的最短路径中包含节点 i 的数量。

$$CC_i = \frac{N-1}{\sum_{j,j \neq i}^{N} d_{ij}} \tag{4}$$

$$BC_i = \sum_{j,j<k}^{N} \frac{p_{jk}(i)}{p_{jk}} \tag{5}$$

除了上述三个指标外，PageRank 算法也是已有研究识别网络关键节点的主流方法（郭淼和焦垣生，2016；Ruas et al.，2020；刘俊婉等，2018）。例如，王曰芬（2016）等将一种改进的 PageRank 算法用于舆论网络中关键节点的识别之中。由于本文所研究的转发网络为加权网络，因此选用 Zhang（2017）所提出的 PageRank 算法，其中用于控制算法效用的参数设定为 0.85。8 个不同时间阶段的转发网络基于度中心度、紧密中心度、中介中心度以及 PageRank 算法的结果如表 2～表 9 所示（仅列出排名前 5 位的节点）。可以发现，8 个转发网络中的关键用户基本均为政府铁路部门官方账户，如"中国铁路""西南铁路""北京铁路""北京客运段微博""沈阳铁路"等，以及官方新闻媒体和知名新闻自媒体，如"人民日报""人民网""头条新闻"等。同时，也存在部分个体账户，主要发布针对官方信息的转发和评论而引起民众的热议。因此，从很大程度上来说，"高铁服务"相关案例中官方媒体影响力较高，从而在根源上杜绝了谣言等负面信息在网络空间中的传播。

表 2 2016 年 1～6 月转发网络 Top5 关键用户

项目	1	2	3	4	5
中心度	头条新闻	北**儿	辽沈晚报	中国铁路	邓**飞
	1 069	213	185	181	176
紧密中心度	上铁资讯	西安发布	新京报	中**员	北京客运段微博
	1	0.992	0.991	0.99	0.974
中介中心度	西南铁路	中国铁路	人民铁道	邓**飞	北京铁路
	1 034.033	352	292.233	179	159
PageRank 值	中国铁路	头条新闻	西南铁路	上铁资讯	新京报
	0.000 572	0.000 431	0.000 359	0.000 359	0.000 347

注：非官方账户用户名利用*号进行了脱敏处理，下同。

表3 2016年7～12月转发网络Top5关键用户

项目	1	2	3	4	5
度中心度	每日经济新闻 1 327	凤凰网财经 413	上海铁路局 402	中国铁路 343	胜**o_ 288
紧密中心度	沈阳铁路 1	平安铁路 1	北京晚报 1	深圳晚报 0.986	人民铁道网 0.984
中介中心度	中国铁路 781	北京铁路 557	西南铁路 416.5	南阳车务段 210	高**闻 189
PageRank值	南阳车务段 0.000 499	北京铁路 0.000 499	沈阳铁路 0.000 499	郑州铁路局 0.000 353	全景网 0.000 352

表4 2017年1～6月转发网络Top5关键用户

项目	1	2	3	4	5
度中心度	高铁服务指南VPM 956	人民网 739	人民日报 708	共青团福建省委 612	中国铁路 434
紧密中心度	环球网 1	中国日报 1	人民网 0.996	人民日报 0.995	凤凰网财经 0.993
中介中心度	曝**闻 2 862	中国铁路 2 342.5	高铁服务指南VPM 1 746	邓**飞 1 281	北京铁路 1 003
PageRank值	曝**闻 0.003 83	常**复 0.001 233	环球网 0.000 658	中国日报 0.000 612	武汉铁路 0.000 356

表5 2017年7～12月转发网络Top5关键用户

项目	1	2	3	4	5
度中心度	国网福建电力 515	滨海发布 366	上海铁路局 285	头条新闻 243	共青团中央 175
紧密中心度	国网福建电力 1	上海铁路局 1	上铁资讯 0.992	国网浙江电力 0.989	每日经济新闻 0.988
中介中心度	北京铁路 579	共青团中央 226	北京客运段微博 126	高铁见闻 99	青春央企 64
PageRank值	高铁见闻 0.001 66	国网福建电力 0.001 56	国网浙江电力 0.000 982	每日经济新闻 0.000 981	上海铁路局 0.000 977

表 6　2018 年 1～6 月转发网络 Top5 关键用户

项目	1	2	3	4	5
度中心度	上海铁路局 1 012	国网浙江电力 574	国网江苏电力 298	北京日报 199	中国铁路 191
紧密中心度	国网浙江电力 1	国网江苏电力 1	国网湖北电力 1	海创汇官方平台 1	沈阳铁路 0.988
中介中心度	中国铁路 1 266	西铁资讯 328	沈阳铁路 319	海创汇官方平台 98	太原铁路 72
PageRank 值	铁路南京站 0.001 085	铁路苏州站 0.000 958	上铁合肥车务段 0.000 759	铁路杭州站 0.000 679	阿**e 0.000 677

表 7　2018 年 7～12 月转发网络 Top5 关键用户

项目	1	2	3	4	5
度中心度	人民网 1 325	上海铁路局 899	人民日报 617	中国铁路 305	共青团中央 282
紧密中心度	环球时报 1	北京日报 1	中国新闻周刊 0.996	央视新闻 0.992	每日经济新闻 0.991
中介中心度	编**莺 5 466	北京铁路 1 178	太原铁路 633.5	北京南站官方微博 484	北京日报 434
PageRank 值	编**莺 0.003 823	环球时报 0.000 763	北京日报 0.000 483	中国新闻周刊 0.000 423	央视新闻 0.000 422

表 8　2019 年 1～6 月转发网络 Top5 关键用户

项目	1	2	3	4	5
度中心度	同程艺龙官方微博 1 927	上海铁路局 840	中国青年报 821	M**A 635	高铁关键 APP 578
紧密中心度	国网浙江电力 1	沈阳铁路 1	凤凰网科技 1	同程艺龙官方微博 0.999	西铁资讯 0.998
中介中心度	同程艺龙官方微博 1 930	上海铁路局 849	文**酱 575	同程机票 524	上**星 488
PageRank 值	邦**德 0.000 535	同程机票 0.000 535	央视新闻 0.000 532	国网浙江电力 0.000 426	新浪财经 0.000 406

表 9   2019 年 7～12 月转发网络 Top5

项目	1	2	3	4	5
度中心度	人民日报	央视新闻	人民网	上海铁路局	新华视点
	4 984	2 981	2 221	1 181	1 074
紧密中心度	上铁资讯	同程机票	凤凰网视频	热门话题咨询	广东电网
	1	1	1	0.992	0.989
中介中心度	C**使	战**S	中国铁路	南昌铁路	上海铁路局
	1 852	1 739	1 224.4	1 158	159
PageRank 值	南阳车务段	低**t	未**4	新京报	D**x
	0.002 97	0.000 235	0.000 223	0.000 222	0.000 212

4.2 评论内容及情绪分析

利用中国科学院 ICTCLAS 分词系统对采集到的微博评论数据进行分词、词性标注处理，对停用词进行过滤。依据词频进行排序，结果如图 7 所示，部分词频排序结果如表 10 所示。可以发现，除"铁路""高铁""中国""服务"等与高铁直接相关的关键词外，"贵""包裹""盒饭"等高频词间接反映出民众针对高铁服务主要关心高铁餐饮、买票以及高铁被用于快递服务等方面。另外，"12306""买票""票价"等与高铁买票相关的关键词也具有较高的频次。

图 7   "高铁服务"相关微博评论数据词云图（词越大表示词频越高）

表 10 "高铁服务"相关微博评论数据高频词 Top20

排序	词	词频	排序	词	词频
1	铁路	3232	11	厉害	1130
2	高铁	3054	12	价格	1099
3	中国	2523	13	过年	1087
4	服务	2156	14	开通	1036
5	贵	1647	15	动车	1013
6	包裹	1499	16	难	964
7	盒饭	1391	17	12306	959
8	买票	1314	18	时间	937
9	票价	1159	19	回家	831
10	快递	1141	20	难吃	772

本文选取排名前 50 的高频词作为特征项，利用动态增量聚类算法对微博评论数据进行观点聚类。k-均值聚类算法的目标函数为欧氏距离。本文通过设定不同的核心文档以探寻最优聚类结果，通过比较后选择 $k=6$ 的聚类结果作为最终结果，主要观点即所包含的微博数据如表 11 所示。结果显示，共可聚类出 6 类网民主要观点，分别为观点一，"对高铁服务人员的服务质量进行点赞"；观点二，"高铁餐饮性价比低且存在质量问题"；观点三，"支持新开通的高铁班次"；观点四，"调侃高铁快运包裹"；观点五，"支持高铁开通互联网订餐服务"；观点六，"吐槽软件 12306 买票难"。

表 11 "高铁服务"相关微博评论数据主要观点

序号	观点	微博数量/条
1	对高铁服务人员的服务质量进行点赞	12 044
2	高铁餐饮性价比低且存在质量问题	11 954
3	支持新开通的高铁班次	9 805
4	调侃高铁快运包裹	9 480
5	支持高铁开通互联网订餐服务	4 587
6	吐槽软件 12306 买票难	3 034

同时，运用第 3.2 节中的情绪计算方法对每一类观点的情绪从负面、中性和正面三个维度进行评判，结果如图 8 所示。可以发现，观点一和观点五中网民正面情绪占比最高，分别为 82.41%和 55.88%，均超过 50%。相比之下，观点二和观点六中网民负面情绪占比最高，分别为 78.59%和 67.37%。此结果说明，网民针对高铁服务的不满意情绪主要集中在高铁餐饮和 12306 软件买票两

个方面。

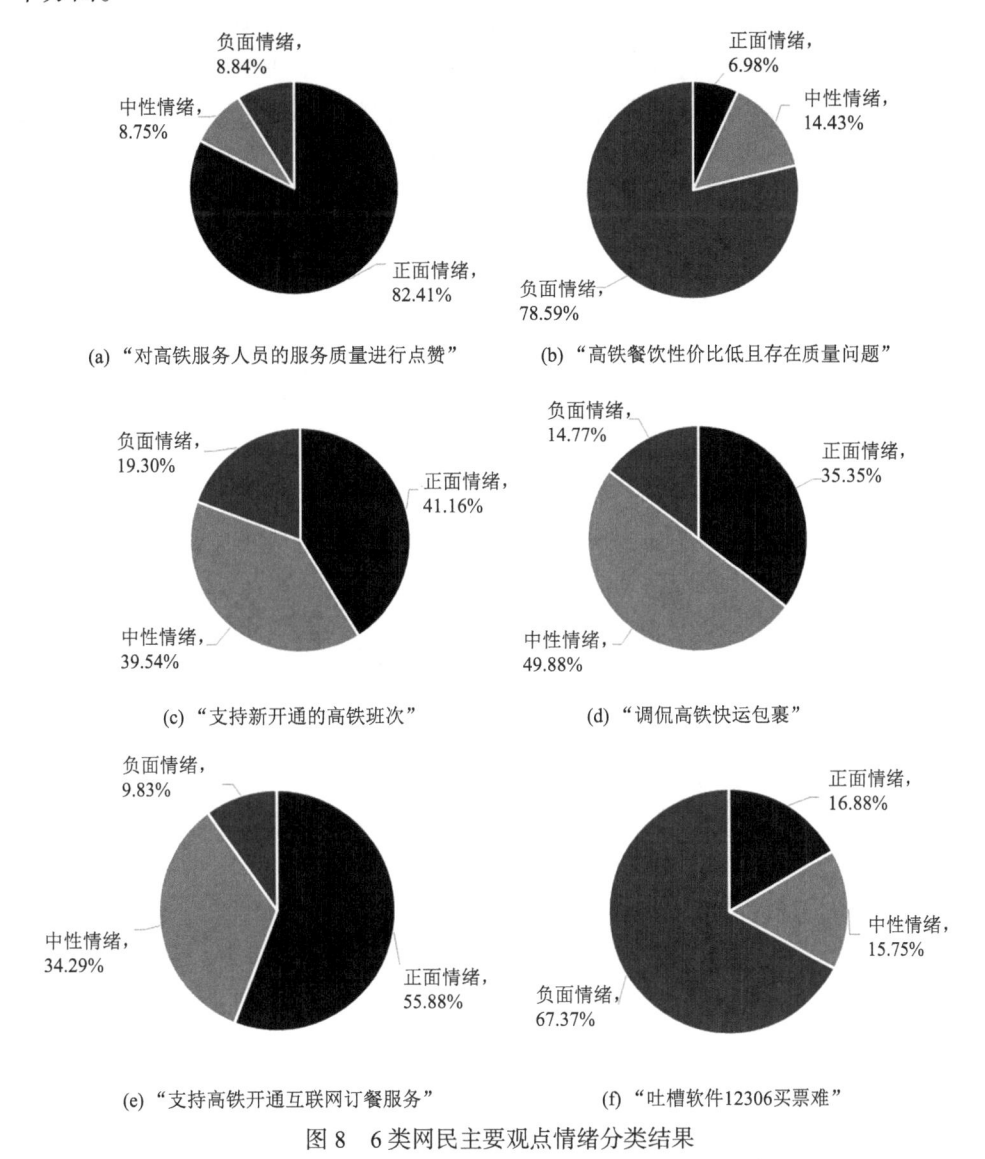

(a) "对高铁服务人员的服务质量进行点赞"
负面情绪,8.84%
中性情绪,8.75%
正面情绪,82.41%

(b) "高铁餐饮性价比低且存在质量问题"
正面情绪,6.98%
中性情绪,14.43%
负面情绪,78.59%

(c) "支持新开通的高铁班次"
负面情绪,19.30%
正面情绪,41.16%
中性情绪,39.54%

(d) "调侃高铁快运包裹"
负面情绪,14.77%
正面情绪,35.35%
中性情绪,49.88%

(e) "支持高铁开通互联网订餐服务"
负面情绪,9.83%
中性情绪,34.29%
正面情绪,55.88%

(f) "吐槽软件12306买票难"
正面情绪,16.88%
中性情绪,15.75%
负面情绪,67.37%

图 8　6 类网民主要观点情绪分类结果

5　结论

本文利用舆论数据抓取技术，获得基于高铁服务质量的相关网络话题。首先，对舆论时间态势和空间态势进行分析。通过对舆论时间走势图中峰值进行研究发现，峰值多集中在节假日和春运期间。根据热门微博评论用户的地理位置分布，发现关注高铁服务质量较多的网民主要集中在广东省、北京市、江苏省、浙江省和上海市等流动人口较多的省市。其次，对高铁服务质量相关网络舆论传播网络进行分析，主要包括转发网络结构分析和转发网格节点分析发现，转发网络服从幂律分布，具有"富者愈富、穷者愈穷"的特征，出度较大的节点中以官方媒体账号为主。因此，在高铁服务质量相关的网络舆论信息中，政府社交媒体的官方账号通过积极参与讨论，有效地引导了公众舆论，对于遏制谣言等负面信息在网络空间中的扩散发挥了重要作用。此外，本文对高铁服务网络舆论信息内容进行分析。主要包括观点聚类分析和情绪分析。采用动态增量聚类算法对微博评论数据进行观点聚类，得到6类观点，对每一类观点进行情绪计算。根据计算结果，网民对于高铁服务质量总体呈现正面情绪，不满意情绪主要集中在高铁餐饮和12306软件买票两个方面。

未来，高铁相关部门应重点关注这两个方面的民众观点，定期组织线下调研和线上社交媒体平台的相关数据收集，了解民众所需所愿，主动回应民众关心质疑的问题，并且制定定期回应机制。同时，就高铁餐饮方面，相关铁路部门在严格保证餐饮食物安全的前提下，对于突发高铁餐饮安全事件应强化舆论回应速度，注重信息公开，并建议尽快建立餐饮投标企业信息公示板块，并加设举报通道。就12306软件买票方面来说，建议强化12306购票平台功能宣传力度。同时，建议加强节假日期间12306购票系统维护，完善12306网站投诉功能。

一般情况下，研究网络舆论的根本目的在于最大限度地获知民众针对某一话题或事件的观点。网络舆论是复杂系统的一种文本表现形式，而其中所隐含的复杂性和不确定性直接导致了该领域的可扩展性。同时，获取民众舆论信息仅是在前端提高我国高铁服务质量的一个重要环节，还有许多后续工作以及配套措施需要各相关部门一起合作展开与完成。因此，本文仅是对高铁服务质量相关网络舆论数据的尝试性探索，其中仍存在着不妥及不成熟的观点，但这也从某种程度上反映出该研究点还有巨大空间可以进行深入挖掘。

致谢

感谢国家自然科学基金项目"多主体协同视角下中国特色政务信息公开网络舆情治理'时、度、效'研究"（编号：72274010）、"多维视角下的网络舆情预测研究——以公共政策网络舆情为例"（编号：71904010）。

参考文献

陈鹤阳, 侯汝秋. 2013. 政府机构官方微博的内容特征分析——基于新浪网政府微博 Top10 的实证研究. 图书馆工作与研究, (8): 82-84.

冯小东, 马捷, 蒋国银. 2019. 社会信任、理性行为与政务微博传播：基于文本挖掘的实证研究. 情报学报, 38(9): 954-965.

郭森, 焦垣生. 2016. 网络舆情传播与演变背景下的微博信息转发预测分析. 情报杂志, 35(5): 46-51.

刘俊婉, 杨波, 王菲菲. 2018. 基于引证行为与学术相似度的学者影响力领域排名方法研究. 数据分析与知识发现, 2(4): 59-70.

刘梦雨, 沈丽珍. 2021. 高铁发展对城市对间联系的影响及异质性研究——以南京市为例. 地理科学进展, 40(4): 647-659.

刘雯, 高峰, 洪凌子. 2013. 基于情感分析的灾害网络舆情研究——以雅安地震为例. 图书情报工作, 57(20): 104-110.

刘怡君, 陈思佳, 黄远, 等. 2016. 重大生产安全事故的网络舆情传播分析及其政策建议——以"8·12天津港爆炸事故"为例. 管理评论, 28(3): 221-229.

裴超, 肖诗斌, 江敏. 2016. 基于改进的LDA主题模型的微博用户聚类研究. 情报理论与实践, 39(3): 135-139.

谭雪晗, 涂艳, 马哲坤. 2017. 基于SNA的事故灾难舆情关键用户识别及治理. 情报学报, 36(3): 297-306.

王曰芬, 杭伟梁, 丁洁. 2016. 微博舆情社会网络关键节点识别与应用研究. 情报资料工作, (3): 6-11.

谢修娟, 李香菊, 莫凌飞. 2018. 基于改进K-means算法的微博舆情分析研究. 计算机工程与科学, 40(1): 155-158.

郁圣卫, 卢奇, 陈文亮. 2019. 基于领域情感词典特征表示的细粒度意见挖掘. 中文信息学报, 33(2): 112-121.

张宁, 唐嘉仪. 2021. 大数据在风险治理中的应用场景——基于"人-技术"视角的研究述评. 电子政务, (4): 79-89.

钟伟军. 2013. 公共舆论危机中的地方政府微博回应与网络沟通——基于深圳"5·26飙车事件"的个案分析. 公共管理学报, 10(1): 31-42.

周天宏, 吴青林. 2016. 基于话题聚类及情感强度的中文微博舆情分析. 情报理论与实践, 39(1): 109-112.

Chang G, Huo H. 2018. A method of fine-grained short text sentiment analysis based on machine learning. Neural Network World, 28(4): 325-344.

Fan R, Zhao J, Chen Y, et al. 2014. Anger is more influential than joy: Sentiment correlation in weibo. PLoS one, 9(10): e110184.

Feng Z, Feng Z, Xia K, et al. 2019. Hot news mining and public opinion guidance analysis based on sentiment computing in network social media. Personal and Ubiquitous Computing, 23(3): 373-381.

Frasca P, Ishii H, Ravazzi C, et al. 2015. Distributed randomized algorithms for opinion formation, centrality computation and power systems estimation: A tutorial overview. European Journal of Control, 24: 2-13.

Gómez-Gardeñes J, Gómez S, Arenas A, et al. 2011. Explosive synchronization transitions in scale-free networks. Physical Review Letters, 106(12): 128701.

Greening S G, Osuch E A, Williamson P C, et al. 2014. The neural correlates of regulating positive and negative emotions in medication-free major depression. Social Cognitive and Affective Neuroscience, 9(5): 628-637.

Kamel M, Siuky F N, Yazdi H S. 2019. Robust sentiment fusion on distribution of news. Multimedia Tools and Applications, 78(15): 21917-21942.

Kim S, Lee K Y, Shin S I, et al. 2017. Effects of tourism information quality in social media on destination image formation: The case of Sina Weibo. Information & Management, 54(6): 687-702.

Li L, Ye J, Deng F, et al. 2016. A comparison study of clustering algorithms for microblog posts. Cluster Computing, 19(3): 1333-1345.

Lian Y, Dong X, Liu Y. 2017. Topological evolution of the internet public opinion. Physica A, 486: 567-578.

Lin X, Lachlan K A, Spence P R. 2016. Exploring extreme events on social media: A comparison of user reposting/retweeting behaviors on Twitter and Weibo. Computers in Human Behavior, 65: 576-581.

Medaglia R, Zhu D. 2017. Public deliberation on government-managed social media: A study on Weibo users in China. Government Information Quarterly, 34(3): 533-544.

Ruas P, Lamurias A, Couto F M. 2020. Linking chemical and disease entities to ontologies by integrating PageRank with extracted relations from literature. Journal of Cheminformatics, 12(1): 57.

Samoylov A B. 2014. Evaluation of the delta TF-IDF features for sentiment analysis. Communications in Computer & Information Science, 436: 207-212.

Tao Y, Zhang F, Shi C, et al. 2019. Social media data-based sentiment analysis of tourists' air quality perceptions. Sustainability (Basel, Switzerland), 11(18): 5070.

Tommasel A, Tommasel A, Godoy D, et al. 2018. Short-text feature construction and selection in social media data: A survey. Artificial Intelligence Review, 49(3): 301-338.

Tong J, Zuo L. 2014. Weibo communication and government legitimacy in China: A computer-assisted analysis of Weibo messages on two 'mass incidents'. Information, Communication & Society, 17(1): 66-85.

Trilling D. 2015. Two different debates? Investigating the relationship between a political debate on TV and simultaneous comments on Twitter. Social Science Computer Review, 33(3): 259-276.

Xia R, Jiang J, He H. 2017. Distantly supervised lifelong learning for large-scale social media sentiment analysis. IEEE Transactions on Affective Computing, 8(4): 480-491.

Yuan E J, Feng M, Danowski J A. 2013. "Privacy" in semantic networks on Chinese social media: The case of Sina Weibo. Journal of Communication, 63(6): 1011-1031.

Zhang F. 2017. Evaluating journal impact based on weighted citations. Scientometrics, 113(2): 1155-1169.

作者简介

董雪璠

北京工业大学经济与管理学院讲师，硕士生导师。北京工业大学区块链研究中心核心成员，中国仿真协会人工社会专业委员会委员，中国发展战略学研究会社会战略专业委员会委员。研究方向为网络社会治理、区块链与电子政务、社交媒体数据分析、舆论动力学等。在国内外权威期刊发表论文30篇。参与多项智库工作，部分获得国家领导人或部级领导批示。主持国家自然科学基金青年基金、北京市社会科学基金、博士后面上项目基金等多项国家级与省部级基金。长期担任 Expert Systems with Applications、Physica A、中国管理科学、系统工程理论与实践等期刊审稿人。

E-mail: dongxf@bjut.edu.cn

作者简介

廉 莹

中国传媒大学新闻学院副教授，计算传播系副系主任，中国传媒大学青年拔尖人才。中国仿真协会人工社会专业委员会委员，中国发展战略学研究会社会战略专业委员会委员。长期从事网络社会治理、网络舆情等方面的理论、仿真及实证研究。在国内外权威期刊发表论文近20篇。作为核心人员参与撰写上报智库咨询报告20余份，主要聚焦网络舆论治理研究，对口服务国务院办公厅、中央办公厅、全国政协等部门，部分获得国家领导人及省部级领导批示。

E-mail: lianying@cuc.edu.cn

大数据背景下的金融科技舆情风险研究

迟钰雪

―摘要

金融科技作为全球金融业发展的新引擎,近年来发展势头强劲,舆情关注度不断攀升的同时,夹杂其中的负面舆情也不容忽视。金融科技具备金融属性,一旦爆发问题,庞大的用户群体不仅可能直接导致舆情危机,还有可能冲击金融科技行业本身,恶化已有问题,并进一步造成次生舆情或舆情放大,形成恶性循环。2018 年的"P2P[①]爆雷"事件便是前车之鉴,不仅在网络引发了轩然大波,还间接地导致了 P2P 行业的消亡,如何应对潜在的金融科技舆情风险成为当前亟须解决的问题。在大数据这一时代背景下,网络空间的繁盛为研究提供了丰富的数据资源,本研究围绕"如何充分发挥大数据优势实现金融科技舆情风险的识别和预警"这一问题,构建了一个包含民众讨论、新闻媒体和专家观点三个维度的金融科技网络舆情风险综合研究框架,并结合实际舆情数据,详细分析了各维度的数据特点,给出了具体的研究方案。

关键词:金融科技舆情、网络舆情风险、大数据

1 研究背景

受益于大数据、人工智能、云计算等技术的发展,金融科技近年来发展势头强劲,已然成为全球金融业发展的引擎(王正位等,2022)。金融科技舆情关注

[①] 即点对点网络借款(peer to peer lending)。

度、网民讨论度不断上升的同时，夹杂其中的负面舆情也不容忽视。P2P 作为金融科技探索阶段的产物，2018 年大规模"爆雷"事件在网络上引发轩然大波；2019 年，相关部门印发指导意见厉行整顿 P2P 行业，同年印发的《金融科技（FinTech）发展规划（2019—2021 年）》指出需要创造良好的社会环境和舆论氛围；2020 年底，我国 P2P 平台已全部清零。短短两年间，P2P 平台迅速落幕。"P2P 爆雷"事件折射出的网络舆情对金融科技的关注以及负面舆情对行业发展的影响都值得深思和警惕。

在我国，金融科技的发展欣欣向荣。移动支付等代表性技术得到了广泛的应用，微信支付和支付宝作为国民级应用，在我国的用户群体庞大；智能投顾的发展也使得越来越多不具备金融专业知识的用户开始接触投资理财服务……日益广泛的应用场景和庞大的用户群体，意味着一旦金融风险防控不当发生突发事件，很容易诱发舆论危机。有学者明确指出，金融科技在推动金融创新、重塑金融市场格局、改善金融服务的同时，也带来了严重的金融风险和社会问题（黄益平和陶坤玉，2019）。金融科技并没有改变金融业务的风险属性，其开放性、互联互通性、科技含量更高的特征使得金融风险更加隐蔽（朱太辉和陈璐，2016），加大了金融风险识别应对的难度。技术的应用还使金融科技不得不大力提防信息科技风险和操作风险问题。使形势更为严峻的是，科技创新放大了当前监管模式的不足，监管措施更新速度往往滞后于金融科技的发展速度（陈红和郭亮，2020）。

直系国计民生的金融属性、庞大的用户群体、时刻存在的金融风险、严峻的金融风险防控形势、广泛的应用场景，这一系列要素的累加使得金融科技从社会燃烧理论的角度来看十分容易积累"燃烧物质"。"燃烧物质"可视为社会不稳定的根源，当燃烧物质积累到一定程度，在媒体的误导、过分地夸大、无中生有的挑动、谣言的传播、敌对势力的恶意攻击、片面利益的刻意追逐、社会心理的随意放大等错误的舆论导向煽动下，经具有一定规模和影响的突发性事件引爆，即可发生社会的失衡、失序甚至失控（牛文元，2001），"P2P 爆雷"事件便是一记警钟。

当前金融科技正处于快速发展期，舆情热度水涨船高，此时更应慎思前车之鉴，警惕潜在的舆情风险。而如何应对潜在的金融科技舆情风险成为亟须解决的问题。在大数据这一时代背景下，网络空间的繁盛为金融科技舆情研究提供了丰富的数据资源，如何充分发挥大数据优势实现金融科技舆情风险的识别和预警，在当下是值得深入思考的研究方向。本文第 2 部分对金融舆情和金融科技舆情相关研究进行梳理，同时简述金融科技舆情风险。第 3 部分结合金融科技舆情的特点，构建了一个包含民众讨论、新闻媒体和专家观点三个维度的金融科技网络舆情风险综合研究框架。第 4 部分为全文总结，指出当前研究的不足之处和未来研究拓展方向。

2 金融舆情与金融科技舆情

为了更好地梳理研究脉络，从可以涵盖金融科技舆情的金融舆情研究入手进行梳理。关于金融舆情，张世晓（2012）认为可以分为金融事件舆情与金融形势趋势舆情。金融事件舆情针对金融业运行中所发生的特定具体事件、突发事件，往往具有较强的针对性、时效性或突发性。金融形势趋势舆情则不由特定的金融事件引发，只是舆情主体基于各自的知识结构和各种基础信息对未来金融运行形势与趋势做出自己的判断预测，并基于这种预测产生各种观点舆情。

整体来看，国内金融舆情研究起步较晚，在 2014 年基本为空白（张世晓，2014），数量也较少，更多地关注网络舆情对金融市场（欧阳资生和李虹宣，2019）、金融资产价格（李正辉和胡志浩，2018）等问题的影响，具体到金融科技领域同样存在这种情况。但学者们已经逐渐意识到金融舆情研究的特殊性和重要性，古丹娜等（2015）指出金融业作为特殊行业，其日常业务与社会公众联系密切，因此其舆情敏感程度较高，一旦出现负面消息，就会有大量媒体迅速跟进、推波助澜，极易形成金融网络舆情危机。张世晓（2012）还指出金融业相关舆情的产生、发展演化会对金融业乃至宏观经济运行产生重要影响。研究方法方面，主题模型（李想，2020）、机器学习（黄进等，2015）、情感分析（李佳宜，2020）等技术都在金融舆情研究中得到了应用。

关于金融科技的词义与发展可追溯到"互联网金融"，国内于 2012 年开始出现"互联网金融"一词，但是英文的语境里并没有出现对应的词，直到 2014 年"金融科技"（FinTech）一词出现，其涵盖的内容和国内的"互联网金融"一词大致相同，且更强调技术的推动和变革（廖理，2016）。受"金融科技"一词含义和国际学术交流便利性的影响，随着《金融科技（FinTech）发展规划（2019—2021 年）》的出台，"金融科技"一词在越来越多的场合逐渐取代了"互联网金融"。具体到金融科技舆情研究，王靖一和黄益平（2018）以新闻媒体大数据为主，运用文本挖掘等方法，提出了金融科技情绪指数。田婧倩和刘晓星（2019）则运用知乎数据，构建了金融科技关注指数。

从金融科技舆情风险应对的角度来看，可以沿用已有关于金融舆情的划分，将金融科技舆情分为金融科技事件舆情和金融科技形势趋势舆情。结合社会燃烧理论，金融科技事件更多地充当着"导火索"的角色，而金融科技形势趋势舆情则更多地反映在社会动乱中的燃烧"助燃剂"层面。"P2P 爆雷"事件引发的舆情可以看作金融科技事件舆情，而 P2P 事件前后公众对金融科技的看法则可视为金融科技形势趋势舆情。金融科技具备金融属性，一旦爆发问题，庞大的用户群体不仅可能直接导致重大舆情危机，还极有可能冲击金融科技行业本身，恶化已有问题，并进一步造成次生舆情或舆情放大，形成恶性循环，破坏金融科技发展的舆论氛围的同时，提升后续应对的成本。

大数据时代背景下，文本挖掘、知识图谱、机器学习等技术为网络舆情大数据的大规模应用提供了可行性,从已有研究来看,大数据的应用越来越广泛。对金融科技舆情而言,金融科技事件舆情和金融科技形势趋势舆情在数据层面实际上融合在一起,并存于金融科技各个领域。基于这一实际情况,从舆情数据角度进行的金融科技舆情风险识别问题可以具体为如何以金融科技网络舆情大数据为基础,识别可能诱发金融科技舆情事件的舆情话题并进行预警。

3 基于网络大数据的金融科技舆情风险研究框架

网络空间的繁盛为金融科技舆情研究提供了丰富的数据资源。结合之前梳理的金融科技相关研究可以发现,社交平台上的民众讨论数据和新闻媒体数据都在金融科技舆情研究中得到了应用,然而这两类数据无论在数据结构、信息来源、内容价值、传播模式还是影响力等方面都差异明显,不仅如此,金融科技舆情场中还活跃着相当数量的领域从业者及领域专家,他们的观点是舆情风险研究的重要参考信息。

为了更充分地挖掘网络舆情数据的价值,从金融科技舆情组成入手将问题细化至民众讨论、新闻媒体和专家观点三个维度,构建多维度的金融科技舆情风险研究框架。每个维度的特点和研究思路,以及多维度综合研判的设计具体介绍如下。

3.1 民众讨论维度

民众对金融科技本身、相关事件或产品的讨论是金融科技网络舆情的重要组成部分,通常具有体量大、内容短、口语化、个人情感色彩重等特点,是了解利益相关者在内的广大人民群众观点、情绪的重要渠道。因此在这一维度,关注金融科技舆情讨论中不同主题的情感态势,研究的核心为金融科技主题情感指数的构建。

研究思路可拆解为两步,具体如下所示。

(1)金融科技舆情讨论主题建模

金融科技涉及的舆情主题纷繁复杂,不同主题民众的情感倾向也不同,不区别主题直接进行情感指数分析会丢失舆情细节,不利于舆情风险的分析,因此有必要区分不同的舆情讨论主题。这一步有两种实现形式:主题词库匹配法,即引入专家智慧,预先设定讨论主题和对应的关键词,以关键词匹配的形式将民众讨论数据拆分为数个主题;主题建模法,主题模型可用于在一系列文档中发现抽象主题,自隐含狄利克雷分布模型(latent Dirichlet allocation,LDA)(Blei et al., 2003)提出后被广泛应用在多个领域,可自动将舆情数据聚为多个主题,并析出每个主题对应的关键词组。

以微博中金融科技相关的 274 条热门微博为例,进行 LDA 主题建模,设置主题数为 10,可得主题关键词如表 1。从表 1 可以看出使用 LDA 模型自动析出的主题词具有一定的辨识度,但各主题关键词也存在交叉的情况,因此在具体研究中可尝试将主题词库匹配法与主题建模法进行融合。

表1 金融科技民众讨论数据主题建模结果

主题	关键词1	关键词2	关键词3	关键词4	关键词5	关键词6	关键词7	关键词8
1	金融科技	约谈	观察	部门	科技	券商	副行长	情况
2	互联网存款	金融科技	产品	未来	科技	平台	市场	基金
3	金融科技	公司	科技	郭树清	关注	支付	经营	市场
4	金融科技	发展	新	数字	经济	货币	北京	建设
5	金融科技	科技	公司	风险	关注	郭树清	观察	倒
6	金融科技	互联网	公司	科技	投资	发展	视频	垄断
7	金融科技	发展	监管	2020	科技	企业	新	郭树清
8	金融科技	征信	监管	井贤栋	蚂蚁集团	互联网	上市	公司
9	金融科技	企业	科技	创新	深圳	公司	新	发展
10	约谈	金融科技	部门	科技	蚂蚁集团	金融管理	企业	发展

(2)金融科技民众讨论主题情感分析

情感分析作为本文挖掘的重要分支,已有相当多针对中文文本的情感分析技术,百度、腾讯等互联网巨头均有提供中文情感分析应用程序编程接口(API)。在上一步主题建模的基础上,对每个主题对应的舆情文本进行情感分析,构建金融科技主题情感指数。此外,为进一步强化对舆情风险的把控,从各个主题中析出代表性关键词即主题词,构建词向量并计算主题词相似度,根据相似度生成词间连边,得到主题词关联网络。随后,以关键节点的识别算法为原型,设计考虑情感值的高舆情风险主题识别算法。

3.2 新闻媒体维度

准确地判断金融科技舆情风险,离不开金融科技领域知识,而这些很难从民众讨论中获取,因此需要引入新闻媒体数据。相较于民众讨论,新闻媒体在发布相关报道时需经过更严格的审核流程,内容的选取、布局等方面往往经过深思熟虑,价值密度更高、可靠性更强、主观色彩更淡,是了解金融科技行业动向的重要渠道。新闻媒体维度的优势在于客观信息,因此研究重心是新闻媒体数据中的客观信息。

以人民网的新闻为例,检索得出P2P相关新闻1080条,采集检索页显示的新闻文本绘制词云如图1。图1中"P2P""网贷""风险""整治""清退""征信"等主题对金融科技舆情风险分析都极具参考性,但仅从词云图中难以获得更多有价值的信息。而对于这类非结构化数据,知识图谱发挥着日益重要的作用(Wilcke et al., 2019),可以通过知识图谱的应用,构筑主题词间的关联关系，赋能舆情风险的识别，具体可采用构建金融科技新闻知识图谱的方式。

图 1　新闻文本词云图

这一环节可拆解为两步，具体如下所示。

（1）金融科技新闻摘要提取

新闻数据体量庞大，数量多、篇幅长，且受新闻报道特点的影响，一篇新闻中可能存在与金融科技无关的内容，难以直接用于后续金融科技新闻知识图谱的构建。对此，有必要进行新闻数据的"精炼"。首先需要构建金融科技新闻词库，随后以文本挖掘中的摘要抽取算法为基础，运用金融科技新闻词库设计出针对金融科技新闻的摘要生成算法，从新闻文本中提取金融科技相关内容并浓缩成"新闻摘要"。

（2）金融科技新闻知识图谱

基于提取的新闻摘要，运用实体及实体关系抽取算法，从新闻文本中抽取行业实体词及实体间的关系，构建金融科技新闻知识图谱。金融科技新闻知识图谱中各实体间关联的背后是金融科技领域发展态势和领域知识，相较于民众讨论维度，内涵更丰富，能够从领域现状和知识的角度辅助舆情风险的识别。

3.3　专家观点维度

金融科技舆情论域活跃着相当数量的领域从业者及领域专家。例如，财经网金融科技栏目下设有未名湖数字金融评论专栏（图 2），汇集了多位金融科技领域专家（包括北京大学的多位教授、副教授）的观点和评论。此外，新浪财经、和讯网等也设有专家专栏，汇聚了学界、业界专家观点。领域从业者及领域专家具备了大多数民众不具备的领域专业知识，其言论在内容、影响方面都与民众讨论有明显的差异，往往凝结着其在相关领域多年的经验和知识，因此本研究将专家观点列为一个新的维度。

图 2　财经网未名湖数字金融评论专栏

基于专家观点的金融科技风险识别关注对专家观点中情感倾向的挖掘。专家观点维度和民众讨论维度一定程度上分别代表着"少数的、具备金融专业知识的群体"和"多数的、不具备金融专业知识的群体"的看法，他们对金融科技中话题一致或不一致的情感倾向，从舆情风险分析的角度都极具研究价值，因此强调与民众讨论维的对比。

这一环节可拆解为两步，具体如下所示。

（1）金融科技专家观点主题挖掘

专家观点从体量上远小于前两个维度，但价值密度更高，因此在挖掘的过程中采用精细化操作。为了更充分地应用专家观点数据，可尝试将生物信息学中的双聚类算法（Cheng and Church，2000）迁移到专家观点聚合中，设计基于双聚类的专家观点聚合算法。

（2）金融科技舆情主题情感对比分析

专家观点维度在舆情风险识别模型的设计上与民众讨论维度互通，可一定程度提升研究效率。因此首先使用民众讨论维度的主题情感分析方法对专家观点维度进行情感分析，得到专家观点维度的金融科技主题-情感指数、主题词关联网络和高舆情风险主题。随后，对比两个维度舆情主题在情感分布和舆情风险上的差异。

3.4　多维度金融科技舆情风险综合研判

金融科技舆情风险多层网络是综合研判的基础。民众讨论维度的主题词关联网络、新闻媒体维度的新闻知识图谱和专家观点维度的主题词网络在节点的表现上都是具体的词，为多层网络的构建提供了数据基础，可通过汇总三层子网信息构建金融科技舆情风险多层网络，多层网络框架如图 3 所示。

在金融科技舆情风险多层网络的基础上，充分发挥网络结构和多维数据优势，可进行如下两个方面的综合研判。

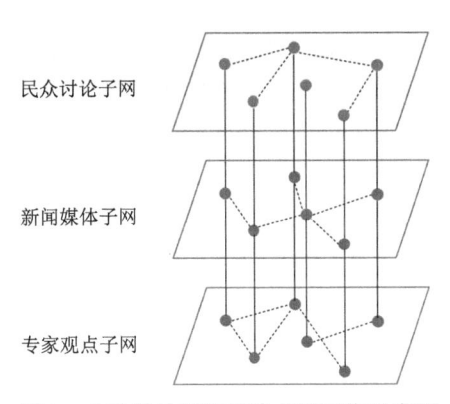

图 3　金融科技舆情风险多层网络示意图

1）综合多维数据的高舆情风险主题发现算法。具体可以关键节点发现算法为基础，根据多层网络的结构特点，充分发挥新闻知识图谱和另两维情感指数信息的作用，进行高舆情风险主题识别。

2）综合多维数据的舆情风险主题测度指标。具体以金融科技舆情风险多层网络为基础，综合民众讨论、新闻媒体、专家观点三个维度的网络拓扑结构、情感指数信息，从节点、子网、多层网三个角度提取舆情风险测度指标，构建多领域金融科技舆情风险的综合测度指标体系。

4　总结

舆情是社会的风向标，随着金融科技的快速发展，金融科技也逐渐成为舆情的关注热点。此时更应吸取经验教训，警惕行业恶性事件引发舆论危机。在这一背景下，本文着力研究如何充分发挥网络舆情大数据的优势，具体结合金融科技舆情特点，构建了由民众讨论、新闻媒体和专家观点三个维度组成的金融科技网络舆情风险研究框架。通过实际的金融科技舆情数据，详细分析了每个维度研究数据的特点，并结合数据特点和研究目标，设计了具体研究的推荐方案和步骤。从结构设计的角度来看，虽然每个维度的研究各有侧重，但它们都共同服务于金融科技舆情风险识别的这一目标，这样的设计有助于在研究框架中引入一个基于综合多维度数据信息的综合研判环节，从而全面提升风险识别的准确性和全面性。

本研究思路的完全再现需要大量的网络舆情数据和大数据技术的支撑。因此在未来的研究中，金融科技舆情数据的采集和长效维护机制的设计将是研究推进过程中需要解决的关键问题。此外，如何在控制成本的前提下，引入金融科技领域专家智慧，也是提升舆情风险识别效率的可行方向。

参考文献

陈红, 郭亮. 2020. 金融科技风险产生缘由、负面效应及其防范体系构建. 改革, (3): 63-73.

古丹娜, 安喜峰, 张赓. 2015. 加强金融网络舆情监测. 中国金融, (7): 100.
黄进, 阮彤, 蒋锐权. 2015. 基于SVM结合依存句法的金融领域舆情分析. 计算机工程与应用, 51(23): 230-235.
黄益平, 陶坤玉. 2019. 中国的数字金融革命: 发展、影响与监管启示. 国际经济评论, (6): 24-35, 5.
李佳宜. 2020. 基于文本分析的互联网金融违规网络舆情演化研究. 哈尔滨: 哈尔滨工业大学.
李想. 2020. 在线新闻子话题发现方法及其在金融舆情中的应用研究. 合肥: 合肥工业大学.
李正辉, 胡志浩. 2018. 网络舆情对金融资产价格的影响: 一个文献综述. 金融评论, 10(4): 110-117, 122.
廖理. 2016. 金融科技任重道远. 清华金融评论, (10): 2.
牛文元. 2001. 社会物理学与中国社会稳定预警系统. 中国科学院院刊, (1): 15-20.
欧阳资生, 李虹宣. 2019. 网络舆情对金融市场的影响研究: 一个文献综述. 统计与信息论坛, 34(11): 122-128.
田婧倩, 刘晓星. 2019. 金融科技的社交网络关注: 理论模型及其实证分析. 金融论坛, 24(1): 67-80.
王靖一, 黄益平. 2018. 金融科技媒体情绪的刻画与对网贷市场的影响. 经济学(季刊), 17(4): 1623-1650.
王正位, 李天一, 廖理. 2022. 网贷行业的竞争效应与传染效应: 基于问题平台大规模爆雷事件的实证研究. 中国管理科学, 30(2): 14-26.
张世晓. 2012. 金融舆情与金融监管. 经济研究导刊, (2): 113-114.
张世晓. 2014. 金融舆情理论国内外研究综述. 经济研究导刊, (29): 10-11, 17.
朱太辉, 陈璐. 2016. Fintech的潜在风险与监管应对研究. 金融监管研究, (7): 18-32.
Blei D M, Ng A Y, Jordan M I. 2003. Latent Dirichlet allocation. Journal of Machine Learning Research, 3: 993-1022.
Cheng Y, Church G M. 2000. Biclustering of expression data// Eighth International Conference on Intelligent Systems for Molecular Biology, 8: 93-103.
Wilcke W X, de Boer V, de Kleijn M T M, et al. 2019. User-centric pattern mining on knowledge graphs: An archaeological case study. Journal of Web Semantics, 59: 100486.

作者简介

迟钰雪

中央财经大学管理科学与工程学院管理科学系助理教授。研究方向: 数据挖掘、大数据与决策支持、网络舆情分析、社交网络分析。参与多项国家自然科学基金面上项目、重大研究项目及国家高端智库试点项目。在国内外知名期刊发表学术论文10余篇, 包括 *Knowledge-Based Systems*、*Information Processing & Management*、*Physica A: Statistical Mechanics and its Applications* 等。同时, 也是 *Information Sciences*、*The Journal of Supercomputing* 等期刊的匿名审稿人。

E-mail: chiy@cufe.edu.cn

基于 GQM 的舆情大数据系统应用效果质量管理研究

李燕杰　刘怡君　马　宁

> **摘要**
>
> 目前国内外在舆情系统开发方面均有一定进展，开发过程的质量管理体系已相对成熟，但针对舆情系统实践应用方面的质量管理研究尚属空白。本研究从用户应用场景和真实需求切入，开展舆情系统应用效果质量管理研究，基于 GQM 法、普氏矩阵（Pugh matrix，PUGH，或称决策矩阵）和德尔菲法建立度量体系，构建舆情系统应用效果质量管理评估模型；并应用大数据相关技术完成系统用户的行为收集、分析，实现对应用效果度量的客观评价；部分度量通过机器自动化评价，能主动发现问题及变化趋势，进而帮助推进系统的功能优化和迭代，以期实现舆情系统应用效果的质量提升。
>
> **关键词**：舆情系统、应用效果、质量管理评估、GQM 法

1　引言

随着互联网迅速发展，网络舆情信息数据量快速增长、信息传播速度加快，人们对信息的获取和对事物的认知也越来越依赖于互联网，舆情系统成为当前社会治理中不可忽视的重要环节。

"质量管理"是指为了实现质量目标而进行的所有管理性质的活动。传统的质量管理理论以产品为核心，经历了从"质量检验"到"统计质量过程控制"，再到"全面质量管理"的发展阶段（Montgomery，2007），聚焦于产品的质量改善。随着互联网技术的发展，除实体产品质量外，软件质量管理研究快速发展，软件质量属性包括功能性、易用性、可信性、成熟性、可恢复性、容错性、维护性等（隋凤丽，2019）。

当前软件系统项目在开发过程中的管理体系已相对比较成熟，但开发质量仅仅保证的是软件实现的功能、逻辑与产品设计内容的一致性，而软件的真正目标是满足用户的需求，系统与产品设计相一致并不意味着系统的质量达标。部分系统在需求把控方面出现问题，进而导致上线后产品功能与实际用户需求不符的严重质量问题，使用效果不符合用户预期，或者过于复杂的操作步骤和过高的使用门槛增加用户使用难度。除此之外，在用户场景和需求发生变化时，系统相应功能感知较弱，更新迭代滞后也存在一定问题。鉴于以上现实情况，本研究专门针对舆情系统应用效果的质量管理展开研究，期望形成舆情系统应用效果的质量管理体系。

2 研究进展及方法

目前专门针对舆情系统的质量管理模型或评估方法尚未形成体系，舆情系统作为一种开发软件，其他软件产品的质量管理方法应用对本研究具有一定的借鉴意义。软件产品的质量对测试过程的质量有着很强的依赖性，而 GQM（goal-question-metric，目标-问题-度量）模型/方法是一种基于目标的自上而下的软件度量方法（Basili et al.，1994），可以对软件开发测试过程进行定量测度（Martinez et al.，2001），是现阶段最经典且应用范围较为广泛的一种方法。

GQM 由美国马里兰大学的 Vietor Basili 博士及其助手提出，是一种将目标（G）分解出问题（Q）并逐步细化到度量（M）的方法。GQM 是按照层次结构来组织的，从最初的目标定义开始，把目标提炼成相关的考察问题，再将相关问题的需求通过定义的度量表示出来。以目标（G）、问题（Q）、度量（M）的顺序自上而下地进行定义，再从度量（M）、问题（Q）、目标（G）自下而上进行解释，如图 1 所示。

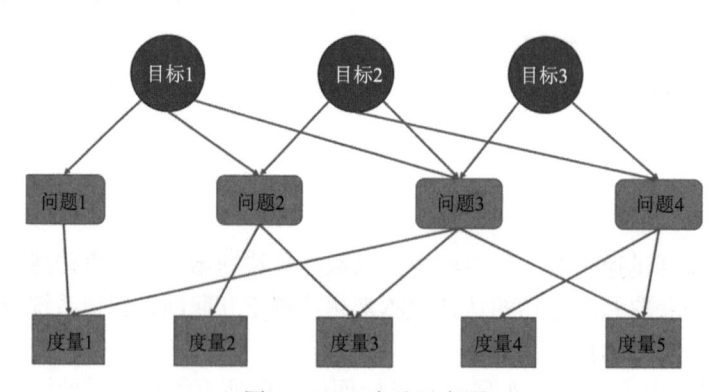

图 1 GQM 方法示意图

在信息系统质量管理方面，有研究针对图书馆等信息服务系统，以 GQM 模型为基础，设计出清晰的、循序渐进的、多次循环的质量控制方法流程，并最终确立统一的流程体系框架，以期实现对图书馆信息服务全过程的控制（钱蔚蔚和王天卉，2020）。也有研究对 GQM 模型进行改进，提出了改进的 GQ(I)M 模型，并结合层次分析法构建评价模型，注重从信息系统开发人员以及缺陷两个角度对影响信息系统质量的因素进行分析，构建信息系统质量评价模型（李雨珂，2019）。在软件研发项目管理方面，有研究以软件过程度量为手段，应用GQM模型从度量与分析的层面为企业提高量化管理提供方法，以改进项目计划管理水平，并提高产品质量（张玉旋，2017）。在GQM方法改进方面，有研究针对GQM方法中未明确如何客观将目标归纳和分解指标进行定量度量的问题，提出综合利用德尔菲法和PUGH的决策机制，对分解的具体度量指标进行筛选和计算，从而具体指导软件开发过程和软件产品质量的提升（戴炳荣等，2017）。另外，在军用软件或军用信息系统方面，有研究基于GQM模型对军用软件测试过程（赵严，2021）、军用信息系统软件研发效能（付剑平，2020）进行度量，为军用软件改进提供参考。

3 研究框架及步骤

3.1 实施流程框架

首先通过GQM法制定出初步的应用效果质量优化度量计划，之后使用德尔菲法和PUGH中的方案进行决策得到最终的GQM度量体系，将最终体系中的度量进行归类并设计其度量值的规范，以明确度量的具体评估方法。基于确定的评估方法开始实施质量评估得出初步评估结论，经过结论确认后发现质量问题/缺陷，最后有针对性地进行调研和系统优化方案制定（图2）。

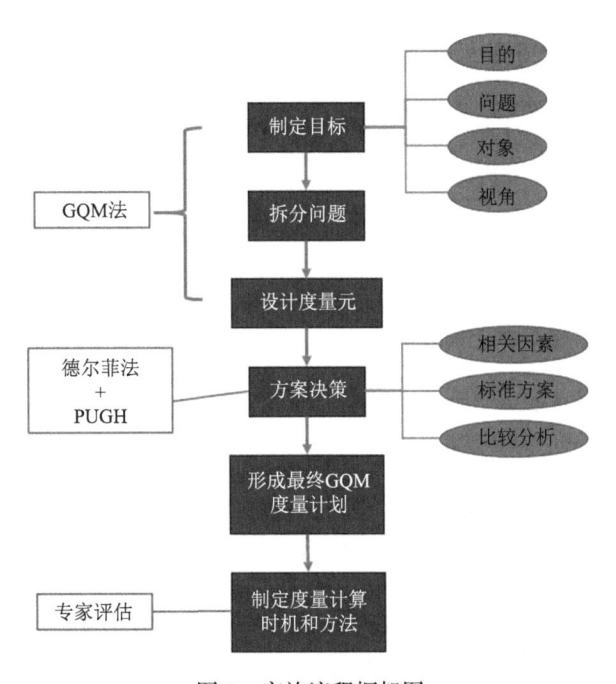

图2 实施流程框架图

3.2 具体实施步骤

具体步骤细节如下。

1）制定目标：分析使用系统的目标群体，通过用户访谈、市场调研、问卷调查法收集用户需求和痛点，结合业务目标和同类产品分析等制定出系统应用效果质量目标。

2）拆分问题：通过会议评审、经验判断等方式，根据制定出的每个质量目标，去分析、拆解在目标实现过程中需要解决和关注的关键性问题。

3）设计度量元：依据提炼的问题设计出相应的度量指标。

4）方案决策：在上述步骤完成后，将会得到初步的 GQM 模型度量体系，之后通过 PUGH 来表示出方案和有关因素的关联关系，在多个可选方案中设定一个标准方案，之后将其他方案同标准方案进行比较分析，进而得出最终的结论。而为了保证决策的客观性，决策矩阵中的关键要素的判断准则采用德尔菲法来确定。

5）形成最终 GQM 度量计划：在方案决策完成后，会形成一个终版的 GQM 度量体系，该体系所包含的内容，将会继续被细化并推进实施。

6）制定度量计算时机和方法：为不同类的度量设计不同的评估方式，包括主观的调查问卷、专家打分方式，和客观的大数据统计、分析等方式。在度量同时存在多种评估方式的时候，要对不同方式的取值进行规范和统一。

4 针对舆情系统应用效果构建度量体系

按照上述研究框架和实施步骤，构建真实的舆情系统应用效果质量管理度量体系。

4.1 目标制定（goal）

4.1.1 舆情系统功能分析

首先从舆情系统的业务角度入手分析，它的主要作用是为用户解决全网新闻舆论舆情信息监测、分析和报警的需要。为实现该作用，通常由以下功能模块来支撑。

（1）舆情信息采集

系统通过用户设定的统一资源定位（URL）以及关键词进行全天候自动化的全网信息检索和采集。在这个功能中存在一些挑战，首先是内容爬取的完整度，再次是信息采集的实时性，最后关键词的设定也对用户是一个很大的挑战。

（2）重点舆情识别和报警

在监控的过程中系统要能够通过关键词、结合上下文语义甄别出敏感和负面等需要重点关注的舆情信息，并及时发出报警。该环节的挑战在于识别重点舆情的速度，准确率和召回率（特别是召回率尤为关键），以及报警手段的有效性（成本及方案）。

（3）舆情动态实时分析

对于收集到的舆情信息数据，舆情系统软件可进行实时分析，如舆情传播的声量分析、地域分析、媒体分析、情感分析、趋势分析以及舆情溯源等。

（4）分析报告

系统把对舆情的自动化分析过程和结论，以更直观的图表或简报的方式展示并支持一键导出，以提升整体舆情工作效率。

4.1.2 用户调研问卷设计

问卷主要面向使用或了解过舆情监控系统的用户。问卷的主要目的是收集系统应用效果方面的用户反馈，所以是由产品、运营和技术专家共同设计，问题主要从用户信息、功能需求、体验度和问题反馈几方面来设计。考虑到用户作答的精力和时间有限，所以问卷的题目控制在 10 道题以内，并且以选择题为主。调研问卷设计如表 1 所示。

表 1　用户调研问卷内容

问题	答案
1. 您是否为舆情系统的直接用户？（单选）	A. 是　B. 否
2. 您在使用系统前是否有过舆情监测知识的学习或培训经历？（单选）	A. 是　B. 否
3. 您认为舆情系统最不能容忍的问题是什么？（最多选 3 项）	A. 收集的信息不够完整 B. 重要舆情识别得不够准确 C. 舆情分析不够及时 D. 舆情分析不够全面 E. 舆情分析深度较差 F. 系统操作响应慢 G. 其他 ＿＿＿＿＿
4. 您常用的舆情系统功能有哪些？（多选）	A. 舆情信息收集 B. 重点舆情识别监控 C. 舆情分析 D. 其他 ＿＿＿＿＿
5. 您的需求有没有现有舆情系统无法满足的？有的话都是哪些需求？	A. 否　B. 是 ＿＿＿＿＿
6. 舆情监控系统的操作是否够简单？在哪些功能上不够简易？	A. 是　B. 否 ＿＿＿＿＿
7. 您认为舆情监控系统还有其他哪些待改善的地方？	＿＿＿＿＿

4.1.3 结果分析和目标制定

收集上述用户调查问卷的结果，并汇总分析如图 3 所示。

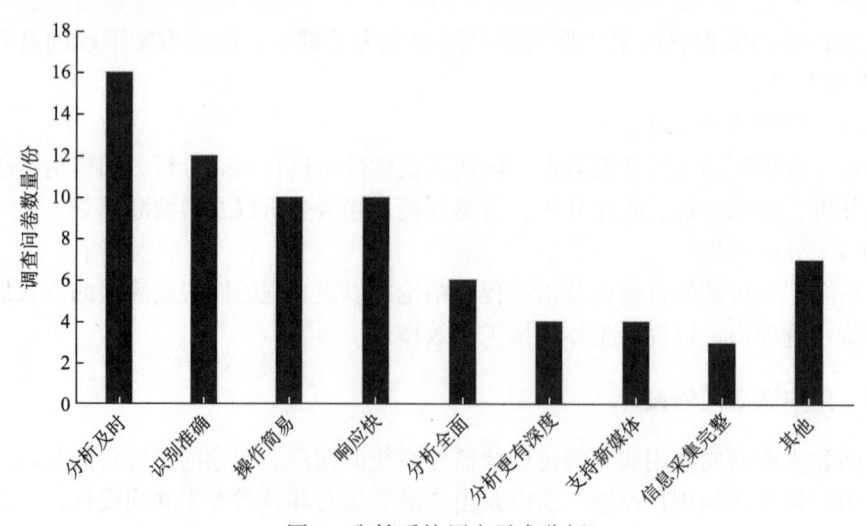

图 3 舆情系统用户需求分析

根据问卷结果制定出舆情系统应用效果质量的主要评价方向：
1）功能满足用户需求，效果符合预期，且贴合真实使用场景；
2）系统性能好，响应时间快；
3）操作简单，用户交互体验好。

基于这些方向，拆解出具体的目标如下：

目标1，系统能够覆盖到用户需求场景的90%以上。

目标2，对重点舆情的监测召回率在95%以上，准确率在70%以上。

目标3，系统常用操作响应时间在5秒之内。

目标4，降低系统使用门槛，使系统用户可以快速上手有效完成舆情监测工作内容。

目标5，能够持续改进以适应环境的不断变化。

4.2 问题分解（question）

通过组织专家进行目标分析和头脑风暴，对各目标所需要解决的关键问题进行分析（表2）。

表 2 GQM 模型度量初步体系

目标（goal）	问题（question）	度量（metric）
$G1$：系统能够完整覆盖到用户需求场景	$Q1$：是否完整准确地收集了用户的需求？	$M1$：需求征集用户数量
		$M2$：用户类型覆盖度
	$Q2$：用户描述的需求是否和其实际需求场景相一致？	$M3$：用户对需求内容的确认程度

续表

目标（goal）	问题（question）	度量（metric）
G1：系统能够完整覆盖到用户需求场景	Q3：在需求的传递过程中，是否存在偏差和缺失的情况？	M4：产品需求文档（PRD）规范合格率 M5：用户对原型和交互确认程度 M6：项目其他成员对产品需求文档的确认程度
G2：保证重点舆情监测的可靠性	Q4：如何定义和衡量舆情监测的可靠性？	M7：舆情监测的准确率 M8：舆情监测的覆盖率 M9：舆情监测的召回率
G3：系统常用操作响应时间在 5 秒之内	Q5：哪些是用户常用的功能和操作？	M10：用户使用功能投票数 M11：功能页面浏览量 M12：页面控件点击量
	Q6：常用功能涉及的数据规模会有多大？	M13：预估数据量 M14：测试抓取数据量
	Q7：系统各常用功能的并发使用量会有多高？	M15：预估用户数 M16：预估并发使用量
	Q8：系统响应时间是否在用户可接受范围内？	M17：功能操作的平均响应时间 M18：页面跳出率
G4：降低系统使用门槛，使系统真实用户可以快速有效完成舆情监测工作内容	Q9：用户人群是什么样的，他们都需要哪些功能？	M19：用户功能单日使用频次 M20：用户的行为路径长度 M21：系统功能间的关联度
	Q10：系统的操作和交互的设计是否足够简单？	M22：用户目标操作完成率 M23：用户到达需求功能点平均操作步数
G5：持续改进以适应需求和应用场景的变化	Q11：如何发现系统中存在的问题或者不合理之处？	M24：用户对系统功能的评分 M25：用户的负面反馈或投诉次数
	Q12：如何及时感知到环境的变化并找到系统优化的方向？	M26：用户登录次数同/环比波动比例 M27：用户功能使用次数同/环比波动比例
	Q13：如何找到系统优化和迭代的方向？	M28：外部同类系统功能差异点数量 M29：创新功能点数量 M30：创新功能用户投票数

4.2.1 目标 1 分解出的问题

1）是否真正完整准确地收集了用户的需求？
2）用户描述的需求是否和其实际需求场景相一致？
3）在需求的传递过程中，是否存在偏差和缺失的情况？

4.2.2 目标 2 分解出的问题

4）如何定义和衡量舆情监测的可靠性？

4.2.3 目标 3 分解出的问题

5）哪些是用户常用的功能和操作？
6）常用功能涉及的数据规模会有多大？
7）系统各常用功能的并发使用量会有多高？
8）系统响应时间是否在用户可接受范围内？

4.2.4 目标 4 分解出的问题

9）用户人群是什么样的，他们都需要哪些功能？
10）系统的操作和交互的设计是否足够简单？

4.2.5 目标 5 分解出的问题

11）如何发现系统中存在的问题或者不合理之处？
12）如何及时感知到环境的变化并找到系统优化的方向？
13）如何找到系统优化和迭代的方向？

4.3 度量元设计（metric）

依据提炼的问题通过专家头脑风暴法依据目标拆解出的问题按照完整性原则、可测量原则、范围性原则对初版度量体系进行设计。

4.3.1 问题 1 的度量元

1）需求征集用户数量：在需求收集时需要足够数量的目标用户，这样收集到的信息才更真实和完整。

2）用户类型覆盖度：需求收集的舆情系统用户类型需要覆盖得尽可能全面，如要包含系统操作、信息收集、舆情分析和舆情判断决策等人群。

$$用户类型覆盖度 = \frac{需求收集用户类型数}{全部用户类型数}$$

4.3.2 问题 2 的度量元

3）用户对需求内容的确认程度：收集到的需求进行整理后，需要再与用户确认整理内容是否同用户期望有偏差。如果有偏差则需要调整，再确认直至符合用户期望。

$$用户对需求内容的确认程度 = \frac{用户确认需求数}{总需求数}$$

4.3.3 问题 3 的度量元

4）产品需求文档（product requirements document，PRD）规范合格率：产品需求文档是产品系统关键性需求的描述文档，重点内容包括产品背景、用户定位、产品目标、业务逻辑、业务和页面操作流程、功能列表和详情等。它是产品需求传递的重要介质，能够帮助项目中所有成员对产品的认知和预期达成一致，因此该文档的完整性和规范性将直接影响需求传递和项目推进质量。

5）用户对原型和交互确认程度：原型交互图是在产品需求确认基础上所设计出的贴近最终系统展示和操作的示例说明。用户在可视化图形及交互说明下的确认能更大程度减少偏差。

6）项目其他成员对产品需求文档的确认程度：项目中其他相关成员对产品需求文档内容的理解，以及在实现过程中存在的问题沟通、最终确认和达成共识。

4.3.4 问题 4 的度量元

7）舆情监测的准确率：舆情监测报告事件准确率，用来衡量舆情系统监测算法质量中的舆情识别准确度。

$$舆情监测的准确率 = \frac{监测到的正确舆情事件数}{监测到的全部舆情事件数}$$

8）舆情监测的覆盖率：舆情监测报告事件覆盖率，用来衡量舆情系统监测的范围覆盖程度。

$$舆情监测的覆盖率 = \frac{系统实际所能触达的舆情信息数}{全部舆情信息数}$$

9）舆情监测的召回率：舆情监测报告事件召回率，用来衡量舆情系统监测算法质量中的准确舆情事件覆盖程度。

$$舆情监测的召回率 = \frac{实际监测到的正确舆情事件数}{全部正确舆情事件数}$$

4.3.5 问题 5 的度量元

10）用户使用功能投票数：用户对系统功能进行主观投票，进而统计用户对于功能的使用程度。

11）功能页面浏览量：页面打开的次数，是用户对系统页面的访问情况的体现。

12）页面控件点击量：页面控件（包括按钮、链接等）点击次数，能够体现出用户在系统上的操作行为，经过统计和分析可以挖掘出用户的真实需要。

4.3.6 问题 6 的度量元

13）预估数据量：根据以往经验对系统数据规模进行预估，得出整体数据量以及单表数据量。数据量的大小将影响系统的性能。

14）测试抓取数据量：抽取部分目标舆情信息源和期望数据结构，小规模短周期测试抓取和生成数据量。测量其与预期数据规模的差异大小，可以提升全局数据量预估准确率。

4.3.7 问题 7 的度量元

15）预估用户数：根据系统使用范围和经验，预估出系统大概的用户数。

16）预估并发使用量：根据经验和历史数据统计预估出系统的并发使用量。用来计算服务端峰值的压力。

4.3.8 问题 8 的度量元

17）功能操作的平均响应时间：统计用户不同功能操作的平均响应时间。响应时间过长会给用户体验带来负面影响。

$$功能操作的平均响应时间 = \frac{某功能操作累计响应时间}{某功能累计操作次数}$$

18）页面跳出率：统计用户进入页面仅浏览未进行操作就离开的情况占比。页面跳出率高低可以一定程度体现出用户体验好坏。

$$页面跳出率 = \frac{某页面用户进入页面未操作就离开次数}{某页面用户进入页面总次数}$$

4.3.9 问题 9 的度量元

19）用户功能单日使用频次：统计出系统每项功能用户单日使用的频次，获知用户都在使用什么功能，这些功能是质量优化改进的重点。

$$用户功能单日使用频次 = \frac{周期内用户使用功能次数}{周期内天数}$$

20）用户的行为路径长度：分析用户在系统上的访问和行为路径，先用了哪些功能后用了哪些功能，是否按照业务设计路径在进行，进行的长度。如果行为路径长度较长,则可能是产品设计有问题导致用户行为出现偏差或使用出现障碍。

21)系统功能间的关联度:依据产品的功能分析和同类标签用户的行为分析,建立起功能间的关系。

4.3.10 问题 10 的度量元

22)用户目标操作完成率:用户实际完成目标操作的次数占比。能够体现用户真正的系统应用效果和需求达成度。

$$用户目标操作完成率 = \frac{用户实际完成目标次数}{用户计划完成目标次数}$$

23)用户到达需求功能点平均操作步数:每个功能用户实际到达所经历的平均操作步数。操作步数过多则意味着系统的操作不够简易,功能设计不够合理。

$$用户到达需求功能点平均操作步数 = \frac{用户总操作步数}{用户到达需求功能点次数}$$

4.3.11 问题 11 的度量元

24)用户对系统功能的评分:直接让用户对系统功能进行打分。通过用户评分来发现潜在的质量问题。

25)用户的负面反馈或投诉次数:根据用户反馈和投诉信息来确定系统质量问题。

4.3.12 问题 12 的度量元

26)用户登录次数同/环比波动比例:监控用户的登录次数同比、环比数据变化比例,当数据开始明显下降的时候,很可能是用户需求发生了变化。

$$用户登录次数同/环比波动比例 = \frac{本周期用户登录次数同/环比数据}{上周期用户登录次数同/环比数据} - 1$$

27)用户功能使用次数同/环比波动比例:监控用户的功能使用次数同比、环比数据变化比例,当波动出现异常时可能就是用户需求发生变化的时候。

$$用户功能使用次数同/环比波动比例 = \frac{本周期用户功能使用次数同/环比数据}{上周期用户功能使用次数同/环比数据} - 1$$

4.3.13 问题 13 的度量元

28）外部同类系统功能差异点数量：和同类的其他产品的功能进行对比，寻找出差异点并筛选，为未来优化方向提供参考。参照同类系统功能差异是一种快速有效的优化途径。

29）创新功能点数量：通过头脑风暴法、外部调研法、九屏幕法等发掘出的针对系统创新的功能点数量。

30）创新功能用户投票数：针对罗列的创新功能点以问卷调查等方式去让用户投票，直接收集用户对创新点的反馈。

综上，最终生成初步 GQM 模型度量体系（表 2）。

5 优化舆情系统应用效果质量管理体系

5.1 度量元选取决策

在初版的度量体系中可能会包含一些无效或低效的度量元，不仅会消耗人力资源、拖慢进度，而且还会影响最终对质量问题的评估和判定。所以使用度量元选取决策方法，进一步来决定构建度量体系所使用的最终度量元，本研究通过 PUGH 来完成（图 4）。在 PUGH 中需要先确定评价标准和权重，为尽可能保证客观性和有效性，本研究采用德尔菲法来确定。

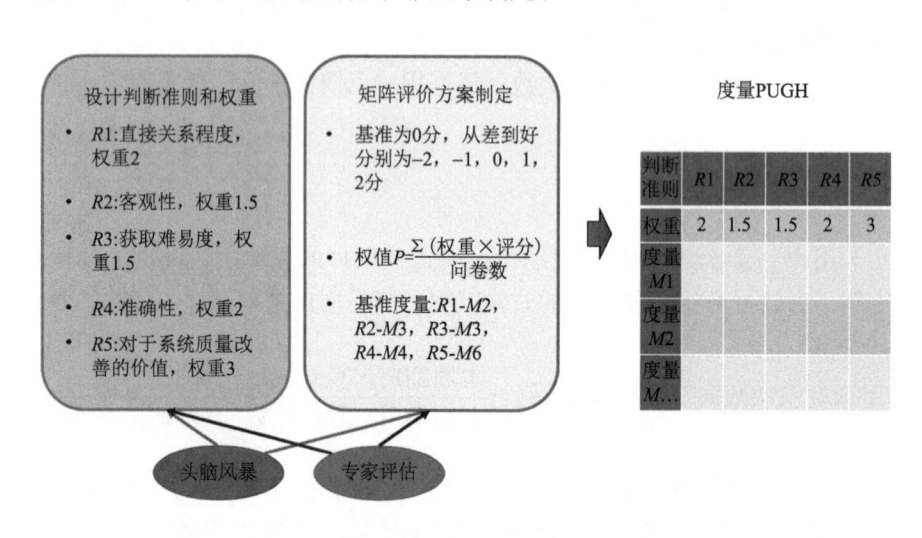

图 4 度量 PUGH 构建

判断准则和权重的确定使用头脑风暴法和专家评估法，由 8 名用户产品和运营专家研讨和综合评估。确定的判断准则和权重如下。

$R1$：同应用效果的直接关系程度，权重为 2。

R2：客观性，权重为 1.5。
R3：评估依据获取的难易度，权重为 1.5。
R4：评估的准确性（有效性），权重为 2。
R5：对于改善系统质量问题的价值和意义，权重为 3。

综上，结合初版度量体系，构建出 PUGH 如下（表 3）。

表 3　度量元选取决策 PUGH 模板

判断准则	R1	R2	R3	R4	R5
权重	2	1.5	1.5	2	3
度量 M1					
度量 M…					

同时制定出评价的方案：建立基准，对于每个准则，将每项选择与基准比较进行评分，差很多（–2），稍差（–1），相同（0），稍好（1），好很多（2）。对于每个度量 M 的最终权值 P 计算方法如下：

$$P = \frac{\sum(权重 \times 评分)}{问卷数}$$

确定 PUGH 中各判断准则的基准度量如下。
R1 基准：度量 M2（用户类型覆盖度）。
R2 基准：度量 M2（用户类型覆盖度）。
R3 基准：度量 M3（用户对需求内容的确认程度）。
R4 基准：度量 M4（产品需求文档规范合格率）。
R5 基准：度量 M6（项目其他成员对产品需求文档的确认程度）。

最终应用效果度量体系的评估使用德尔菲法，选择行业内从事舆情系统相关工作 5 年以上的专业人员从不同角度来进行评分，包括用户产品专家 4 人，用户运营专家 4 人，前端开发技术专家 2 人，后端技术开发专家 2 人，大数据专家 2 人，算法专家 2 人，共计 16 人。同时，整理相关背景材料提供给专家，材料内容包括调研目的、调查反馈期限、调查表的填写方法等。反馈结果结合专家的征询表回收结果、意见的集中程度、意见协调程度、专家的权威程度进行综合统计分析。经过三轮专家征询和统计分析后，得到最终评估结果如表 4 所示。

表 4　PUGH 评估结果

判断准则	R1	R2	R3	R4	R5	P
权重	2	1.5	1.5	2	3	
度量 M1	–1	2	–2	2	1	5

续表

判断准则	R1	R2	R3	R4	R5	P
权重	2	1.5	1.5	2	3	
度量 M2	0	1	−2	2	2	8.5
度量 M3	2	0	0	1	2	12
度量 M4	1	−1	2	0	1	6.5
度量 M5	2	1	−2	2	2	12.5
度量 M6	1	−2	2	−1	0	0
度量 M7	2	2	2	2	2	20
度量 M8	1	1	−2	−2	1	−0.5
度量 M9	1	2	1	1	2	14.5
度量 M10	2	1	−2	1	1	7.5
度量 M11	−2	2	1	−1	−1	−4.5
度量 M12	−2	2	1	1	1	5.5
度量 M13	−1	−2	2	−1	0	−4
度量 M14	0	0	0	1	1	8
度量 M15	0	−2	2	−1	0	−2
度量 M16	1	−2	2	−1	2	6
度量 M17	2	2	0	1	2	15
度量 M18	−1	2	−1	2	1	6.5
度量 M19	1	2	2	2	2	18
度量 M20	−1	2	0	1	0	3
度量 M21	1	0	−1	0	2	6.5
度量 M22	2	−2	−2	−2	2	0
度量 M23	2	−1	0	0	1	5.5
度量 M24	1	1	−1	1	1	7
度量 M25	2	1	−1	1	2	12
度量 M26	−2	2	2	1	0	4
度量 M27	1	2	2	2	2	18
度量 M28	1	0	0	0	2	8
度量 M29	1	−2	1	0	1	3.5
度量 M30	2	1	−2	0	2	8.5

选定 $P>5$ 的度量作为核心度量，形成最终 GQM 度量计划体系（表5）。

表 5　GQM 模型最终度量体系

目标（goal）	问题（question）	度量（metric）
G1：系统能够完整覆盖到用户需求场景	Q1：是否完整准确地收集了用户的需求？	M2：用户类型覆盖度
	Q2：用户描述的需求是否和其实际需求场景相一致？	M3：用户对需求内容的确认程度
	Q3：在需求的传递过程中，是否存在偏差和缺失的情况？	M4：产品需求文档（PRD）规范合格率
		M5：用户对原型和交互确认程度
G2：保证重点舆情监测的可靠性	Q4：如何定义和衡量舆情监测的可靠性？	M7：舆情监测的准确率
		M9：舆情监测的召回率
G3：系统常用操作响应时间在 5 秒之内	Q5：哪些是用户常用的功能和操作？	M10：用户使用功能投票数
		M12：页面控件点击量
	Q6：常用功能涉及的数据规模会有多大？	M14：测试抓取数据量
	Q7：系统各常用功能的并发使用量会有多高？	M16：预估并发使用量
	Q8：系统响应时间是否在用户可接受范围内？	M17：功能操作的平均响应时间
		M18：页面跳出率
G4：降低系统使用门槛，使系统真实用户可以快速有效完成舆情监测工作内容	Q9：用户人群是什么样的，他们都需要哪些功能？	M19：用户功能单日使用频次
		M21：系统功能间的关联度
	Q10：系统的操作和交互的设计是否足够简单？	M23：用户到达需求功能点平均操作步数
G5：持续改进以适应需求和应用场景的变化	Q11：如何发现系统中存在的问题或者不合理之处？	M24：用户对系统功能的评分
		M25：用户的负面反馈或投诉次数
	Q12：如何及时感知到环境的变化并找到系统优化的方向？	M27：用户功能使用次数同/环比波动比例
	Q13：如何找到系统优化和迭代的方向？	M28：外部同类系统功能差异点数量
		M30：创新功能用户投票数

5.2　度量元计算时机和方法

为不同类的度量设计不同的评估方式，包括主观的调查问卷、专家打分方式，和客观的行为埋点日志收集、大数据统计分析等方式。

（1）专家评估

以专家为索取未来信息的对象，组织各领域的专家运用专业方面的知识和经验，通过直观的归纳，对预测对象过去和现在的状况、发展变化过程进行综合分析与研究，找出预测对象变化、发展规律，从而对预测对象未来的发展区实际状况做出判断。专家评估法包括个人判断法、专家会议法、头脑风暴法、德尔菲法。

（2）人工统计

根据已有信息/数据进行人工整理、分类、统计计数。

（3）问卷调查

将需要收集用户反馈的问题以设问的方式整理成问卷，用这种控制式的测量对所研究的问题进行度量，从而搜集到可靠的资料。

（4）数据采集&分析

通过在系统前端布埋点代码或者收集系统服务端日志的方式实现对用户行为的数据采集，之后利用数据分析、数据挖掘技术实现指标统计计算的方式。常用分析方法有漏斗分析法、对比分析法、指标分析法等。

通过专家评估法，最终评定度量元计算方法表（表6）如下。

表6 度量元计算时机和方法

编号	度量元	时机	计算方法
$M2$	用户类型覆盖度	项目前期，需求分析阶段	人工统计 根据需求场景划分用户不同类型，并统计需求调研目标用户人群类型的覆盖比例。已有人群类型/总应用人群类型
$M3$	用户对需求内容的确认程度	项目前期，需求分析阶段，需求规划完成后	问卷调查 以问卷方式收集用户对需求内容的反馈信息。确认需求/总需求
$M4$	产品需求文档（PRD）规范合格率	项目前期，产品设计阶段	专家评估 由专家制定产品需求文档规范，并在文档完成后进行评审。主观评价合规程度
$M5$	用户对原型和交互确认程度	项目前期，产品设计阶段，原型图和UI完成后	问卷调查 以问卷方式收集目标用户对原型图设计和交互的反馈。问卷评分
$M7$	舆情监测的准确率	项目中期，监测算法设计阶段；项目后期，系统测试阶段和灰度上线阶段	人工统计、数据采集&分析 机器程序汇总舆情事件信息，人工判断舆情事件是否正确。监测到的正确事件数/监测到的总事件数
$M9$	舆情监测的召回率	项目中期，监测算法设计阶段；项目后期，系统测试阶段和灰度上线阶段	人工统计、数据采集&分析 机器程序和人工结合统计出监测范围内全部舆情事件，人工判断和统计出监测算法得出的正确舆情事件数。监测到的正确舆情事件数/实际总舆情事件数
$M10$	用户使用功能投票数	系统上线后	问卷调查 以问卷方式统计目标用户对产品功能的使用数。每项功能使用用户数
$M12$	页面控件点击量	系统上线后	数据采集&分析 对系统页面中的按钮、链接等控件进行前端代码埋点，收集上报用户点击事件，日志服务端依据事件ID区分控件并统计分析出各控件点击数据

续表

编号	度量元	时机	计算方法
M14	测试抓取数据量	项目中期，技术方案设计阶段	数据采集&分析 测试爬虫以及数据接口等方式获取到短周期数据量，并以此为基础估算系统未来数据规模情况
M16	预估并发使用量	项目中期，技术方案设计阶段	专家评估 根据用户量和历史经验预估系统峰值并发使用量
M17	功能操作的平均响应时间	系统上线后	数据采集&分析 将主要操作分类，依据服务端请求日志以及必要的系统前端埋点信息得到开始和结束时间点，之后相减统计出每个功能操作的响应时间，再求平均数。总响应时间/总操作数
M18	页面跳出率	系统上线后	数据采集&分析 系统前端埋点获取用户的功能页面总访问次数和无操作访问次数。无操作访问次数/总访问次数
M19	用户功能单日使用频次	系统上线后	数据采集&分析 系统前端埋点获取用户的每个功能使用次数。功能使用次数/天数
M21	系统功能间的关联度	项目前期，产品设计阶段；系统上线后	专家评估、数据采集&分析 通过专家来分析系统功能间的关联程度高低；在上线后收集用户使用功能的数据，通过数据分析，协同过滤算法等分析出各功能间的相关性。最终综合得到功能关联度值
M23	用户到达需求功能点平均操作步数	项目前期，产品设计阶段；系统上线后	人工统计、数据采集&分析 基于产品业务和功能路径设计统计出设计操作步数；在上线后收集用户操作日志，通过数据分析得出用户完成目标功能的实际操作步数，再求平均数
M24	用户对系统功能的评分	系统上线后	问卷调查 主动以问卷方式收集用户对使用系统功能后的反馈。问卷评分
M25	用户的负面反馈或投诉次数	系统上线后	人工统计 被动收集用户对系统的投诉和吐槽信息，并按照功能区分统计次数
M27	用户功能使用次数同/环比波动比例	系统上线后	数据采集&分析 通过埋点获取用户使用每项功能的次数，通过当前周期使用次数/上期使用次数计算出同环比，再计算同环比的周期波动比例。当前周期同环比/上周期同环比-1
M28	外部同类系统功能差异点数量	系统上线后，下一迭代周期前期	专家评估 对外部同类系统进行功能及设计交互调研，分析差异并评估对质量提升有效的差异点，统计出数量

续表

编号	度量元	时机	计算方法
$M30$	创新功能用户投票数	系统上线后，下一迭代周期前期	问卷调查 将创新、优化功能整理后主动以问卷方式收集用户的反馈。 问卷评分

6　结语

本研究以舆情系统为切入点，通过 GQM 法完成目标制定、问题分解以及初版度量元体系设计。在以上过程中对舆情系统的功能模块进行拆解和分析，并以用户调研方式明确目标，进而通过专家评估法完成目标的问题分解和初版度量元设计。为剔除掉初版体系中所包含的无效、低效度量元，通过德尔菲法确定判断准则、权重以及评价方案，从而构建出 PUGH 对初版度量体系进行筛选决策，得到终版评估度量体系，并进一步根据度量元类型有针对性地选择适用的计算时机和方法。本研究可以实现对舆情系统应用效果的质量管理进行定量评估，最终达到质量监控和提升的目的。本研究的一些管理方法和思想具有普适性，可以为其他领域的应用效果质量管理提供参考。

致谢

感谢国家自然科学基金项目"舆情大数据视角下的网络社会治理'时、度、效'研究"（编号：72074205）、"重大突发事件舆情风险的多元主体协同治理研究"（编号：72074206）、"数字化社会风险传播和控制的应用场景分析"（编号：T2293772）对本研究的支持。

参考文献

戴炳荣, 王凌, 李超, 等. 2017. 一种在 GQM 度量方法中的决策机制研究. 计算机应用与软件, 34(5): 19-23.
付剑平. 2020. 军用信息系统软件研发效能度量. 信息化研究, 46(4): 32-36.
李雨珂. 2019. 基于缺陷分析的信息系统质量改进研究. 大连: 大连海事大学.
钱蔚蔚, 王天卉. 2020. 面向用户体验的图书馆信息服务质量控制方式及策略研究. 图书馆学研究, (17): 59-66, 101.
隋凤丽. 2019. Z 公司金融业务线软件质量管理体系优化. 西安: 西北大学.
张玉旋. 2017. A 公司软件研发项目管理研究. 青岛: 中国石油大学(华东).
赵严. 2021. 军用软件测试过程度量模型研究. 太原: 中北大学.
Basili V R, Caldiera G, Rombach H D. 1994. The goal question metric approach . Encyclopedia of Software Engineering, (1):528-532.
Martinez M T, Fouletier P, Park K H, et al. 2001. Virtual enterprise-organization, evolution and

control. Production Economics, 74(12): 225-238.

Montgomery D C. 2007. Introduction to Statistical Quality Control. Hoboken, New Jersey: John Wiley & Sons.

作者简介

李燕杰

抖音有限公司技术资深经理，主要负责创新数字化科技产品研发。曾任网易传媒大数据架构师、58集团技术高级经理、百度和搜狗大数据工程师。主要研究领域包括大数据架构、数据仓库、商业智能（BI）、Web服务端架构、人工智能语音技术及虚拟现实（VR）与增强现实（AR）技术等。

E-mail: bian198531@163.com

作者简介

刘怡君

中国科学院科技战略咨询研究院研究员、博士生导师。主要从事风险管理与社会治理、可持续发展等研究。担任中国科学院科技战略咨询研究院社会治理与风险研究中心主任，中国发展战略学研究会社会战略专业委员会秘书长，全国风险管理标准化技术委员会（SAC/TC310）委员，中国科学院青年创新促进会会员，北京市朝阳区应急办专家等。先后主持5项国家自然科学基金、中国科学院方向性创新项目、中国科学院创新团队项目等。

E-mail: yijunliu@casisd.cn

作者简介

马 宁

中国科学院科技战略咨询研究院创新副研究员，博士。主要研究领域为社会治理、复杂网络、舆情风险等。主持国家自然科学基金3项。

E-mail: maning@casisd.cn

基于用户行为和态度的谣言传播模型研究

陈海亮　陈　彬　艾　川　赖凯声　何凌南

── 摘要

信息技术的快速发展使得谣言在社交网络可以迅速传播。为了控制谣言的传播，需要研究谣言传播机理并构建谣言传播模型。本文在个体层面分别考虑用户的行为状态和态度属性，提出了 NF-S（LIR）（non-forwarding, forwarding, state, lurk, infective, removal）模型，并且以问卷调查的形式收集数据，利用仿真方法进行实验，最后验证了模型的合理性。本文的研究有助于对谣言传播的机理的理解，并可以指导政府采取措施对谣言的传播进行干预。

关键词：谣言传播、行为态度、NF-S（LIR）、仿真模拟

1　介绍

互联网、智能手机和信息技术的快速发展，给社交网络带来了蓬勃发展的机遇。随着社交网络平台不断演进，信息可以快速传播。随着信息时代的发展，网络谣言的传播占据了信息传播的一大部分。谣言借助网络平台进行生产和传播，其影响力在人群中被迅速放大。对谣言的传播模型进行研究，有助于政府及时做出辟谣策略，减少谣言对社会的危害。

大量学者借用传染病模型来研究信息传播。经典的传播模型主要包括 SIR、SIRS、SEIR、SEIRS[①]等。在 SIRS 模型中，免疫过的人将有一定的机会回到易感状态（Enatsu et al., 2012; Li et al., 2014）。Anderson 和 May（1991）认为

[①] 其中的 "S" "I" "R" "E" 分别为 susceptible、infectious、recovered、exposed 的缩写。

在传播过程中存在一定的潜伏状态需要转化，所以他们在 SIR 模型的基础上提出了 SEIR 模型，增加了潜伏身份 E（Witbooi，2013）。在 SIRS 模型和 SEIR 模型的结合下，产生了一个新的信息传播模型，叫作 SEIRS（Denphedtnong et al.，2013）。此后，许多学者根据自己的研究问题和思考，对该模型进行了优化和改进。Leskovec 等（2007）基于 SIS 模型①建立了博客网络中的话题传播模型。Wei 等（2012）在研究危机信息传播时基于 Logistic 函数，提出了三种信息扩散模型。借鉴 SI 模型②，Zhao 等（2009）引入个体适应值，提出了网络中突发性话题的传播模型。Gruhl 等（2004）利用 SIRS 建立了网络话题传播模型。信息传播的重要研究领域之一是研究网络舆论在舆论传播中的演变。陈福集和陈婷（2014）在 SEIRS 模型中，引入话题衍生率，提出了 SEIRS 网络舆情传播演化模型。王超等（2014）提出了基于 SEIR 模型的社交网络信息传播模型。林芹和郭东强（2017）考虑到用户的心理特征，建立了基于 SIS 模型的社会网络舆情传播模型。他们提出了防控方法，并进行了仿真验证。Chen 等（2015）通过引入潜伏人 L 和衰减器 A 建立 ILSAR 模型，描述了突发社会事件下恐慌情绪的传播过程。林晓静等（2015）引入了新网民的参与饱和接触率，并在 SEIR 模型的基础上构建了网络舆情传播与扩散模型。向卓元和陈宇玲（2016）在 SIR 模型的基础上，增加了旁观者、怀疑者和反对者共 6 种角色状态，构建了 SIR-CO 微博谣言传播模型，用于分析谣言的影响和反谣言规律。肖人彬和张耀峰（2012）建立了政府与网民在信息传播过程中的博弈演化模型，并根据网络群体性事件的不同尺度提出了政府的应对措施。有学者利用传染病模型模拟公众消极态度传播过程（钟慧玲等，2016）。李可嘉和王义康（2013）引入社交网络中的热传播节点来改进 SIR 模型，证明网络推手具有强大的信息传播能力。王晰巍等（2016）在信息传播的研究中加入了新媒体与传统媒体的比较，提出了基于 SIR 的 MSIR 模型。Jia 和 Lv（2018）引入环境噪声，提出了随机谣言传播模型。在经典的 SIR 模型中，任宁和李金仙（2019）加入了反对者的影响，提出了 SICR 模型。

  以往对信息传播的研究有很多，但是这些研究只从单一的角度，给每个用户分了类别。这样的分类不利于分析谣言传播中人的因素对谣言传播的影响。在现实的谣言传播过程中，用户对谣言的态度会随着周围人的态度摇摆不定，出现重复的现象，但用户的行为相对稳定。例如，同一用户一般不会重复转发相同内容的谣言。因此，态度和行为之间存在差异，应分别建模。本文提出了一种基于用户行为和态度的谣言传播模型。在模型中，行为分为非转发（N）和转发（F）两类，其态度分为易感态（S）、潜伏态（L）、感染态（I）和免疫态（R）四种。通过构建态度和行为的相互作用关系，本文提出了 NF-S（LIR）谣言传播

---

  ① 一种传播模型，主要用于描述传染病传播和信息传播等过程。
  ② 一种简单的传染病模型，用于描述易感者（susceptible）被感染者（infected）感染的过程。

模型。随后，通过问卷的形式收集数据，并基于这些数据得到模型参数，最后基于 Pregel 架构进行仿真实验。实验结果验证了模型的合理性。

文章接下来按照如下结构展开：第 2 节提出 NF-S（LIR）模型并做详细介绍；第 3 节介绍了问卷调查的实验数据，并提取了模型的参数；第 4 节利用仿真实验对模型进行检验并预测不同场景下不同干预策略的效果；第 5 节进行总结。

2 模型介绍

我们提出了 NF-S（LIR）模型来描述社会网络中谣言在个体层面的传播。该模型基于经典的 SEIR 模型，并分别考虑了用户对谣言的行为和态度。在 NF-S（LIR）模型中，用户有一个行为状态和一个态度属性。用户邻居的态度属性会影响用户的态度属性，并且用户的态度属性会影响用户的行为状态。行为在行动了之后就不再改变，但是态度会受邻居态度的影响，从而变化。下面将详细对模型中的行为状态和态度属性进行介绍。

2.1 行为状态

每个用户有两种可能的行为状态，转发和非转发，如图 1 所示。

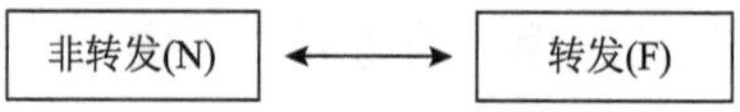

非转发(N) ⟷ 转发(F)

图 1　行为状态转换

如果用户没有收到消息，则处于 N 状态。当收到邻居的消息时，用户有一定的概率成为 F 状态。这个概率受其态度影响。用户发送消息后，行为状态立即变为 N 状态。

当用户处于 F 状态时，其邻居会受到影响，导致行为和态度都发生变化。当用户处于 N 状态时，不会影响到邻居。

用户的行为状态表示为 $S^b \in \{N,F\}$，从 N 到 F 的过渡概率如公式（1）所示：

$$p_{N \to F} = p(S_i^b = F | S_{i-1}^{态度} \in \{L,I,R\}, S_{i-1}^b = N) \quad (1)$$

式中，$S_{i-1}^{态度}$ 表示用户在 $i-1$ 时刻的态度属性；S_{i-1}^b 表示用户在 $i-1$ 时刻的行为状态。

2.2 态度属性

在谣言传播的过程中，每个用户在任何时候都有以下状态之一。
- S（易感态）：用户没有收到信息，其对谣言的态度是易感态。
- L（潜伏态）：用户收到信息，但他/她对信息的可信度不确定。他/她的态度属性是潜伏态。

- I（感染态）：用户收到该信息后，倾向于同意该谣言。他/她的态度属性为感染态。
- R（免疫态）：用户收到信息，但他/她认为信息不可信，或者是他/她已经忽略谣言，处于免疫态。

S（LIR）模型的状态转换图如图 2 所示。

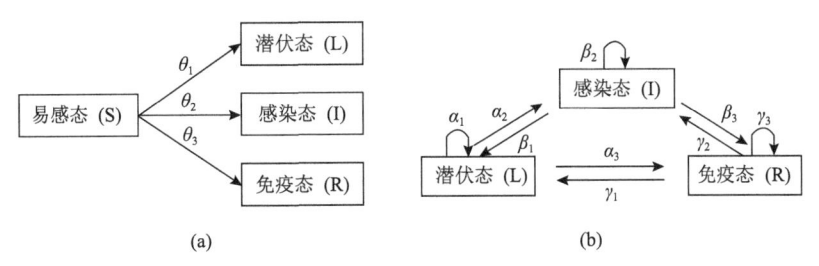

图 2 态度属性转换

每个节点的初始态度为 S，由于个体态度的不同，人们对谣言的认知程度也不同。当用户第一次接收到谣言时，其态度属性会根据不同的概率 $\theta_1,\theta_2,\theta_3$ 变化成不同的状态（L、I、R）。$\theta_1,\theta_2,\theta_3$ 的含义分别如图 2（a）所示。

当用户多次接收到邻居转发的谣言时，会使该用户的态度在 L、I、R 之间转移，转移方式和概率如图 2（b）所示。箭头代表转换方向，箭头旁边的符号代表状态之间转换的概率。例如，α_1 表示用户保持潜伏态不变的概率，α_2 表示用户从潜伏态转移到感染态的概率。由此，可以得到个体的状态转换矩阵 $P_{个体}$，如式（2）：

$$P_{个体} = \begin{bmatrix} \alpha_1 & \alpha_2 & \alpha_3 \\ \beta_1 & \beta_2 & \beta_3 \\ \gamma_1 & \gamma_2 & \gamma_3 \end{bmatrix} \quad (2)$$

对于每个用户，在第一次收到消息后，在时间 i，他/她的态度属性是 $S_i^{态度}=[x_1 \ x_2 \ x_3]$，其中 x_1、x_2、x_3 分别表示用户处于 L、I、R 状态的概率。例如，如果用户处于 L 状态，则 x_1 的值为 1，其余为 0，下一时刻的状态由公式得到 $S_{i+1}^{态度} = S_i^{态度} \times P_{个体}$。

3 数据描述

3.1 问卷数据

根据谣言的定义，它是一种不确定的信息，对人们来说具有实用性和模糊性。通过在线问卷调查平台，向用户推送问卷，获取问卷数据。问卷中设置的谣言是与人们利益密切相关的不真实信息文本，具有较高的模糊性。

问卷中的问题之一为"您认为这条信息可信吗？"，选项为五个，一为非常不可信，二为有点不可信，三为有点不确定，四为有点可信，五为绝对可信。由于回答问卷的人都收到了这条谣言，因此他们的态度不包含易感态（S），并根据 NF-S（LIR）模型，将用户分为潜伏态（L）、感染态（I）、免疫态（R）三种类型。问卷中的问题还有"是否转发此信息？"，并根据用户的选择，确定用户的行为状态。将这两个问题结合起来，就确定了用户的态度属性和行为状态。

在本轮问卷调查中，总共开展了两次调查，共获得 15 625 份有效问卷。第一次调查是在谣言传播初期针对用户所处的态度属性和行为状态进行调查，第二次调查是在谣言传播末期进行调查，获取用户的态度属性和行为状态。结果如表 1 所示。

表 1 态度属性比例 （单位：%）

比例	态度属性类别		
	L	I	R
初始比例	19	4	77
最终比例	28	18	54

结合两份调查数据，可以得到用户处于不同态度属性时的转发概率，如表 2 所示。通过问卷数据，我们发现，年龄影响人的态度和行为，因此，本文将年龄作为影响谣言传播的因素之一，并得到人口的比例。将用户分为三个年龄组。年龄的分类并不唯一，考虑到网络用户的年龄结构，本文采用这样的分类方式：年轻人（10～39 岁）、成年人（40～49 岁）、老年人（50 岁以上），如表 3 所示。

表 2 用户转发率 （单位：%）

概率	态度属性类别		
	L	I	R
转发概率	50	80	10

表 3 人口比例 （单位：%）

比例	年龄类别		
	年轻人	成年人	老年人
人口比例	61	31	8

3.2 数据分析

将所有用户视为一个系统。假设当用户的态度属性在 L、I、R 三种状态下发生转移时，下一个态度属性只与当前的态度属性有关，与历史态度属性无关。

因此，系统中态度属性的转移过程可以看作一个马尔可夫链。在马尔可夫链中，系统可以依据概率从一种状态变为另一种状态，也可以维持当前状态。状态的变化称为转移，相关的概率称为转移概率。我们用 $P_{系统}$ 表示整个系统的状态转移矩阵。由于同一个年龄组中，每个个体的状态转移矩阵是一样的，因此，同一个年龄组中，系统的状态转移矩阵等于个体的状态转移矩阵，即 $P_{系统} = P_{个体}$。

假设 $X_i = [x_1 \quad x_2 \quad x_3]$ 是指当时用户在人群中的比例。i 在 {L, I, R} 状态下时，用户在当时的比例为 X_i，下一时刻比例为 X_{i+1}，两者之间关系表达为 $X_{i+1} = X_i \times P_{系统}$，当态度属性在人群中趋于稳定时，存在着 $\lim_{i \to \infty}(X_{i+1} = X_i)$，即

$$X_\infty = X_\infty \times P_{系统} \tag{3}$$

同时，概率之和为1，如式（4）所示。

$$\begin{array}{l} \alpha_1 + \alpha_2 + \alpha_3 = 1 \\ \beta_1 + \beta_2 + \beta_3 = 1 \\ \gamma_1 + \gamma_2 + \gamma_3 = 1 \end{array} \tag{4}$$

考虑到不同年龄组对谣言信息处理的差异，在计算转移矩阵时，将用户分为三个年龄组，年轻人、成年人、老年人。问卷数据的详细情况见表4。

表4 不同年龄组的 L、I、R 人口比例　　　　　　　　　（单位：%）

比例	年轻人			成年人			老年人		
	L	I	R	L	I	R	L	I	R
初始比例	16	3	81	24	3	73	26	10	64
最终比例	30	17	53	25	20	55	22	16	62

结合式（3）和式（4），选择合理范围内的参数，可以得到过渡矩阵式（5）~式（7）。

$$P_{系统}^{年轻人} = \begin{bmatrix} 0.3 & 0.1 & 0.6 \\ 0.3 & 0.512 & 0.188 \\ 0.3 & 0.1 & 0.6 \end{bmatrix} \tag{5}$$

$$P_{系统}^{成年人} = \begin{bmatrix} 0.1 & 0.1 & 0.8 \\ 0.3 & 0.6 & 0.1 \\ 0.3 & 0.1 & 0.6 \end{bmatrix} \tag{6}$$

$$P_{系统}^{老年人} = \begin{bmatrix} 0.5 & 0.36 & 0.14 \\ 0.3 & 0.47 & 0.23 \\ 0.1 & 0.01 & 0.89 \end{bmatrix} \tag{7}$$

上面的转移矩阵分别是针对年轻人、成年人和老年人的。

4 实验

本实验基于 Spark 计算引擎以及 Pregel 分布式图计算框架，采用 Scala 语言编程。本节设计了两组实验。实验 1 利用问卷调查得到的参数，复现问卷调查结果。实验 2 预测不同年龄组中的谣言传播情况，并比较不同干预策略下的控制效果。由于谣言的传播是基于社交网络的，并且社交网络的幂律特点在网络谣言的传播中起着重要作用，所以在实验中，采用 BA（Barabási-Albert）无标度网络，节点数为 10 000 个，边数为 130 753 条。

4.1 模型验证实验

实验在个体层面开展，Pregel 的计算模式中通过发送谣言、合并谣言、接收谣言来更新用户节点的态度属性。在第 3 节数据的支持下，我们开展了 100 次仿真实验。由于谣言传播迭代 20 次时，传播已经基本稳定，因此每次仿真实验基于 Pregel 迭代 20 步，仿真结果如表 5 所示。

表 5　验证实验的结果　　　　　　　　　　　　　　（单位：％）

结果	态度属性类别		
	L	I	R
调查结果	28	18	54
仿真结果	31.2	15.9	52.9

图 3 结合箱形图和折线图，展示了 100 次实验的平均结果，图中显示了不同态度属性的人群比例的变化，图 3（a）为潜伏态的人的比例变化，图 3（b）为感染态的人的比例变化，图 3（c）为免疫态的人的比例变化。当仿真迭代到第 20 步时，系统中人群的态度属性比例已经趋于稳定。从结果可以发现，仿真结果与调查结果非常接近，说明我们的仿真模型是合理的并能够在一定程度上重现真实场景。

4.2 谣言预测与干预效果

根据不同的谣言的受众年龄组不同，我们设置了三个场景，分别针对年轻人群体、成年人群体和老年人群体中谣言的传播。采用这种方法研究谣言在不同年龄组的群体中的传播情况。同时加入干预策略。干预策略从以下两个方面进行设计。

1）角色转换概率：根据不同的策略，潜伏者（L）和免疫者（R）转变为感染者（I）的概率和感染者（I）保持不变的概率相应降低。

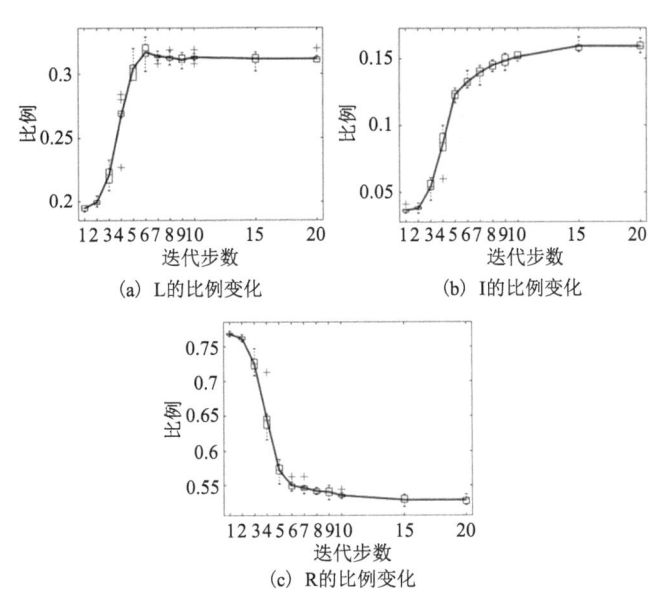

图 3 不同态度属性人员的比例变化图

2）不同态度属性的人的转发概率：根据不同的谣言，潜伏者、感染者、免疫者的转发概率相应降低。

三种不同的干预策略的干预力度如表 6 所示，表中的值代表相应的指标减少的比例。策略 1 到策略 3 的干预力度依次下降。

表 6　策略力度　　　　　　　　　　　（单位：%）

策略	角色转换概率	不同态度属性的人的转发概率
策略 1	50	50
策略 2	30	30
策略 3	10	10
没有策略	0	0

场景一：年轻人群体中谣言的传播

场景一中年龄属性分布设定为年轻人占 61%，成年人占 31%，老年人占 8%。在本方案模拟中，调整为年轻人占 80%。其余的人是成年人和老年人，但他们之间的比例不变，即年轻人占 80%，成年人占 15.9%，老年人占 4.1%。其余参数与验证实验相同。

图 4 为场景一年轻人群体中不同态度属性的用户比例，其中图 4（a）为潜伏态用户的比例，图 4（b）为感染态用户的比例，图 4（c）为免疫态用户的比例。

(a) L的比例变化

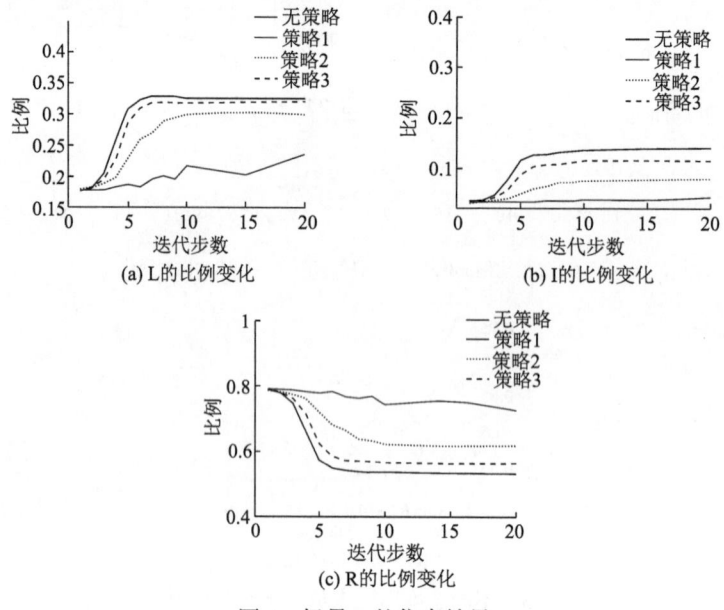

(b) I的比例变化

(c) R的比例变化

图 4　场景一的仿真结果

场景二：成年人群体中谣言的传播

在场景二中，对年龄属性进行了调整：成年人占总数的 80%。其余的是年轻人和老年人，但他们之间的比例保持不变，即年轻人占 17.7%，成年人占 80%，老年人占 2.3%。其余参数与验证实验相同。

图 5 为场景二成年人群体中不同态度属性的用户比例，其中图 5（a）为潜伏态用户的比例，图 5（b）为感染态用户的比例，图 5（c）为免疫态用户的比例。

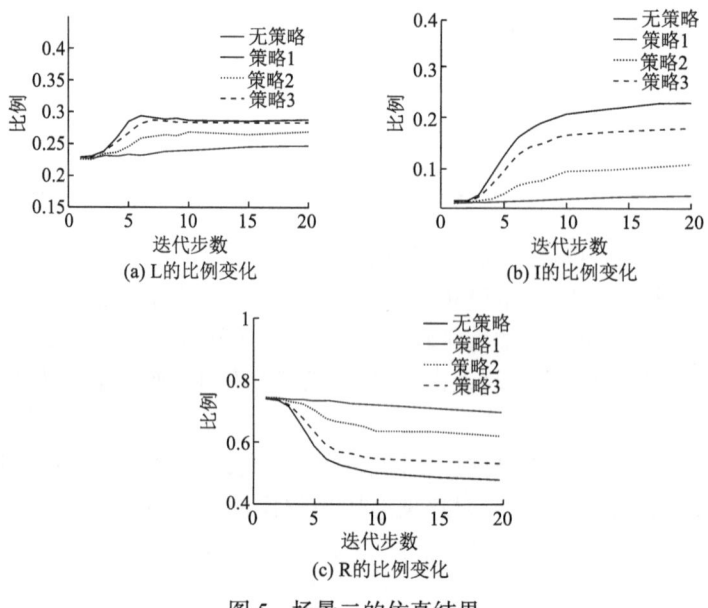

(a) L的比例变化

(b) I的比例变化

(c) R的比例变化

图 5　场景二的仿真结果

场景三：老年人群体中谣言的传播

在这一场景模拟中，对年龄属性进行了调整：老年人占总人数的 80%。其余的是年轻人和成年人，但他们之间的比例还是一样的，即年轻人占 13.3%，成年人占 6.7%，老年人占 80%。其余参数与验证实验相同。

图 6 为场景三老年人群体中不同态度属性的用户比例，其中图 6（a）为潜伏态用户的比例，图 6（b）为感染态用户的比例，图 6（c）为免疫态用户的比例。

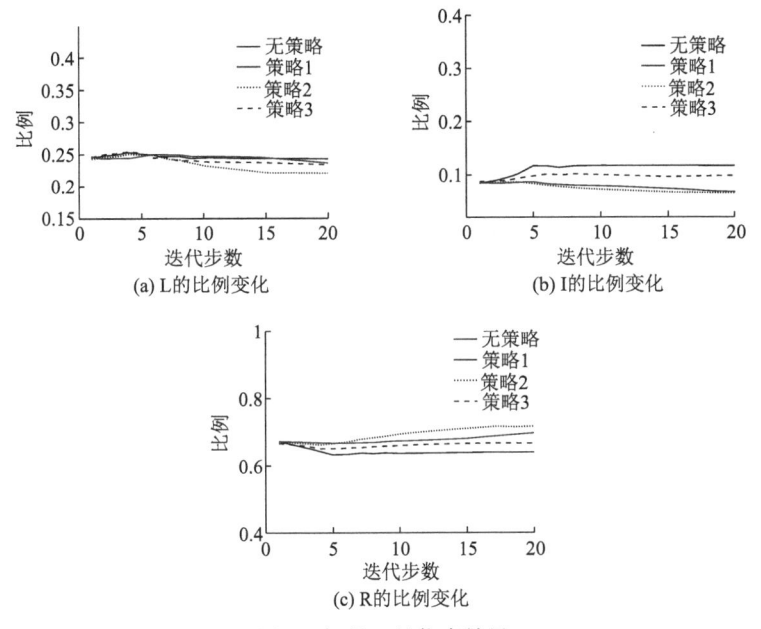

(a) L的比例变化

(b) I的比例变化

(c) R的比例变化

图 6 场景三的仿真结果

从图 5～图 6 的对比可以发现，随着干预力度的加大，防止谣言传播的效果越来越明显。在干预策略 1 下，不同态度属性的用户比例几乎没有变化。说明从两个方面可以有效阻止谣言的扩散，一是增加用户对谣言的正确认知，二是降低不同态度属性的人的转发概率。从表 7 中可知，老年人群体中的谣言传播中，在无策略的条件下，潜伏人群的比例变化不大，所以在不同的干预策略下，效果并不明显。

表 7 在无策略条件下 L、I、R 的人群比例　　　　（单位：%）

场景	态度属性类别		
	L	I	R
场景一	32.5	14.1	53.4
场景二	28.8	23.1	48.1
场景三	24.3	11.7	64.0

5 结论

谣言对公众的危害极大，本文为了研究谣言传播的特点，从用户个体层面对谣言传播进行建模，分开考虑用户转发谣言的行为和对谣言的态度属性。模型中的用户行为有转发和不转发两种类型，态度属性有易感态、潜伏态、感染态和免疫态四种类型。用户的行为将影响其邻居节点的态度属性，同时，其行为状态也会受到自身态度属性的影响。

我们以问卷调查的形式收集了目标人群对谣言的态度属性、行为状态、年龄分布比例等信息。通过问卷调查的结果，我们获得了仿真实验中所需要的参数。然后，基于计算引擎 Spark 和分布式图计算框架 Pregel，在 BA 无标度网络上进行了仿真实验。验证实验中的仿真实验结果和问卷调查结果基本一致，这证明了 NF-S（LIR）模型的合理性。最后，通过设置不同场景下不同干预力度的仿真实验，预测了不同干预力度的干预效果。实验发现，增加用户对谣言的正确认知和降低不同态度属性的人的转发概率可以有效阻止谣言的扩散。老年人群体中，干预策略的效果不明显。这些结论可以为政府采取干预策略提供参考。

致谢

本研究得到国家重点研发计划"国家安全风险管理关键技术研究与应用"（编号：2018YFC0806900）和国家自然科学基金"基于实时大数据的公共安全情景推演及应急决策方法研究"（编号：71673292）、"典型异常扩散网格蒙特卡洛仿真算法及精度分析"（编号：61673388）、"深度不确定性下城市生物防御能力规划的政策模拟"（编号：71673294）以及国家社会科学基金"基于智能体和大数据驱动的超大规模社会性突发事件建模与应急仿真推演研究"（编号：17CGL047）和广东省舆情大数据分析与模拟重点实验室的支持。

参考文献

陈福集, 陈婷. 2014. 基于 SEIRS 传播模型的网络舆情衍生效应研究. 情报杂志, 33(2): 108-113, 160.

李可嘉, 王义康. 2013. 改进 SIR 模型在社交网络信息传播中的应用. 电子科技, 26(8): 168-171.

林芹, 郭东强. 2017. 优化 SIS 模型的社交网络舆情传播研究——基于用户心理特征. 情报科学, 35(3): 53-56, 75.

林晓静, 庄亚明, 孙莉玲. 2015. 具有饱和接触率的 SEIR 网络舆情传播模型研究. 情报杂志, 34(3): 150-155.

任宁, 李金仙. 2019. 带有反对机制的谣言传播模型. 云南民族大学学报(自然科学版), 28(1): 67-71.

王超, 杨旭颖, 徐珂, 等. 2014. 基于 SEIR 的社交网络信息传播模型. 电子学报, 42(11): 2325-2330.

王晰巍, 赵丹, 李嘉兴, 等. 2016. 新媒体环境下网络舆情演化模型及仿真研究——基于信息生态视角. 情报学报, 35(10): 1011-1021.

向卓元, 陈宇玲. 2016. 微博谣言传播模型与影响力评估研究. 科研管理, 37(1): 39-47.

肖人彬, 张耀峰. 2012. 网络群体事件信息传播的演化博弈分析. 复杂系统与复杂性科学, 9(1): 1-7.

钟慧玲, 李伟, 张冠湘. 2016. "邻避"冲突事件网络舆情演化研究. 情报杂志, 35(3): 111-117.

Anderson R, May R. 1991. Infectious Diseases of Humans: Dynamics and Control. Oxford: Oxford University Press.

Chen G H, Shen H Z, Chen G M, et al. 2015. A new kinetic model to discuss the control of panic spreading in emergency. Physica A: Statistical Mechanics and Its Applications, 417: 345-357.

Gruhl D, Guha R, Liben-Nowell D, et al. 2004. Information diffusion through blogspace. Proceedings of the 13th International Conference on World Wide Web. New York: 491-501.

Denphedtnong A, Chinviriyasit S, Chinviriyasit W. 2013. On the dynamics of SEIRS epidemic model with transport-related infection. Mathematical Biosciences, 245(2): 188-205.

Enatsu Y, Nakata Y, Muroya Y. 2012. Lyapunov functional techniques for the global stability analysis of a delayed SIRS epidemic model. Nonlinear Analysis: Real World Applications, 13(5): 2120-2133.

Jia F J, Lv G Y. 2018. Dynamic analysis of a stochastic rumor propagation model. Physica A: Statistical Mechanics and Its Applications, 490: 613-623.

Leskovec J, McGlohon M, Faloutsos C, et al. 2007. Patterns of cascading behavior in large blog graphs. Proceedings of the SIAM International Conference on Data Mining. New York: ACM Press, 7: 551-556.

Li C H, Tsai C C, Yang S Y. 2014. Analysis of epidemic spreading of an SIRS model in complex heterogeneous networks. Communications in Nonlinear Science & Numerical Simulation, 19(4): 1042-1054.

Wei J, Bu B, Liang L. 2012. Estimating the diffusion models of crisis information in micro blog. Journal of Informetrics, 6(4): 600-610.

Witbooi P J. 2013. Stability of an SEIR epidemic model with independent stochastic perturbations. Physica A: Statistical Mechanics and Its Applications, 392(20): 4928-4936.

Zhao L, Yuan R, Guan X, et al. 2009. Propagation Modeling and Analysis of Incidental Topics in Blogosphere. Berlin, Heidelberg: Springer.

作者简介

陈海亮

国防科技大学在读博士, 主要研究方向为大规模复杂社会网络传播行为建模与仿真、云仿真、高性能仿真引擎。

作者简介

陈 彬

国防科技大学副研究员，中国仿真学会人工社会专委会副主任委员，《系统仿真学报》编委，Journal of Safety Science and Resilience 编委，EM-GIS Workshop 主席。长期从事平行系统技术与仿真模拟相关领域的研究，在社会计算、平行应急管理、数据挖掘等方面开展了大量的研究工作。

作者简介

艾 川

2021 年毕业于国防科技大学并取得博士学位。研究方向为大规模复杂社会网络传播行为建模与仿真、高性能仿真引擎。

作者简介

赖凯声

暨南大学新闻与传播学院教授，中国社会心理学会大数据网络心理学专业委员会委员、副秘书长，中国心理学会网络心理专业委员会委员。目前主要致力于网络与新媒体、健康传播、网络心理学、大数据舆情等跨学科交叉领域研究。

作者简介

何凌南

中山大学传播与设计学院副教授，广东省舆情大数据分析与仿真重点实验室副主任，中国社会心理学会大数据网络心理学专业委员会副主任、秘书长，人民网舆情监测室专家顾问。研究方向为网络舆情、网络谣言、网民社会心态等。

考虑政府干预方式的网络舆情传播控制研究

王明珠　刘怡君

> **摘要**
>
> 政府干预方式的选择对于网络舆情传播控制至关重要，为研究不同政府干预方式影响网络舆情传播的内在机理，本文借鉴人口学中对人口数量增长规律的相关研究，在经典 Logistic 阻滞增长模型的基础上，基于减缓传播速度、降低传播潜力、培养传播对手、转移传播议题四种政府干预网络舆情的方式，建立考虑政府干预方式的网络舆情传播控制模型，并通过仿真实验模拟各种干预方式对舆情传播的影响。仿真结果表明，减缓传播速度、降低传播潜力、培养传播对手、转移传播议题四种方式均有助于限制网络舆情的传播速度与范围，相关部门可在实际治理过程中灵活运用。
>
> 关键词：网络舆情、政府干预、Logistic 阻滞增长模型

1 引言

近年来网络舆情对社会安全的影响不可忽视。舆情风险不仅会在网络空间发酵，挑动公众情绪，随着舆情的进一步蔓延，还会产生一系列次生危机。此外，某些较小的社会问题或风险事件会成为"黑天鹅"事件，它们经过媒体的舆情扩散机制传播后，公众再次接收的信息有放大风险的特点，容易渲染社会矛盾，也考验着国家和社会的应急管理和社会治理能力。

在重大突发公共卫生事件初期，互联网舆论场出现明显的"潜舆论"效应，很多民间猜测和话题传播是在熟人短信、互动社群、朋友圈、微信群、QQ 群和视频聊天中出现的。如果政府干预出现真空，互联网舆论场的负向内在动能将被激发，网络中会出现恐慌情绪，谣言生成的概率大增，境外纷繁复杂的信息倒灌

国内也更频繁（唐绪军，2020）。因此为了及时控制舆情风险，限制负面舆情的扩散和影响范围，政府干预对于网络舆情传播控制必不可少。但如何把握舆情治理的"度"，即选择何种舆情干预方式，成了摆在管理者面前的一道难题。本文从舆情信息量增长机理的角度出发，提出四种政府干预网络舆情的方式，并结合具体的案例对四种干预方式进行分析。

2 政府干预方式对网络舆情传播的影响

现有对网络舆情政府干预方式的研究可以从内容和方法两个方面加以梳理。国务院办公厅于 2016 年出台的《关于在政务公开工作中进一步做好政务舆情回应的通知》中对政府舆情回应方式进行了要求，主要内容包括：对监测发现的政务舆情，各地区各部门要加强研判，区别不同情况，进行分类处理，并通过发布权威信息、召开新闻发布会或吹风会、接受媒体采访等方式进行回应。不少学者采用实证分析的方法对网络舆情的政府干预方式进行了研究。李勇等（2018）比较了上海踩踏事件和深圳滑坡事件两地政府的舆情应对方式对于舆情处置效果的影响。郑万军（2016）比较了"6·1"长江沉船事件和"8·12"天津爆炸案，总结出突发危机事件中政府网络舆情疏导的三大路径。许鑫（2016）对近年来 102 个网络公共事件的政府回应主体、速度、形式和渠道开展定量统计，并分析这些因素与回应效果之间的关系。李静和谢耘耕（2020）基于 2010~2018 年的 10 600 起舆情事件，发现政府干预的主体、方式、时机和级数都会对舆情热度产生影响。

关于网络舆情政府干预方式的研究，在研究方法上，学者多采用多主体建模、博弈论、扎根理论、系统动力学、回归分析、Logistic 阻滞增长模型等方法。

1）多主体建模。李春发等（2018）借鉴 Bass 模型构造网民状态之间的转移规则，利用多智能体（multi-agent）方法进行建模仿真，仿真结果表明干预强度与政府的费用支出和公信力是呈正相关的，过强的干预会引发群众的质疑甚至会起到相反的作用。但邓青等（2016）认为采取强干预措施时，网民在分享和转发之前会进行更多查证，其分享和转发行为会更加谨慎，基于此采用元胞自动机的方法研究了不同舆情干预措施强度和舆情干预措施时机对舆情传播的影响。

2）博弈论。祁凯等（2017）构建了政府惩罚机制下网民群体对舆论事件发生时选择传播正确信息和虚假信息的演化博弈模型。陈婷等（2017）将演化博弈的均衡解用于多主体的网络舆情演化模型构建，基于 BA 无标度网络对不同政府舆情应对策略产生的效果进行仿真。陈莫凡和黄建华（2019）将网媒与地方政府的双方博弈行为融入改进的传染病模型中，同时针对期望效用理论在描述博弈主体损益方面的缺陷，将前景理论引入模型的分析过程中，探讨了地方政府不同引导策略对舆情发展的影响。

3）扎根理论。杨立华等（2017）运用扎根理论比较分析了 2006~2013 年的

50个典型网络群体性事件，研究政府回应的主动性、速度、透明度、公正性、方式的现代性与多样性以及政府与其他主体的互动性等要素与事件的有效解决之间的关系。

4）系统动力学。张璐妮等（2019）采用系统动力学模型比较公开策略与隔离策略对网络传播效果的影响。洪亮等（2017）和邓建高等（2020）采用系统动力学方法研究了政府回应对舆情的影响。殷飞等（2018）基于系统动力学研究了政府处置力度（如信息公开程度、响应速度与网络互动程度等）对舆情传播的影响。

5）回归分析。学者们进行的相关实证研究多采用此方法。刘锐（2015）采用回归分析的方法研究了政府干预时效、级别、信息发布和问责等对政府干预效果的影响。张旭阳等（2018）采用回归分析的方法研究了不同类型舆情事件的政府回应主体、回应时效、回应方式和处置效果之间的差异。

6）Logistic阻滞增长模型。Logistic函数是由Pierre（1838）在1838～1847年的一系列论文中提出的，随后他在阿道夫·凯特勒（Adolphe Quetelet）的指导下通过调整指数增长模型将其设计为人口增长模型。Logistic模型反映了约束随着对象本身数量的增加而增加的规律，在各个领域有着广泛的应用（郑洲顺和曲选辉，2002），包括生物学（McKendrick and Pai，1912；Yukalov et al.，2009）、公共卫生（Postnikov，2020；Lee，2020）、化学（Yin and Zelenay，2018）、人口学（Pearl and Reed，1920）、经济学（Grubler，1990）、社会学（Rocha et al.，2017）和人工神经网络（Gershenfeld and Gershenfeld，1999）等。在国内，也有学者将之应用于耐用品销量（翟帆和雷玉琼，2019；田洪阵等，2019；姚层林，2011）、交通客流（叶佳乐，2017）、工资（李生彪，2013；吴福珍和章珊玫，2011）、文献增长（兰月新，2014）等方面的预测。根据信息生命周期理论，网络舆情传播经历发生、发展和消退等阶段，这与人口学中人口数的平稳增长、爆发增长和减缓增长的机理相似，即S形曲线规律，故而可以用人口学中的阻滞增长模型来描述网络舆情信息的传播问题。

许多学者基于Logistic阻滞增长模型建立了不同的模型对网络舆情趋势进行预测。程铁军和王曼（2021）以Logistic阻滞增长模型和BP神经网络模型为基础模型构建变权组合预测模型。连芷萱等（2018）基于Logistic阻滞增长模型建立微博首发信息热度预测方程模型。黄炜等（2018）以Logistic阻滞增长模型为理论依据，以Meme扩散模型为基础构建了微信消息转发模型。兰月新等（2017）基于灰色关联度方法构建网络舆情热度模型，并在此基础上构建多维度Logistic模型对各个媒体平台舆情信息开展预测。徐敏捷等（2016）则将Logistic模型、指数平滑法模型和灰色GM（1，1）模型结合在一起进行组合预测。

Logistic阻滞增长模型用于舆情预测反映了舆情传播的阻力随着舆情信息量的增加而逐渐增大，但这种阻力是由于何种因素产生又是如何减缓舆情传播的呢？很少有学者对此进行深入研究。本文将政府干预舆情的四种方式当作舆情传播的阻力，对 Logistic 阻滞增长模型进行改进，建立考虑政府干预方式的网络舆情传播控制模型，以研究政府采取不同方式干预网络舆情的机理。

3 考虑政府干预方式的网络舆情传播控制模型

3.1 模型假设

本文选取 Logistic 模型作为网络舆情发展演化的基本模型来描述网络舆情传播过程。根据网络舆情的定义，假设某个网络舆情事件发生后，某一时刻 t 的网络舆情信息量为 $P(t)$，则仅有一个舆情事件发生时，舆情信息量满足 Logistic 方程：

$$\frac{d(P)}{d(t)} = aP\left(1 - \frac{P}{M}\right) \quad (1)$$

式中，a 为舆情信息的固有增长率，反映了信息量的自然增长情况，通常与网民对该信息的兴趣度有关；M 为舆情信息的饱和量，反映了舆情信息的传播潜力，通常与舆情事件本身的性质和网民的网络素养有关；P/M 反映了舆情信息量增加对舆情传播的阻力作用，通常与舆情信息之间的相互竞争有关。接下来本文将基于网络舆情的特点以及 Logistic 方程的机理建立考虑政府干预方式的网络舆情传播控制模型。

3.2 考虑政府干预方式的网络舆情传播控制模型

我们假设政府干预网络舆情的效果可以通过舆情信息量的数量变化来体现。基于此，研究认为政府干预网络舆情传播的方式包括减缓传播速度、降低传播潜力、培养传播对手、转移传播议题四个方面。接下来我们会从这四个方面对上述基本传播模型进行修正。

3.2.1 减缓传播速度

网络舆情的传播速度对于舆情信息量的增长至关重要，因此可以通过一些具体的干预措施减缓舆情的传播速度，如加大信息审查力度、惩戒恶意造谣人员等，从而提高舆情传播的成本，使网民在进行舆情传播时有所顾虑，进而达到降低舆情传播速度的目的。这种干预方式相当于降低式（1）中的 a。

3.2.2 降低传播潜力

网络舆情的传播潜力直接决定了舆情最终的传播热度和传播影响力。网民对特定类型的事件、特定类别的人群有着较高的关注度，同时网民的自身知识储备与自我判断能力等也影响着舆情的传播潜力。通过提高网民网络素养、疏解网民的不健康心理、强化舆情法规建设、增强网民法律意识等，可以产生降低舆情传播潜力的效果。这种干预方式相当于降低式（1）中的 M。

3.2.3 培养传播对手

在网络舆情的传播过程中，鼓励持有正面观点的网民或者意见领袖发声以进行舆论对冲，可以形成正负面观点之间的竞争，从而挤压负面网络舆情的传播空间。随着正面观点的扩散，可以间接地抑制负面网络舆情的蔓延，从而达到控制网络舆情的目的。这种干预方式相当于降低式（1）中一定比例的 $1-P/M$。

3.2.4 转移传播议题

通常认为，人们的注意力是有限的，政府可以发挥主流媒体议程设置的作用，强化媒体自净功能，及时进行信息公开，并设置新的议程，使网民对原有事件的关注度转移到新的议题。与此同时，政府也可以通过删帖等手段对原有议题中有不良影响的内容进行强制处理，直接对网络舆情进行干预。这种干预方式相当于直接从式（1）中减去相应比例的信息量，即 cP。

根据以上假设，考虑减缓传播速度、降低传播潜力、培养传播对手、转移传播议题四个方面的网络舆情传播控制模型可以表示为

$$\frac{\mathrm{d}(P)}{\mathrm{d}(t)}=aP\left(1-\frac{P}{M}-bP\right)-cP \quad (2)$$

式中，b 为传播对手的竞争系数，表示持有正面观点的主体参与舆情传播的强度；c 为主流媒体的议程设置系数，反映主流媒体转移传播议题的能力。

4 考虑政府干预方式的网络舆情传播控制仿真及案例分析

本文以某市女子被造谣出轨快递员事件为例。2020 年 7 月 7 日，我国某市吴女士在取快递的过程中，被超市老板郎某偷拍，随后郎某与何某编造聊天记录造谣吴女士出轨快递员。8 月初，造谣内容被打包转发，流传到网络上。在这期间网络中对该事件的传播内容基本上是造谣者被行政拘留、吴女士要求道歉等。随后该事件在网络中逐渐沉寂。直到 11 月，该事件后续相关信息断断续续在网络中出现，相关话题包括"造谣女子出轨快递员者拒绝不合理赔偿""女子被造谣出轨快递员后患抑郁""被造谣出轨女子至今找不到工作""被造谣出轨女子社会性死亡"等，这些内容每次出现都能形成较高的舆论热度。整个事件的演化过程一直在网络中流传，各大媒体不断跟进，网络舆论也由此不断生成。

4.1 参数设置

百度指数（Baidu index）是以百度海量网民行为数据为基础的数据分析平

台，是当前互联网乃至整个数据时代最重要的统计分析平台之一。百度指数很好地反映了网民对某事件关注度的变化情况，而信息量是网民关注度的直接体现。本文以某市女子被造谣出轨快递员事件前后共 14 天的百度指数为依据绘制该事件网络信息量随时间变化的趋势图，如图 1 所示。

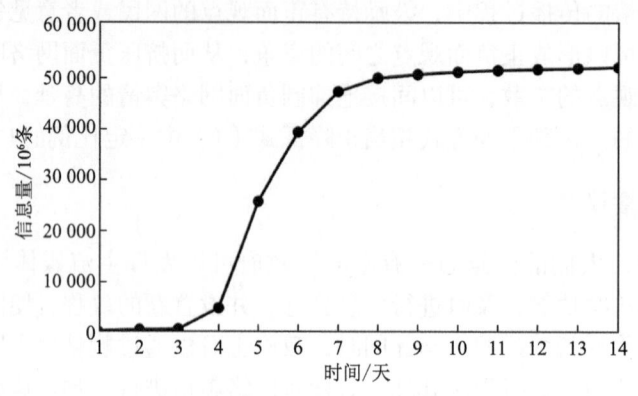

图 1 舆情事件信息量随时间变化示意图

由图可知，该事件的信息量变化符合 Logistic 曲线，因此借助 MATLAB、Excel 等工具确定该舆情事件的系数为：$a=0.92$，$M=515$。$R^2=0.9045$，拟合良好。由此确定该舆情事件信息量随时间变化的规律符合方程：

$$\frac{\mathrm{d}(P)}{\mathrm{d}(t)} = 0.92 \times P \times \left(1 - \frac{P}{515}\right) \qquad (3)$$

为保证仿真结果的一般性，在 $a=0.92$，$M=515$ 的基础上分别假设传播对手的竞争强度和主流媒体的议程设置强度为中等，根据参数的实际含义与量纲大小，设置 $b=0.0005$，$c=0.5$，并分别在相应的取值区间遍历 a、M、b、c 的所有取值进行全谱系仿真。

4.2 不同政府干预方式对网络舆情传播影响的仿真

4.2.1 减缓传播速度仿真

此事件给当事人吴女士的工作和生活造成了极大的影响。和以往为降低影响不愿露面的谣言受害者不同，吴女士第一时间报警，接受媒体采访，积极收集证据，在微博及时发布事件动态。8 月 13 日，该市公安局相关警方通报称，网上流传的视频是郎某趁吴女士在小区快递站点取快递时通过手机摄录。出于博人眼球的目的，他与朋友何某通过分饰"快递小哥"与"女业主"身份，捏造了暧昧微信聊天内容，并将摄录的视频和聊天截图发至微信群。随后，郎某和何某因诽谤他人被行政拘留 9 日。之后又经过吴女士长期的维权，12 月 14 日，吴女士被造谣出轨快递员刑事自诉立案。

网络不是法外之地。在此事件中，吴女士通过追究法律责任的方式增加了造谣者的造谣成本，震慑了其他网民对于谣言的进一步传播，从而降低了该事件在网络上的传播速度。网络舆情的传播速度会在很大程度上决定舆情爆发的时间，为验证网络舆情传播速度对网络舆情信息量的影响，本文以 0.1 为步长遍历 $a=0.1$ 到 $a=1$ 的所有值，分别进行仿真模拟，如图 2 所示。结果表明网络舆情信息量和传播范围随着传播速度的增大而增大，且传播时间随着传播速度的增大而减少。这表明降低网络舆情的传播速度对于抑制网络舆情的传播是有益的。

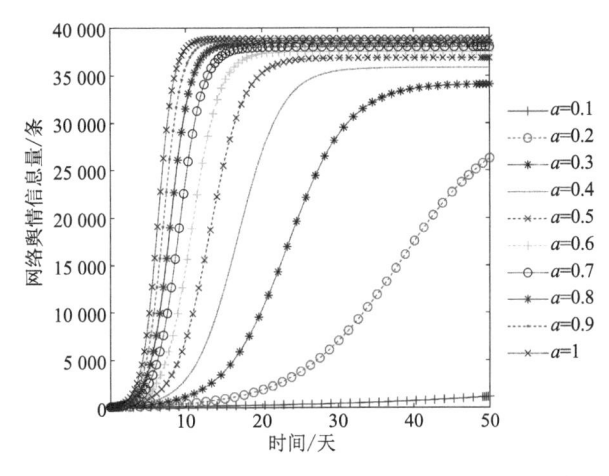

图 2　不同传播速度下网络舆情信息量随时间变化示意图

4.2.2　降低传播潜力仿真

网民的法律素养也会影响网络舆情的传播。我国对于网络造谣有明确的法律规定。2013 年 9 月 9 日，最高人民法院公布《最高人民法院、最高人民检察院关于办理利用信息网络实施诽谤等刑事案件适用法律若干问题的解释》，通过厘清信息网络发表言论的法律边界，为惩治利用网络实施诽谤等犯罪提供了明确的法律标尺，从而规范网络秩序、保护人民群众合法权益。解释重点提到诽谤信息被转发 500 次即可判刑，诽谤引发群体性事件的将提起公诉，编造虚假信息造成严重混乱可定寻衅滋事罪等。

这些规定在很大程度上增加了造谣者的造谣成本，提醒了网民在转发传播舆情信息时需要三思而后行，从而间接地降低了网民传播舆情信息的传播潜力。网络舆情的传播潜力在一定程度上决定了舆情的影响范围，为验证不同网络舆情传播潜力对网络舆情信息量的影响，本文以 100 为步长遍历 $M=100$ 到 $M=1000$ 的所有值进行仿真实验，如图 3 所示。结果显示舆情信息的传播潜力越大，最终的网络舆情信息量越高。这表明提高网民网络素养、普及舆情相关法规对于营造和谐的网络空间至关重要。

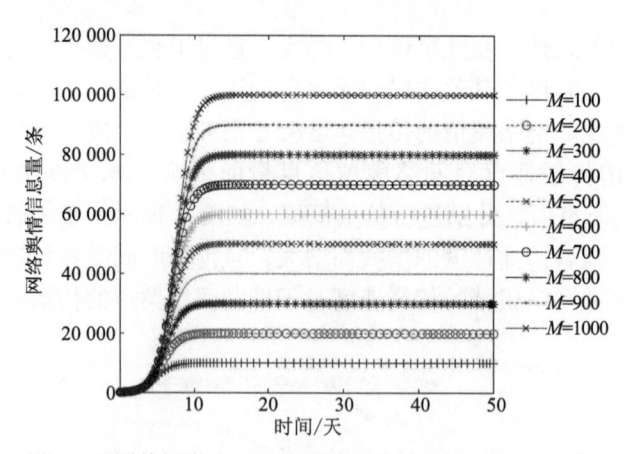

图 3　不同传播潜力下网络舆情信息量随时间变化示意图

4.2.3　培养传播对手仿真

意见领袖对于网络舆论的影响有目共睹。在此事件的整个传播过程中，多位意见领袖一直对此事件保持关注。从多位拥有千万粉丝的"微博大V"，到网易新闻、澎湃新闻、东方网和腾讯网等知名新闻媒体，都对该事件发表了看法，在一定程度上推动了舆情的发展。

这些意见领袖发声虽然在短时间内刺激了网民情绪，但在一定程度上使网民情绪得到了宣泄，从而遏制了负面舆情的肆意传播。为验证意见领袖等传播对手对最终网络舆情信息量的影响，本文以 0.0001 为步长遍历 $b=0.0001$ 到 $b=0.001$ 的所有值进行仿真实验，如图 4 所示。结果表明传播对手的竞争力越大，最终的网络舆情传播信息量越小。这提醒了相关部门可以有意识地培养正面意见领袖，在发生舆情事件时可以及时发声，传递正能量。

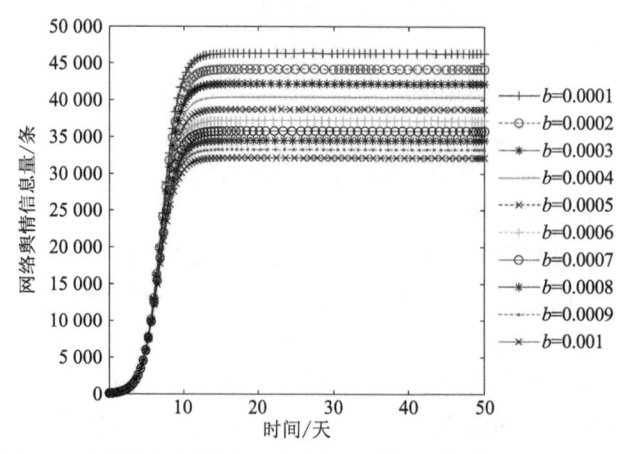

图 4　不同传播对手竞争下网络舆情信息量随时间变化示意图

4.2.4　转移传播议题仿真

媒体在此事件的报道过程中进行了相应的议程设置。一方面是通过受害者的不幸现状与造谣者的消极态度进行对比,来强化公众的舆论态度;另一方面是基于此事件对网暴、网络谣言行为进行批判。还有媒体对此事发表了相关的新闻评论文章,如《人民日报》发表的相关评论文章,呼吁各方面加强管理,净化网络空间。

媒体的议程设置在很大程度上平息了网民的负面情绪,减缓了舆情的进一步蔓延。为验证转移传播议题的不同强度对网络舆情信息量的影响,本文以 0.1 为步长遍历 c=0.1 到 c=1 的所有值进行仿真实验,如图 5 所示。结果表明随着 c 的增大,最终的网络舆情传播信息量逐渐减少,且达到最终稳定状态的时间逐渐变慢。因此,政府应鼓励主流媒体积极开展议程设置,掌握舆论引导的主动权。

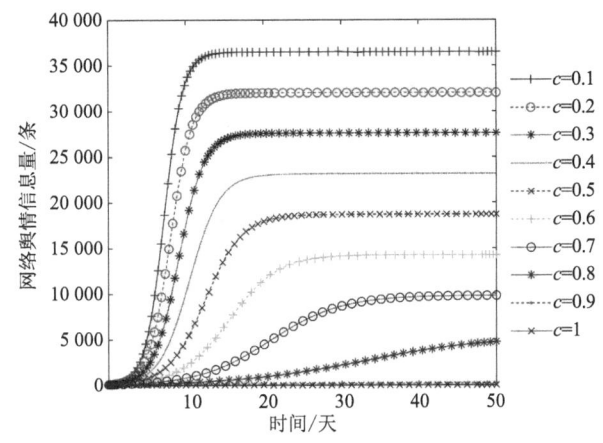

图 5　不同传播议题转移下网络舆情信息量随时间变化示意图

4.3　政府干预下网络舆情传播仿真

结合上述假设,设置参数 a=0.92,M=515,b=0.0005,c=0.5。则政府同时采取减缓传播速度、降低传播潜力、培养传播对手、转移传播议题四种干预措施时,网络舆情信息量变化如图 6 所示。政府干预后,信息量随时间变化的曲线变得更加平缓,最高点也有了大幅度降低。这表明综合运用多种政府干预方式对网络舆情信息量的传播速度和传播范围有了较好控制。

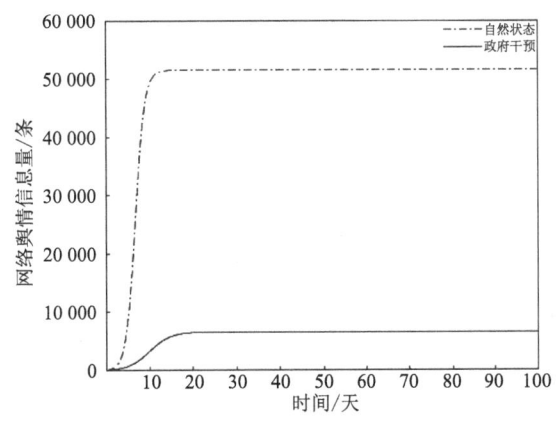

图 6　政府干预下网络舆情信息量随时间变化示意图

5 结语

本文借鉴人口学中的 Logistic 阻滞增长模型，建立考虑政府干预方式的网络舆情传播控制模型，研究不同政府干预方式影响舆情传播的内在机理，并结合典型案例对各种干预方式进行分析和印证。结果表明减缓传播速度、降低传播潜力、培养传播对手、转移传播议题均可在一定程度上减小网络舆情的传播速度与传播范围，从而降低舆情风险。

网络舆情的治理是当今政府亟待解决的问题。期望本文的研究能为相关部门进行网络舆情干预提供思路和依据，使舆情管理人员能够更加科学化、规范化地进行舆情治理。

致谢

感谢国家自然科学基金面上项目"舆情大数据视角下的网络社会治理'时、度、效'研究"（编号：72074205）、"公共政策发布的网络舆情预警建模与应对策略研究"（编号：71573247）对本研究的支持。

参考文献

陈莫凡, 黄建华. 2019. 基于 SEIQR 演化博弈模型的突发网络舆情传播与控制研究. 情报科学, 37(3): 60-68.

陈婷, 曲霏, 陈福集. 2017. 突发事件网络舆情扩散的政府应对仿真描述——基于三方博弈视角. 图书馆杂志, 36(2): 79-86, 94.

程铁军, 王曼. 2021. 基于变权组合的突发事件网络舆情趋势预测. 计算机科学, 48(S1): 190-195, 202.

邓建高, 张璇, 傅柱, 等. 2020. 基于系统动力学的突发事件网络舆情传播研究：以"江苏响水爆炸事故"为例. 数据分析与知识发现, 4(Z1): 110-121.

邓青, 刘艺, 马亚萍, 等. 2016. 基于元胞自动机的网络信息传播和舆情干预机制研究. 管理评论, 28(8): 106-114.

洪亮, 石立艳, 李明. 2017. 基于系统动力学的多主体回应网络舆情影响因素研究. 情报科学, 35(1): 133-138.

黄炜, 宋为, 李岳峰. 2018. 基于 Logistic 种群增长模型的微信消息转发影响因素研究. 情报理论与实践, 41(7): 78-86, 98.

兰月新. 2014. 基于动态 Logistic 模型的文献增长规律研究. 情报科学, 32(3): 86-89, 97.

兰月新, 刘冰月, 张鹏, 等. 2017. 面向大数据的网络舆情热度动态预测模型研究. 情报杂志, 36(6): 105-110, 147.

李春发, 刘凯, 王晟锴. 2018. 基于 Multi-Agent 的政府干预下虚假舆情传播规律与控制决策. 现代情报, 38(5): 53-59.

李静, 谢耘耕. 2020. 网络舆情热度的影响因素研究——基于 2010-2018 年 10600 起舆情事件的实证分析. 新闻界, (2): 37-44.

李生彪. 2013. 基于阻滞增长模型的山东省职工的年平均工资预测. 时代金融, (32): 124.

李勇, 何玉花, 蔡梦思, 等. 2018. 政府应对网络舆情的对比分析及有效策略研究——以上海踩踏事件和深圳滑坡事件为例. 情报杂志, 37(4): 93-99.

连芷萱, 兰月新, 夏一雪, 等. 2018. 基于首发信息的微博舆情热度预测模型. 情报科学, 36(9): 107-114.

刘锐. 2015. 地方重大舆情危机特征及干预效果影响因素——基于2003年以来110起地方政府重大舆情危机的实证分析. 情报杂志, 34(6): 93-99, 139.

祁凯, 杨志, 张子墨, 等. 2017. 政府参与下网民舆论引导机制的演化博弈分析. 情报科学, 35(3): 47-52.

唐绪军. 2020. 中国新媒体发展报告. 北京: 社会科学文献出版社.

田洪阵, 赵海乐, 薛娅, 等. 2019. 基于马尔萨斯和阻滞增长模型的天津市潜在购房者规模研究. 住宅与房地产, (4): 13-14.

吴福珍, 章珊玫. 2011. 年平均工资增长预测模型及应用——以山东省为例. 浙江水利水电专科学校学报, 23(4): 54-57.

徐敏捷, 兰月新, 刘冰月. 2016. 基于组合预测的网络舆情数据预测模型研究. 情报科学, 34(12): 40-45, 87.

许鑫. 2016. 网络公共事件政府回应的现状、问题与策略——基于2007—2014年102个案例的实证分析. 情报杂志, 35(7): 80-85, 60.

杨立华, 程诚, 刘宏福. 2017. 政府回应与网络群体性事件的解决——多案例的比较分析. 北京师范大学学报(社会科学版), (2): 110-124.

姚层林. 2011. 某品牌轿车销量的Logistic模型理论的分析. 数字技术与应用, (1): 94.

叶佳乐. 2017. 基于阻滞增长模型的轨交客流预测模型. 电子技术与软件工程, (14): 180-181.

殷飞, 张鹏, 兰月新, 等. 2018. 基于系统动力学的突发事件网络谣言治理研究. 情报科学, 36(4): 57-63.

张璐妮, 唐守廉, 程玉红, 等. 2019. 融媒体环境下公共危机事件治理策略网络传播效果比较研究. 情报科学, 37(9): 139-144, 152.

张旭阳, 李丹珉, 谢耘耕. 2018. 媒介、网民、政府在舆情事件中的参与角色与作用研究——基于3600起舆情事件的实证分析. 新闻界, (6): 56-63.

翟帆, 雷玉琼. 2019. 我国新能源汽车销售量的预测模型. 河南教育学院学报(自然科学版), 28(1): 41-46.

郑万军. 2016. 突发危机事件与网络舆情疏导——"6.1"长江沉船事件和"8.12"天津爆炸案的比较. 情报杂志, 35(6): 47-51.

郑洲顺, 曲选辉. 2002. Logistic阻滞增长模型的计算机模拟. 计算机工程与应用, (23): 37-39, 187.

Bacaër N. 2011. Verhulst and the logistic equation (1838) // Bacaër N. A Short History of Mathematical Population Dynamics. London: Springer: 35-39.

Gershenfeld N A, Gershenfeld N. 1999. The Nature of Mathematical Modeling. Cambridge: Cambridge University Press.

Grubler A. 1990. The Rise and Fall of Infrastructures: Dynamics of Evolution and Technological Change in Transport. Heidelberg: Physica-Verlag.

Lee S Y, Lei B, Mallick B. 2020. Estimation of COVID-19 spread curves integrating global data and borrowing information. PLoS one, 15(7): e0236860.

McKendrick A G, Pai M K. 1912. The rate of multiplication of micro-organisms: A mathematical study. Proceedings of the Royal Society of Edinburgh, 31: 649-655.

Pearl R, Reed L J. 1920. On the rate of growth of the population of the United States since 1790 and its mathematical representation. Proceedings of the National Academy of Sciences of the United States of America, 6(6): 275.

Pierre-François V. 1838. Notice sur la loi que la population suit dans son accroissement. Correspondance Mathmatique et Physique, 10: 113-121.

Postnikov E B. 2020. Estimation of COVID-19 dynamics "on a back-of-envelope": Does the simplest SIR model provide quantitative parameters and predictions?. Chaos, Solitons & Fractals, 135: 109841.

Rocha L S, Rocha F S A, Souza T T P. 2017. Is the public sector of your country a diffusion borrower? Empirical evidence from Brazil. PLoS one, 12(10): e0185257.

Yin X, Zelenay P. 2018. Kinetic models for the degradation mechanisms of PGM-free ORR catalysts. ECS Transactions, 85(13): 1239.

Yukalov V I, Yukalova E P, Sornette D. 2009. Punctuated evolution due to delayed carrying capacity. Physica D: Nonlinear Phenomena, 238(17): 1752-1767.

作者简介

王明珠

中国科学院科技战略咨询研究院博士研究生，主要研究方向为网络舆情、传播动力学、演化博弈。

E-mail: wangmingzhu19@mails.ucas.ac.cn

作者简介

刘怡君

中国科学院科技战略咨询研究院研究员、博士生导师。主要从事风险管理与社会治理、可持续发展等研究。担任中国科学院科技战略咨询研究院社会治理与风险研究中心主任，中国发展战略学研究会社会战略专业委员会秘书长，全国风险管理标准化技术委员会（SAC/TC310）委员，中国科学院青年创新促进会会员，北京市朝阳区应急办专家等。先后主持5项国家自然科学基金、中国科学院方向性创新项目，中国科学院创新团队项目等。

E-mail: yijunliu@casisd.cn

企业治理中的企业社会责任绩效大数据研究

——聚焦女性领导力特质影响

齐丽云 郑皓心 尚 可

> **摘要**
>
> 不同性别的领导者具有不同的社会倾向,对于企业社会责任活动的敏感度也不同。目前已有学者证实了董事会中女性的参与对企业社会责任有正向影响,但是却没有揭示其根源。本研究致力于研究女性领导在生物学和社会学方面的特质,进而探讨其对于企业社会责任的积极影响。首先,开发并验证了具有中国情景的女性领导力特质的量表;其次,验证了女性领导力特质对于企业社会责任绩效的影响;最后,进一步探讨了企业社会责任管理在女性领导力特质与企业社会责任绩效影响之间的中介作用。
>
> **关键词**:企业治理、企业社会责任、领导力、大数据

1 引言

21世纪初国际上爆出以安然和世通为代表的一系列上市公司的财务丑闻,以及 2008 年由雷曼兄弟骤然倒闭引发的席卷全球的金融危机,引发了国际社会对公司治理,尤其是董事会构成与企业社会责任(corporate social responsibility,CSR)之间关系的争论与反思(Terjesen et al., 2009)。有学者质疑男性主导的同质化董事会是导致公司财务丑闻和金融危机的重要原因(Adams and Funk, 2012)。相较于男性,女性具有风险厌恶(Barber and Odean, 2001)、不过度自信(Lundeberg et al., 1994)等内在特质。因此,国际社会要求董事会性别多元化的呼声也日益高涨。在中国,2011 年 7 月 30 日,国务院印发了《中国妇女发展纲要(2011—2020 年)》,要求"企业董事会、监

事会成员及管理层中女性比例逐步提高",越来越多的女性开始参与到企业管理中。截至 2018 年 3 月 7 日,中国 A 股共有 174 家上市公司董事长为女性,瀚纳仕发布的《2016 瀚纳仕亚洲薪酬指南》显示,在中国(不包括港澳台地区),女性担任管理层职位的数量比例为 32%,在亚洲仅次于马来西亚(37%)。

近年来,女性董事对企业绩效的积极作用和影响也成了学术界研究的热点问题之一。在国外,一方面探讨了女性董事对决策过程有效性的影响,研究发现,女性董事履行职责比男性董事要好,出席率高,且女性董事比例越高,男性董事参会情况就会越好(Adams and Ferreira, 2009)。另一方面探讨了女性董事对高管团队的牵制和监督作用,研究发现,女性董事基于"权利分享"的领导特质,有利于降低首席执行官(CEO)的支配性,提高公司治理水平(Bradshaw et al., 1992)。除此之外还探讨了女性董事对企业绩效的影响。大量研究发现女性董事与净资产收益率(ROE)存在正相关关系(Lückerath-Rovers, 2013)。Carter 和 Simpson(2003)的研究发现女性在董事会中的比例与公司价值呈正相关,但 Lückerath-Rovers(2013)的研究并没有发现二者有明显的关系,Joecks 等(2012)研究还发现,女性董事数量比例与企业财务绩效呈 U 形关系。总体来说,该方面研究较多,而结论差异较大。在中国,对女性董事与企业绩效关系的研究主要从企业财务绩效的视角出发,且研究结果也有较大的差异。同时,一些研究表明男性与女性在道德导向上存在显著差异,女性比男性更倾向于采用伦理判断来识别处境,并且采取更具道德的行为(Albaum and Peterson, 2006)。显然,女性倾向于道德伦理的思维方式能够对 CSR 实践起到积极的作用(Boulouta, 2013;黄荷暑和周泽将,2015;Rao and Tilt, 2016)。

现有研究发现女性领导者会对 CSR 实践起到促进作用。在理论研究层面,以往学者多基于传统的委托代理理论、利益相关者理论探讨女性领导者与 CSR 实践(绩效)的关系问题(Francoeur et al., 2008)。利益相关者理论关注的是利益相关者诉求的满足、企业与利益相关者的关系共建问题。这些理论对认知女性董事对企业绩效的影响是有局限的(Nielsen and Huse, 2010),所解释的问题更倾向于结果层面,更多关注于其所产生的效果,无法真正明晰女性领导者异于男性领导者的生物学特点和社会学特点,尚未对如何促进 CSR 发展做出根源性揭示。在实证研究层面,现有研究大体可分为两类:一类研究,从女性董事数量、比例、出勤次数等维度探究其对于 CSR 的影响(Bear et al., 2010);另一类研究,从女性董事的基本信息背景层面探讨其对于 CSR 的影响,认为由于背景和资源的不同,女性董事增加了团队的异质性,进而影响 CSR。例如,女性董事往往具有法律、教育和非营利部门的工作背景,拥有高等学历(Burgess and Tharenou, 2002),享有较高声誉资本等。总体来看,已有研究的维度大多停留在数量特征和基本社会身份特征层面,不足以全面解释女性与男性领导力特质方面存在的根本性差异,更无法剖析女性领导力特质对 CSR 产生的实质影响及根源。

近年来,对于女性领导力特质问题的探讨逐渐兴起。例如,范黎波等

（2017）的研究表明女性领导力特质对团队氛围和员工绩效具有正向的支持作用，能够促进良好团队氛围的形成。Willemsen（2002）研究发现，与男性相比，女性在细心度、敏锐性与情感表达等方面具有优势，这些独特的性格特征为企业创新增添了活力。但是，所提出的这些特质是否可以有效区别女性和男性领导者的差异，研究并没有给出相应的证明和解释。同时，也鲜有探讨女性领导力特质与 CSR 实践（绩效）关系的研究。

中国女性与西方女性由于文化的差异，其所呈现的性格特质同样存在差异，从中国和西方的文学源头《诗经》和《希腊神话》中能够发现，中国女性较西方女性更加温润、包容，西方女性性格更加发散、张扬、奔放（孙思尧，2014）。随着时代的发展，中国社会对待女性的传统观念正发生着悄然的变化，中国女性在男性主宰的商业社会中占有越来越重要的席位，先期研究则表明，以男性为主导的商界中，女性已经开始逐步拥有了建议权、表决权和决策权。2016 年《国际商业调查报告》显示，中国企业女高管比例增加至 30%，高于 24%的全球水平，排全球第 9 位。在中国女性领导崛起的背景下，对于其特质的研究是具有现实与理论意义的，因此本文主要从中国情景出发，探究女性领导力特质对 CSR 绩效的直接与间接影响机制。

2 概念界定与假设提出

2.1 女性领导力特质的概念界定

在管理领域，Kanter（1977）首先提出组织分析中的盲区，引出性别因素在组织生活中对领导力及权力影响的讨论。Helgesen（1990）正式提出女性领导风格，她认为女性能够成为很好的领导者，女性的领导风格以其包容性展现出更出色的人际交往技能、教养和敏感性，因此，相较于男性，女性的领导方式往往更有效且更具更人性化。相比男性更加专断、命令的特点，女性往往更加倾向于民主参与的方式（Eagly and Carlib，2003）。西方学者将女性领导力分为变革型、启发型和重心平衡型，其中变革型被学者更广泛地认同与接受。变革型领导的研究中，以 Bass（1985）的研究最为著名，他指出变革型领导通过让员工意识到所承担任务的重要意义，激发其高层次需要，促使下属为了组织和团队的利益超越私利，比原来的期望更加努力工作。进一步，Bass 和 Avolto（1990）提出了变革型领导的"4I"模型，即理想化影响（individualized consideration）、智力刺激（intellectual stimulation）、鼓舞性激励（inspirational motivation）和个性化关怀（individualized consideration），这也是变革型领导研究中应用最为广泛的研究模型。Rosener（1990）率先提出，成功的女性领导者是变革型领导。Druskat（1994）、Carless（1998）、Eagly 和 Carlib（2003）等学者的研究均认为女性比男性领导表现出更多的变革型领导行为。然而对于女性领导力特质，目前尚未有被一致认可的定义，从广义来说，是指女性领导者所具备的共同特征，包括生理、心理、行为、观念、态度等。女性领导力特质指女性领导者在组织情境中进行领导活动体现出的区别于男性领导者的、显著的内在条件和特殊本领。

女性领导的成长与其国家的社会、历史、文化等因素有着密切的联系。中国早先的自然经济产生的"男耕女织"的性别分工模式曾经严重束缚妇女走向社会。中国的传统文化将女性定位于家庭角色，强化了男性的社会角色，很大程度上限制了女性自我意识的发展，这也为女性参与领导构成心理与现实障碍。近些年来，随着中国经济的发展，中国女性的经济与社会地位逐步提高，2011 年《财富》评选出的全球最具影响力的 50 位商界女性中，来自中国（包括港澳台地区）的上榜女性有 10 位。因此，社会各界与学术界对中国女性领导的研究开始投入了更多的关注。中国女性领导者所具有的特质主要表现在沟通能力强、领导风格柔性化、亲和力高、心思细腻、严谨、有同情心、灵活。与西方研究成果的明显区别表现在：中国学者更加关注于女性领导者性格、心理以及思维方式上区别于男性的特质，而西方学者更加关注于女性与男性在行为上的结果导向。

从实证的角度，Bass（1985）开发的根据变革型领导理论测量领导模式的多因素领导量表（multifactor leadership questionnaire，MLQ），成为学者们对女性领导力特质进行测量的基础。目前，多数中国学者更多关注于女性领导力特质的理论探讨，实证研究相对不足。与多数西方学者一样，众多中国学者同样认为女性的领导风格更加倾向于变革型领导。虽然对于如何衡量变革型领导的维度学术界尚未形成统一定论，但大多数中国学者的研究都是基于 Bass 的变革型领导理论进行的扩展。例如，李超平和时勘（2005）在 Bass 研究基础上，提出加入"德行垂范"这一适用于中国国情的新维度，开发出基于中国国情的领导行为测量量表。史洁慧（2017）又在李超平和时勘（2005）等学者的研究基础之上，提出基于变革型领导风格的女性领导力特质测量量表，进一步完善了测量题项。范黎波等（2017）采用学者史洁慧（2017）提出的五个女性领导力特质测量变量，完善和修订测量量表。总之，我国学者多是基于 Bass 的研究展开的基于中国国情的进一步探讨。同时，Maher（1997）等学者的研究发现，在变革型领导行为方面，男女并无显著差异。Hackman 等（1992）的研究证实变革型领导与女性和男性的特征正相关，变革型领导可能采取双性化的风格。另外，男性领导者在某些变革型领导风格特征方面的表现并不弱于女性（Maher，1997）。因此，"女性领导能否等同于变革型领导"这一观点本身就存在争议，由此仅将变革型领导风格特征作为女性领导力特质的测量变量存在明显不足。

因此，本研究中女性领导力特质的提出，第一，充分考虑了男性与女性在生物根源与社会根源上的差异，本研究以 Goldberg（1993）所提出的人格五因素（five-factor personality inventory，FFPI）模型为基础；第二，学者尝试探讨性格特征与变革型领导之间的关系，结果发现很多的性格特征可以预测变革型领导（Judge and Bono，2000），因此，本研究充分融合了 Bass 和 Avolto（1992）关于变革型领导理论的研究成果；第三，在中国特殊国情背景下，中国女性领导由于受传统思想与社会制度的熏陶和影响，具备同西方女性不同的性格特质，中国女性更加关注于群体、隐忍、内敛，西方女性更加关注于个人、独立、个性（孙思尧，2014），本研究也充分吸收了中国学者的相关研究成果（李超平和时勘，2005；史洁慧，2017；范黎波等，2017）。最后，将女性的领导力特质概括为：柔性领导魅力、洞察力与创造性、工作启发能力、人文关怀能力、道德感知能力。

2.2 女性领导力特质与企业社会责任绩效

针对女性领导力特质与 CSR 关系的研究兴起于 20 世纪 80 年代，最初主要关注女性领导力特质对企业慈善行为、企业财务绩效的影响。例如，Wang 和 Coffey（1992）研究发现董事会中女性和少数董事的比例与公司慈善事业呈正相关。女性主义关怀伦理学认为女性与男性相比更具有关怀主义情怀，其主张男女在道德导向上是存在显著差异的。由于性别的角色差异和女性的移情动机，相比较男性，女性更具有公共性，具有更强的社会导向（Eagly and Mladinic，1989），更奉行一种重视关系和责任的关怀伦理（Albaum and Peterson，2006）。女性由于关怀伦理的主张，往往具有较高的道德水平，会给予那些所处境况较差的人以同情和帮助。基于"移情关怀"的分析，企业管理层性别多元化程度越高，越有可能做出慈善关怀和实践。Willemsen（2012）调查了慈善捐赠方面的性别差距，研究发现移情在解释二者差距方面扮演了重要作用，相比较男性，女性更可能因为移情动机对扶贫组织进行捐赠和提供志愿者服务。因此，女性领导者会对工作中的 CSR 等"软"问题更加关注（Boulouta，2013），对 CSR 活动更加敏感（Wang and Coffey，1992），乃至影响整个管理团队对于 CSR 的认知，进而对 CSR 实践和绩效产生积极的实质性影响。具体而言，女性特有的人格特质是女性领导能够影响 CSR 履行与发展的内在原因（生物根源）。女性领导要担任多重角色，领导、妻子、母亲、女儿等，女性领导的多重角色在人生阶段相互重叠。正是由于女性具备多重角色，需要在不同的社会身份间自由转换，因此更能够从多个视角去考虑、关注利益相关者的诉求，从而关注 CSR 相关问题。这是女性与男性相异的重要社会特征（社会根源）。

现有文献关于女性领导力特质与 CSR 关系的研究可分为两方面：一方面是女性领导力特质对 CSR 整体的影响，大部分研究支持女性领导力特质对 CSR 发展有积极影响。Bear 等（2010）根据《财富》杂志 2009 年度最受尊敬的公司名单及 KLD 数据库中对应的 CSR 评级信息，发现女性高管比例与 CSR 的评级正相关。Boulouta（2013）研究发现管理层性别多元化与 CSR 绩效显著正相关。黄荷暑和周泽将（2015）的研究表明，女性高管人数与企业社会责任信息披露水平显著正相关。也有学者认为女性领导力的某些特质与 CSR 绩效之间的关系并非简单的线性关系，而是存在着更加复杂的影响模式，如翟华云和刘小文（2015）发现女性高管比例与 CSR 绩效之间呈现出正 U 形的关系。另一方面是女性领导力特质对 CSR 的某一具体的主题产生影响，包括女性领导力特质与股东责任（Lückerath-Rovers，2013）、员工责任、环境责任、客户责任、慈善责任等。除此之外，还有学者关注女性领导力与 CSR 关系受到内、外部情境因素影响的差异性问题。例如，Smith 等（2006）研究发现女性董事受教育程度较高时，其对公司绩效的积极效应更加显著。Joecks 等（2013）研究认为女性董事数量达到关键多数的 30%时，女性董事和公司绩效才呈现正相关关系。基于此，本研究提出以下假设。

H1：女性领导力特质对 CSR 绩效的提升有正向的影响。
H1a：柔性领导魅力对 CSR 绩效的提升有正向的影响。
H1b：洞察力与创造性对 CSR 绩效的提升有正向的影响。
H1c：工作启发能力对 CSR 绩效的提升有正向的影响。
H1d：人文关怀能力对 CSR 绩效的提升有正向的影响。
H1e：道德感知能力对 CSR 绩效的提升有正向的影响。

2.3 企业社会责任管理的中介作用

在关注女性领导力特质影响 CSR 绩效的主效应的同时，有学者也提出了女性领导力特质影响 CSR 的问题，重要的不是简单的是与否的问题，而是女性领导力特质如何发挥作用的问题（Huse and Solberg，2006）。根据理性行为理论，认知对行为有影响。企业在面对利益相关者时，需要考虑他们的利益，以获得其支持来维持长久经营。而利益相关者为了能够从企业获得更多的价值，会趋向于要求企业承担社会责任，产生多元化的诉求。在企业与利益相关者的交互过程中，男性领导更多关注企业的经济利益和定量任务（Huse and Solberg，2006）；女性领导的管理风格中蕴含着人文关怀、道德取向，更关注需要帮助的人，因此对不同利益相关者的诉求十分敏感（屈美丽，2014），会更多关注定性类任务，如战略和 CSR 控制，其自身的道德倾向会更加重视企业的 CSR 实践。

企业高层管理层作为企业的决策主体，其领导力特质对企业管理和发展有着重要影响。在工作中，高层管理者能够帮助企业完善责任管理的有关制度和督促工作落实，使非结构化的知识成为结构化、系统化的管理体系。女性领导在进行管理决策时，会有意或无意地把是否有利于 CSR 发展当作一个重要的决策依据，以使企业的决策具有社会性，其对 CSR 的认知势必会对 CSR 管理产生重要影响。CSR 绩效的提升要通过 CSR 管理展开具体层面的实施，因此 CSR 管理的水平会直接对 CSR 绩效表现产生影响，CSR 管理体系的完善与否是 CSR 绩效表现好坏的直接助力因素。

本研究致力于探讨女性领导力特质对 CSR 绩效的影响关系，这是一个复杂的系统问题，女性领导力特质是由女性自身所蕴含的一系列性格特质及其生存环境共同造就的，CSR 管理是企业管理者内在特质在组织管理中的外在体现，CSR 绩效是企业一系列社会责任实践的最终成果。

CSR 管理的实质是关于企业战略的决策行为。不同学者从不同角度对 CSR 管理做出了解释。Frigo（2002）强调 CSR 管理的本质，认为 CSR 管理是一种综合管理模式和指导原则，是促进企业与利益相关者沟通、提升企业综合价值的决策、实施及控制流程。国际认证联盟颁布的"社会责任管理体系"标准强调 CSR 管理的目标和流程，提到"CSR 管理是企业对市场、员工、环境及社会的责任管理整合"。李伟阳和肖红军（2010）强调 CSR 管理的目标和动力，指出 CSR 管理是企业在追求社会责任价值的同时，通过激发企业的社会价值创造潜能，有效管理对社会和环境的作用，最大化实现经济、社会和环境综合价值的管理模式。遵循上述管理内涵的分析逻辑，本研究认为 CSR 管理是一种以可持续发展为目标的管理方式与管理工具，是决策制定与决策实施的过程。本研究借鉴学者殷格非（2008）的观点，将 CSR 管理划分为 CSR 体系构建和 CSR 体系实施。CSR 体系构建具体包括确立 CSR 理念、建立 CSR 战略目标、制定 CSR 实践指南、成立 CSR 领导机构；CSR 体系实施具体包括与利益相关者沟通、客观披露 CSR 信息、监控 CSR 实践、推动 CSR 发展。

基于此，本研究提出以下假设。

H2：女性领导力特质会通过 CSR 体系构建正向影响 CSR 绩效的提升。
H2a：柔性领导魅力会通过 CSR 体系构建正向影响 CSR 绩效的提升。
H2b：洞察力与创造性会通过 CSR 体系构建正向影响 CSR 绩效的提升。
H2c：工作启发能力会通过 CSR 体系构建正向影响 CSR 绩效的提升。
H2d：人文关怀能力会通过 CSR 体系构建正向影响 CSR 绩效的提升。
H2e：道德感知能力会通过 CSR 体系构建正向影响 CSR 绩效的提升。
H3：女性领导力特质会通过 CSR 体系实施正向影响 CSR 绩效的提升。
H3a：柔性领导魅力会通过 CSR 体系实施正向影响 CSR 绩效的提升。
H3b：洞察力与创造性会通过 CSR 体系实施正向影响 CSR 绩效的提升。
H3c：工作启发能力会通过 CSR 体系实施正向影响 CSR 绩效的提升。
H3d：人文关怀能力会通过 CSR 体系实施正向影响 CSR 绩效的提升。
H3e：道德感知能力会通过 CSR 体系实施正向影响 CSR 绩效的提升。

3 数据获取与预测试

3.1 描述性统计分析

本次问卷共发放 220 份，其中高级管理者 114 人，中级管理者 67 人，基层管理者 39 人，主要包含制造业，交通运输行业、仓储业和邮政业等。41.8%的企业是国有企业，民营企业占 24.5%。所有的管理者平均在职年限为 6.5 年。详细情况如表 1 所示。

表 1　受试者人口统计变量　　　　　　　　　（单位：%）

变量	描述指标	比例	描述指标	比例
性别	男	50.0	女	50.0
年龄	25 岁及以下	3.6	36~40 岁	33.6
	26~30 岁	12.3	41~45 岁	15.5
	31~35 岁	28.2	46 岁及以上	6.8
学历	博士	15.9	大专	3.6
	硕士	47.7	大专以下	2.3
	本科	30.5		
负责部门	全面负责	17.3	人力资源	9.1
	技术研发	16.8	市场营销	16.8
	生产制造	15.5	其他	14.5
	财务部门	10.0		
职位级别	高层管理者	51.8	基层管理者	17.7
	中层管理者	30.5		
任职年限	0~10 年	81.9	21~30 年	2.7
	11~20 年	14.5	30 年以上	0.9
企业性质	国有企业	41.8	三资企业	2.3
	集体企业	1.8	民营企业	24.5
	股份合作企业	22.7	其他	6.9
行业性质	制造业	20.5	批发和零售业	3.2
	信息运输、计算机服务和软件业	7.3	交通运输、仓储业和邮政业	10.9
	金融保险业	11.8	房地产业	3.6
	科研、技术服务和地质勘查业	10.5	食品业	8.2
	文化、体育、娱乐业	8.6	其他	14.5
	卫生、社会保障和社会服务业	0.9		

3.2　问卷发放

研究过程中，首先给填答者发邮件告知相关注意事项，以及活动参与同意书。所有的问卷采取在线填答的方式。

3.3　信度和效度检验

对女性领导力特质量表进行信度检验，以 SMC（信度）、CR（组合信度）、AVE 指数、α 指数为参考依据。检验中发现道德感知能力维度下题项"DD1：无论工作环境多么令人厌倦，小王也总是关心同事、礼貌待人"，CICT

系数为0.285<0.3（最低标准），当该题项被删除后，α系数可以提升到0.836，因此删除该题项。第一次探索性因子分析发现人文关怀能力维度下的题项GH1归类和原理论量表不同，难以同"工作启发能力"维度下的题项区分开，易对研究结果造成误差，因此删除该题项，删除后所有题项在单一维度的因子负荷均大于0.5。验证性因子分析中α>0.7，SMC>0.5，CR>0.7，AVE>0.5。因此说明该量表具有良好的信度。在去除不符合要求的题项后，重新进行信度检验的结果如表2所示。

表2 领导力特质量表的信度检验

项目	题项代码	标准化因子负荷	标准化误差	SMC	CR	AVE指数	α指数
柔性领导魅力（ML）	ML1	0.81	0.35	0.65	0.86	0.61	0.86
	ML2	0.82	0.33	0.67			
	ML3	0.79	0.38	0.62			
	ML4	0.71	0.48	0.51			
洞察力与创造性（JL）	JL1	0.77	0.41	0.59	0.82	0.60	0.82
	JL2	0.77	0.40	0.60			
	JL3	0.78	0.38	0.62			
工作启发能力（QF）	QF1	0.79	0.38	0.62	0.88	0.65	0.88
	QF2	0.75	0.44	0.56			
	QF3	0.85	0.29	0.71			
	QF4	0.84	0.30	0.70			
人文关怀能力（GH）	GH2	0.72	0.48	0.52	0.78	0.54	0.78
	GH3	0.74	0.45	0.55			
	GH4	0.75	0.43	0.57			
道德感知能力（DD）	DD2	0.74	0.45	0.55	0.84	0.64	0.84
	DD3	0.73	0.47	0.53			
	DD4	0.88	0.14	0.85			

对CSR绩效量表进行信度检验，以SMC、CR、AVE指数、α指数为参考依据。经探索性因子分析发现员工责任维度下的题项"YG6：公司设有完善的员工职业发展规划，并有效实施"归类和原理论量表不同，无法同公益责任维度下的题项做出区分，易对结果产生误差，同时，市场责任维度下的题项"SC5：股东利益"因子负荷小于0.5，归类也和原理论量表不同，故将YG6和SC5删除，删除后，每个题项在单一维度的因子负荷均大于0.5。验证性因子分析中剩余所有题项均通过检验，α>0.8，SMC>0.5，CR>0.8，AVE>0.5。因此说明该量表具有良好的信度。在去除不符合要求的题项后，重新进行信度检验的结果如表3所示。

表 3 CSR 绩效问卷的信度校验

项目	题项代码	标准化因子负荷	标准化误差	SMC	CR	AVE 指数	α 指数
市场责任（SC）	SC1	0.79	0.38	0.62	0.87	0.63	0.82
	SC2	0.88	0.23	0.77			
	SC3	0.75	0.43	0.57			
	SC4	0.74	0.45	0.55			
员工责任（YG）	YG1	0.82	0.33	0.67	0.88	0.59	0.87
	YG2	0.76	0.43	0.57			
	YG3	0.74	0.45	0.55			
	YG4	0.71	0.49	0.51			
	YG5	0.80	0.36	0.64			
环境责任（HJ）	HJ1	0.79	0.37	0.63	0.90	0.69	0.90
	HJ2	0.84	0.30	0.70			
	HJ3	0.87	0.24	0.76			
	HJ4	0.82	0.33	0.67			
公益责任（GY）	GY1	0.77	0.41	0.59	0.88	0.65	0.87
	GY2	0.76	0.43	0.57			
	GY3	0.84	0.29	0.71			
	GY4	0.86	0.26	0.74			

对 CSR 管理量表进行信度检验，以 SMC、CR、AVE 指数、α 指数为参考依据。检验中，所有题项均通过统计要求，α>0.8，SMC>0.5，CR>0.8，AVE>0.6，因此说明该量表具有良好的信度，检验结果如表 4 所示。

表 4 CSR 管理问卷的信度检验

项目	题项代码	标准化因子负荷	标准化误差	SMC	CR	AVE 指数	α 指数
CSR 体系构建（TXGJ）	TXGJ1	0.89	0.21	0.79	0.89	0.68	0.89
	TXGJ2	0.87	0.24	0.76			
	TXGJ3	0.75	0.44	0.56			
	TXGJ4	0.78	0.40	0.60			
CSR 体系实施（TXSS）	TXSS1	0.73	0.46	0.54	0.93	0.70	0.93
	TXSS2	0.86	0.26	0.74			
	TXSS3	0.88	0.22	0.78			
	TXSS4	0.79	0.37	0.63			
	TXSS5	0.93	0.14	0.86			
	TXSS6	0.81	0.34	0.66			

使用 SPSS19.0 对各变量的相关系数进行计算，如表 5 所示。假设的每两个

变量的相关关系中，除了"洞察力与创造性"（JL）与"CSR 体系构建"（TXGJ）间的相关系数在 0.05 的水平下具有统计意义外，其余各变量间的相关系数均在 0.01 的水平下具有统计意义。因此，研究原始的假设得到了基本验证。

表 5 相关性分析结果

	均值	标准差	ML	JL	QF	GH	DD	TXGJ	TXSS	CSRP
ML	4.025	0.592	1							
JL	3.685	0.823	0.218**	1						
QF	4.166	0.630	0.284**	0.203**	1					
GH	3.812	0.625	0.259**	0.330**	0.255**	1				
DD	4.197	0.554	0.302**	0.230**	0.589**	0.243**	1			
TXGJ	3.966	0.821	0.424**	0.233*	0.601**	0.421**	0.454**	1		
TXSS	3.770	0.895	0.583**	0.276**	0.569**	0.488**	0.497**	0.708**	1	
CSRP	4.019	0.666	0.597**	0.424**	0.697**	0.569**	0.649**	0.650**	0.736**	1

**表示在 0.01 的水平下显著相关；*表示在 0.05 的水平下显著相关。

注：CSRP 指企业责任绩效。

3.4 女性领导力特质的检验

CRITIC 赋权法是基于指标的对比强度和指标之间的冲突性来衡量指标的客观权重（王昆和宋海洲，2003）。本文采用 CRITIC 赋权法计算得到领导力特质各维度及各测量题项的权重，如表 6 所示。

表 6 领导力特质各维度的权重

维度	维度权重	题项	题项权重
柔性领导魅力（ML）	0.2242	ML1	0.0575
		ML2	0.0581
		ML3	0.0558
		ML4	0.0528
洞察力与创造性（JL）	0.2139	JL1	0.0628
		JL2	0.0867
		JL3	0.0644
工作启发能力（QF）	0.2252	QF1	0.0533
		QF2	0.0606
		QF3	0.0572
		QF4	0.0541
人文关怀能力（GH）	0.1769	GH2	0.0615
		GH3	0.0608
		GH4	0.0547
道德感知能力（DD）	0.1598	DD2	0.0521
		DD3	0.0549
		DD4	0.0528

依据权重计算结果，分别计算五种领导力特质的得分，设 s_j 为第 j 个评价对象的题项得分，W_i 为第 i 个题项的均方差权重，x_{ij} 为第 i 个题项第 j 个样本的标准化得分，则

$$s_j = \sum_{i=1}^{m} W_i x_{ij} \tag{1}$$

式（1）表示第 j 个评价对象的题项加权得分。

利用上述方法，分别计算出每个调研对象五种领导力特质上的得分，并换算成百分制，由于篇幅有限，个体对象得分在此不再进行展示。依据样本对象的得分，分别计算出男性样本与女性样本各题项、各维度以及领导力特质的总体得分均值，如表 7 所示。

表 7　不同领导力特质维度的男女对比　　（单位：分）

整体	女性	男性	维度	女性	男性	题项	女性	男性
领导力特质	73.55	55.08	柔性领导魅力（ML）	16.94	13.60	ML1	4.33	3.42
						ML2	4.37	3.59
						ML3	4.22	3.30
						ML4	4.02	3.29
			洞察力与创造性（JL）	14.18	10.72	JL1	4.37	3.17
						JL2	5.11	3.96
						JL3	4.70	3.59
			工作启发能力（QF）	17.78	13.00	QF1	4.41	3.25
						QF2	4.19	2.94
						QF3	4.71	3.48
						QF4	4.47	3.33
			人文关怀能力（GH）	11.89	7.87	GH2	5.00	3.51
						GH3	3.66	2.39
						GH4	3.23	1.97
			道德感知能力（DD）	12.76	9.89	DD2	4.20	3.07
						DD3	4.19	3.40
						DD4	4.37	3.42

计算结果显示，女性领导在五种特质上的总得分（73.55 分）高于男性（55.08 分）33.53%，由表 7 能够看到，女性在"柔性领导魅力""洞察力与创造性""工作启发能力""人文关怀能力""道德感知能力"这五种领导力特质上的得分依次高于男性 24.56%、32.28%、36.77%、51.08% 和 29.02%。其中，在"工作启发能力""人文关怀能力"两种特质上的表现差异最大。宇长春（2006）实证指出，女性领导更强调下属的参与和下属自我价值的实现，男性领导更强调职权和指挥控制。本研究进一步证实了该观点，即男性高管更倾向与下

属维持相对较远的距离，更看重工作的结果。而女性不仅要关注完成工作的质量、效率和成果，也同样要关注下属或同事完成工作的过程，在必要时给予关注和指导，与下属或同事共同努力。女性在情感的感知和表达方面具有男性无法比拟的优势，她们能设身处地感受别人的痛苦，具有更强的共情能力。本研究则从实证层面验证了这一观点，相比于男性更多地将精力放在"事"上，女性领导者更加重视人文关怀，将目光更多地聚焦在"人"，期望实现"人"与"事"的和谐共赢。

4 模型验证

4.1 女性领导力特质对 CSR 绩效的影响分析

使用 SPSS19.0 对因变量与自变量进行回归分析，如表 8 所示。

表 8 CSR 绩效对女性领导力特质的回归分析

模型	非标准化系数 β	标准误差	标准系数	t	Sig.	共线性统计量 容差	VIF
（常量）	-3.478×10^{-5}	0.005		-0.007	0.994		
ML	0.403	0.035	0.343***	11.522	0.000	0.851	1.175
JL	0.282	0.025	0.333***	11.348	0.000	0.873	1.146
QF	0.414	0.039	0.374***	10.672	0.000	0.612	1.633
GH	0.236	0.031	0.235***	7.591	0.000	0.784	1.276
DD	0.349	0.043	0.278***	8.036	0.000	0.630	1.587

***表示 $P<0.001$。

由表 8 数据可知，自变量"柔性领导魅力（$\beta=0.343$）""洞察力与创造性（$\beta=0.333$）""工作启发能力（$\beta=0.374$）""人文关怀能力（$\beta=0.235$）""道德感知能力（$\beta=0.278$）"对因变量"CSR 绩效"的影响均在 0.001 水平上显著，女性领导力的五种特质对 CSR 绩效的提升有着显著的正向影响，即假设 H1 成立。

由于性别角色差异和女性移情动机，相比男性，女性领导有更强的社会导向，对 CSR 活动更加敏感。Boulouta（2013）、黄荷暑和周泽将（2015）等学者虽证实了女性领导的参与能够对 CSR 产生积极影响，但却未对其本质原因进行深入探究。本研究从实证角度出发，着眼于女性受生理与社会因素影响所形成的领导力特质，剖析了女性领导力特质对 CSR 的影响过程，进一步丰富、明晰了女性领导力对于 CSR 所产生影响的原因。女性亲和性、启发性的人格特质造就了女性善于激励、关怀和启发组织成员的领导特质，使其能够更加关注其他利益相关者的需求。大量研究支持了女性比男性更倾向于采用伦理判断来识别处境，并且采取更具道德行为的结论（Albaum and Peterson，2006）。本研究则对女性的伦理道德倾向同 CSR 绩效之间的关系进行了验证，即本研究中女性领导力特质中的道德感知能力对 CSR 绩效的影响,研究表明女性领导的道德责任感,使其更加关注过程,而非结果导向,同时其更乐于关注职业道德与价值观,也会为组织成员树立良好的道德榜样,鼓励他人积极参与到 CSR 实践中。

同时,研究发现女性领导者大多拥有高学历、具有精进的专业知识和从业经验,对相关领域了解更为深入。在被调研的女性样本中,有 1/3 的女性领导者是公司慈善活动中的积极分子。女性与男性在同等客观条件下竞争,往往需要有更加优秀的条件和资历才能够胜出。因此,女性领导者往往需要具备更高的素质,专业素质与女性特质的综合作用,使得女性领导者往往会采取更长远的目光关注 CSR 相关问题。

4.2 CSR 管理在女性领导力特质对 CSR 绩效影响间的中介作用

利用 SPSS19.0 软件,根据温忠麟等(2004)的中介效应检验程序,验证 CSR 管理在女性领导力特质与 CSR 绩效关系中的中介作用。检验过程如表 9~表 12 所示,首先进行女性领导力特质与 CSR 绩效的回归分析,结果如表 8 所示,回归系数显著;随后进行 CSR 管理(CSR 体系构建和 CSR 体系实施)对女性领导力特质的回归分析,以及 CSR 绩效对女性领导力特质和 CSR 管理(CSR 体系构建和 CSR 体系实施)的回归分析。最终各中介效应路径检验结果汇总如表 13 所示。

表 9　CSR 体系构建对女性领导力特质的回归分析(系数 a_{1j})

模型		非标准化系数		标准系数	t	Sig.	共线性统计量	
		β	标准误差				容差	VIF
1	(常量)	-1.200×10^{-5}	0.014		-0.0001	0.999		
	ML	0.303	0.102	0.219	2.960	0.004	0.851	1.175
	JL	0.162	0.073	0.163	2.231	0.028	0.873	1.146
	QF	0.563	0.113	0.432	4.965	0.000	0.612	1.633
	GH	0.227	0.091	0.191	2.487	0.014	0.784	1.276
	DD	0.149	0.127	0.100	1.171	0.244	0.630	1.587

表 10　CSR 绩效对女性领导力特质和 CSR 体系构建的回归分析(系数 c'_i 和系数 b_{1j})

模型		非标准化系数		标准系数	t	Sig.	共线性统计量	
		β	标准误差				容差	VIF
2	(常量)	-3.527×10^{-5}	0.005		-0.007	0.994		
	ML	0.415	0.036	0.354	11.441	0.000	0.785	1.274
	JL	0.289	0.025	0.341	11.381	0.000	0.833	1.201
	QF	0.437	0.043	0.396	10.166	0.000	0.495	2.020
	GH	0.245	0.032	0.245	7.689	0.000	0.740	1.352
	DD	0.356	0.044	0.283	8.146	0.000	0.622	1.608
	TXGJ	-0.042	0.033	-0.049	-1.245	0.216	0.482	2.073

表 11　CSR 体系实施对女性领导力特质的回归分析（系数 a_{2j}）

模型		非标准化系数		标准系数	t	Sig.	共线性统计量	
		β	标准误差				容差	VIF
3	（常量）	3.884×10^{-5}	0.013		0.003	0.998		
	ML	0.584	0.096	0.387	6.069	0.000	0.851	1.175
	JL	0.208	0.068	0.191	3.035	0.003	0.873	1.146
	QF	0.441	0.107	0.311	4.134	0.000	0.612	1.633
	GH	0.283	0.086	0.219	3.305	0.001	0.784	1.276
	DD	0.258	0.120	0.160	2.154	0.034	0.630	1.587

表 12　CSR 绩效对女性领导力特质和 CSR 体系实施的回归分析（系数 c'_j 和系数 b_{2j}）

模型		非标准化系数		标准系数	t	Sig.	共线性统计量	
		β	标准误差				容差	VIF
4	（常量）	-3.289×10^{-5}	0.005		-0.007	0.994		
	ML	0.431	0.041	0.367	10.644	0.000	0.628	1.591
	JL	0.292	0.026	0.345	11.313	0.000	0.802	1.247
	QF	0.435	0.042	0.394	10.447	0.000	0.526	1.902
	GH	0.250	0.033	0.249	7.674	0.000	0.709	1.410
	DD	0.362	0.044	0.288	8.179	0.000	0.603	1.658
	TXSS	-0.049	0.035	-0.062	-1.371	0.174	0.359	2.783

表 13　中介效应校验

类别	中介效应路径	检验结果	效应大小/%
CSR 体系构建	柔性领导魅力、CSR 体系构建、CSR 绩效	部分中介效应	3.13
	洞察力与创造性、CSR 体系构建、CSR 绩效	部分中介效应	2.40
	工作启发能力、CSR 体系构建、CSR 绩效	部分中介效应	5.66
	人文关怀能力、CSR 体系构建、CSR 绩效	部分中介效应	3.98
	道德感知能力、CSR 体系构建、CSR 绩效	无中介效应	
CSR 体系实施	柔性领导魅力、CSR 体系实施、CSR 绩效	部分中介效应	7.00
	洞察力与创造性、CSR 体系实施、CSR 绩效	部分中介效应	3.56
	工作启发能力、CSR 体系实施、CSR 绩效	部分中介效应	5.16
	人文关怀能力、CSR 体系实施、CSR 绩效	部分中介效应	5.78
	道德感知能力、CSR 体系实施、CSR 绩效	部分中介效应	3.57

中介效应检验结果显示，"道德感知能力"对"CSR 体系构建"影响不显著，"CSR 体系构建"在"道德感知能力"与"CSR 绩效"之间不存在中介作

用,即假设 H2e 不成立。其他假设均得到验证。

女性领导者蕴含的特质有助于企业完善自身的 CSR 管理体系,CSR 管理体系的完善又有助于 CSR 实践质量的改善。女性领导者拥有的领导力特质可以增加团队管理的多元化,其特有的柔性领导魅力和管理素质,包括和谐参与、个性关怀、信念激励、道德引导等,不仅能调动团队工作氛围,更是 CSR 体系构建的有力指引和 CSR 体系实施的坚实保障。女性领导者是企业价值观的主导群体之一,其管理素质是决定 CSR 管理优劣的重要因素之一。

5 讨论

本研究提出了女性领导力特质,并验证了其对于 CSR 绩效的影响,以及 CSR 管理的中介作用。

首先,研究所提取的五种领导特质,即柔性领导魅力、洞察力与创造性、工作启发能力、人文关怀能力和道德感知能力,能够有效地区分男性领导和女性领导在生物学、社会学方面的差异。从生物学视角来说,由于在自然生理上存在生物性差异,女性不同于男性的生理特点塑造了女性在性格和心理、思维等诸方面的特性(周敏,2011)。从社会学视角来说,受社会文化的影响,男、女在个性特点和行为倾向中存在着根深蒂固的性别差异(Pierce et al., 2003),女性往往具有利用直觉、不惧风险大胆创新和特殊的社交技巧与高效的沟通等性格特征。

女性领导的柔性领导魅力能够改善组织氛围,提高组织的决策效率;女性领导善于关注细节使其具有较强的洞察力,敏锐发现组织与环境的变化,同时包容、大胆的特质使其更具创造性;另外,其富有启发性的人格特质能够通过对组织成员思想的影响来改善他们的行为,进而改善组织氛围和行为习惯;女性领导的人文关怀能力,能够更充分理解组织成员的工作动机和内在情绪,因此在做出决策时,能够更好地考虑组织成员的诉求。因此,在进行 CSR 相关管理决策时,女性领导的这些特质能够让她们跳脱股东价值最大化的经济思维,更加关注于 CSR 等"软"性问题,并积极参与到那些涉及公司以及利益相关者的战略决策中,进而直接影响 CSR 绩效的提升。

其次,研究厘清了所归纳的五种领导力特质对 CSR 绩效的影响关系。在以男性为主的传统企业中,男性所强调的公正、法律和规则的"硬"形象使他们更愿意将股东的利益放在首位,经济利益最大化是企业追求的最重要目标。然而,企业开展经济活动,不仅是因为它的经济价值,还包括它能为社会发展服务。当企业能够把社会需要和社会问题转化为有利可图的商业机会,CSR 从"赚钱行善"向"行善赚钱"的战略转变也就随之容易实现。将女性纳入管理层,为企业的可持续发展带来一股"柔和谨慎"的力量,促进 CSR 从道德义务向发展战略的根本转变。

最后,研究结果表明女性领导力特质对于 CSR 绩效的影响是一个复杂的过程。作为企业管理决策的主体,女性高管的领导特质通过 CSR 管理的中介效用,对 CSR 绩效有着重要的影响。CSR 管理可以看作一种管理工具或者管理方法,主要致力于企业的可持续发展。

本研究的贡献主要表现在以下三个方面。

首先,探讨女性领导力特质与 CSR 绩效的关系是一个全新的研究视角,综合了生物学、社会学、心理学、伦理学等多学科的理论基础。本研究以女性领导力风格学说、女性主义关怀伦理学为基础,从两性差异的生物根源、社会根源出发,对女性异于男性的特质进行了分析与提取,强调了女性领导力特质的根源独特性。在此基础上,本研究进一步证实了性别多元化的潜在价值。在董事会多元化特征中,性别是最富争议也是最重要的一个因素。虽然越来越多的研究建议女性领导能够有效地影响董事会的决策,尤其是在企业的财务绩效方面,但是对于性别与 CSR 决策的研究仍然不足(Rao and Tilt, 2016)。本研究证明了性别多元化能够显著影响 CSR 绩效,因为女性确实拥有区别于男性的独有特质,而正是这些独有的特质影响了 CSR 的实践。进一步,研究又证明了女性领导力的不同维度的特质对于 CSR 绩效的影响关系。

其次,本研究丰富了该领域的实证研究结果。之前的研究更多关注女性领导力特质对于 CSR 绩效的直接影响。为了进一步探讨女性领导力特质对 CSR 的影响机制,本研究引入了 CSR 管理的概念,将其分为 CSR 系统构建与 CSR 系统实施两个维度,揭示了女性领导力特质是如何影响 CSR 绩效的机制问题。研究强调女性领导力内在特质的"外化"过程,"内"与"外"的结合有效地影响 CSR 绩效水平的提升。

最后,本研究丰富了该领域的研究情景。现有相关研究大多以欧美地区,即美国、英国等国家的大企业为样本,缺乏亚洲国家的研究样本,尤其是在全球经济背景下以中国为代表的新兴和发展中国家样本,难以为董事会性别多元化提供更广泛的意见和建议,近年来中国女性领导力在商界逐渐崛起,探索中国女性领导力特质对 CSR 绩效的研究具有重要意义。同时,也进一步丰富了国外相关理论的情景应用。

本研究的局限主要表现在以下几个方面。

首先,我们的样本主要选自北方的一些大型企业,因此研究结论的普适性有待进一步增强。在中国,国有企业,尤其是以煤炭为主的能源型国有企业,大多分布在北方地区,在南方地区民营企业占据了较大的比例。作为国有企业,产权性质导致其被赋予了除实现经济利益之外的国家利益的职能,并承担许多政策性目标,政府对其履行社会责任的合法性期望较高,从而约束企业行为,促使企业做出更多的社会责任承诺。而这种 CSR 实践更多是依靠政策制度的驱动。民营企业是市场经济发展的产物,其 CSR 实践更加能够满足利益相关者的多方诉求,主要是依靠市场因素驱动。

其次,本研究综合使用了问卷法和二手数据分析方法对女性董事与 CSR 关系进行实证研究,在一定程度上解决了仅仅依据二手数据(上市公司经验数据)

难以明晰女性董事哪些心理和行为特征会对 CSR 产生实际影响的问题。在未来的研究中，需要进一步补充相关的访谈数据、案例数据以及纵向研究数据等，以更加深入剖析女性领导力特质对于 CSR 绩效的影响。

最后，本研究验证了所开发的五个维度的领导力特质在男性领导者和女性领导者之间具有显著的区分。但是对于"领导力特质-CSR 管理-CSR 绩效"这一模型，由于样本数量的局限，尚未进行差异性分析。

参考文献

范黎波，杨金海，史洁慧. 2017. 女性领导力特质对员工绩效的影响研究——基于团队氛围的中介效应. 南京审计大学学报，14(4): 34-43.

黄荷暑，周泽将. 2015. 女性高管、信任环境与企业社会责任信息披露——基于自愿披露社会责任报告 A 股上市公司的经验证据. 审计与经济研究，30(4): 30-39.

李超平，时勘. 2005. 变革型领导的结构与测量. 心理学报，37(6): 803-811.

李伟阳，肖红军. 2010. 全面社会责任管理：新的企业管理模式. 中国工业经济，(1): 114-123.

屈美丽. 2014. 女性董事任职及对公司价值影响研究. 现代商贸工业，26(3): 40-41.

史洁慧. 2017. 女性领导力特质、团队氛围与员工绩效研究. 北京：对外经济贸易大学.

孙思尧. 2014. 从《诗经》中的爱情诗浅析中国女性形象——由东西方文学源头来看东西方女性性格之差异. 青年文学家，19(30): 106.

王昆，宋海洲. 2003. 三种客观权重赋权法的比较分析. 技术经济与管理研究，(6): 48-49.

温忠麟，张雷，侯杰泰，等. 2004. 中介效应检验程序及其应用. 心理学报，36(5): 614-620.

殷格非. 2008. 企业社会责任管理基础教程. 北京：中国人民大学出版社.

宇长春. 2006. 基于个性和动机模式的两性领导风格差异性的实证分析. 首都经济贸易大学学报，8(2): 41-44.

翟华云，刘小文. 2015. 女性高管特征对企业社会责任表现的影响研究——来我国上市公司的经验证据. 财会通讯，(15): 58-63.

周敏. 2011. 女性领导力的特征及其喻义. 山西师大学报：社会科学版，38(5): 120-123.

Adams R B, Ferreira D. 2009. Women in the boardroom and their impact on governance and performance. Journal of Financial Economics, 94(2): 291-309.

Adams R B, Funk P. 2012. Beyond the glass ceiling: Does gender matter? Management Science, 58(2): 219-235.

Albaum G , Peterson R A. 2006. Ethical attitudes of future business leaders do they vary by gender and religiosity?. Business and Society, 45(3): 300-321.

Barber B M, Odean T. 2001. Boys will be boys: Gender, overconfidence, and common stock investment. The Quarterly Journal of Economics, 116(1): 261-292.

Bass B M. 1985. Leadership and Performance beyond Expectations. New York: Free.

Bass B M, Avolto B J. 1990. Developing transformational leadership: 1992 and beyond. Journal of European Industrial Training, 14(5): 21- 27.

Bear S, Rahman N, Post C. 2010. The impact of board diversity and gender composition on corporate social responsibility and firm reputation. Journal of Business Ethics, 97(2): 207-221.

Begley T M, Boyd D P. 1987. A comparison of entrepreneurs and managers of small business firms. Journal of Management, 13(1): 99-108.

Boulouta I. 2013. Hiden connections:The link between board gender diversity and corporate social performance. Journal of Business Ethics, 113(2): 185-197.

Bradshaw P, Murray V, Wolpin J. 1992.Do nonprofit boards make a difference? An exploration of the relationships among board structure, process, and effectiveness. Nonprofit and Voluntary Sector Quarterly, 21(3):227-249.

Burgess Z, Tharenou P. 2002. Women board directors: Characteristics of the few. Journal of Business Ethics, 37(1): 39-49.

Carless S A. 1998. Gender differences in transformational leadership: An examination of superior, leader, and subordinate perspectives. Sex Roles: A Journal of Research, 39(11-12): 887-902.

Carter D A, Simpson W G. 2003. Corporate governance, board diversity, and firm value. Financial Review, 38(1): 33-53.

Druskat V U. 1994. Gender and leadership style: Transformational and transactional leadership in the Roman Catholic Church. The Leadership Quarterly, 5(2): 99-119.

Eagly A H, Carlib L L. 2003. The female leadership advantage: An evaluation of the evidence. Leadership Quarterly, 14(6): 807-834.

Eagly A H, Mladinic A. 1989. Gender stereotypes and attitudes toward women and men. Personality and Social Psychology Bulletin, 15(4): 543-558.

Francoeur C, Labelle R, Sinclair-Desgagné B. 2008. Gender diversity in corporate governance and top management. Journal of Business Ethics, 81(1): 83-95.

Frigo M L. 2002. Nonfinancial performance measures and strategy execution. Strategic Finance, 84(2): 6.

Goldberg L R. 1993. The structure of phenotypic personality traits.American Psychologist, 48(1): 26-34.

Hackman M Z, Furniss A H, Hills M J,et al. 1992. Perceptions of gender-role characteristics and transformational and transactional leadership behaviours. Perceptual and Motor Skills, 75(1): 311-319.

Helgesen S. 1990. The Female Advantage. New York: Bantam Dell Pub Group.

Huse M, Solberg A G. 2006. Gender-related boardroom dynamics: How Scandinavian women make and can make contributions on corporate boards. Women in Management Review, 21 (2): 113-130.

Joecks J, Pull K ,Vetter K. 2013. Gender diversity in the boardroom and firm performance: What exactly constitutes a "Critical Mass?". Journal of Business Ethics, 118(1): 61-72.

Judge T A, Bono J E. 2000. Five-factor model of personality and transformational leadership. Journal of Applied Psychology, 85(5): 751-765.

Kanter R M. 1977. Men and Women of the Corporation. New York: Basic Books.

Lückerath-Rovers M. 2013. Women on boards and firm performance. Journal of Management and Governance, 17(2): 491-509.

Lundeberg M A, Fox P W, Puncochar J. 1994. Highly confident but wrong: Gender differences and similarities in confidence judgments. Journal of Educational Psychology, 86(1):114-121.

Maher K J.1997. Gender-related stereotypes of transformational and transactional leadership. Sex Roles, 37(3/4): 209-225.

Nielsen S, Huse M. 2010. The contribution of women on boards of directors:Going beyond the surface. Corporate Governance: An International Review, 18(2): 136-148.

Pierce J L, Kosovo T, Dirks K T. 2003. Forthcoming: The state of psychological ownership: Integrating and extending a century of research. Review of General Psychology, 1(7): 84-107.

Rao K, Tilt C. 2016. Board diversity and CSR reporting: An Australian study. Meditari Accountancy Research, 24(2): 182-210.

Rosener J B. 1990. Ways women lead. Harvard Business Review, 68(6): 119-125.
Saslow L R, Willer R, Feinberg M, et al. 2013. My brother's keeper? Compassion predicts generosity more among less religious individuals. Social Psychological and Personality Science, 4(1): 31-38.
Smith N, Smith V, Verner M. 2006. Do women in top management affect firm performance? A panel study of 2,500 Danish firms. International Journal of Productivity and Performance Management, 55(7): 569-593.
Terjesen S A, Sealy R, Singh V. 2009. Women directors on corporate boards: A review and research agenda. Corporate Governance: An International Review, 17(3): 320-337.
Wang J, Coffey B S. 1992. Board composition and corporate philanthropy. Journal of Business Ethics, 11(10): 771-778.
Willemsen T M. 2002. Gender typing of the successful manager—A stereotype reconsidered. Sex Roles: A Journal of Research, 46(11-12): 385-391.

作者简介

齐丽云

大连理工大学经济管理学院副教授，博士，博士后。主要研究领域为战略管理、企业社会责任等。在 Journal of Business Research、Journal of Knowledge Management、《管理世界》、《科研管理》、《管理评论》、《系统工程理论与实践》、《管理案例研究与评论》等期刊上发表论文 20 余篇。

E-mail: qiliyun0127@163.com

作者简介

郑皓心

大连理工大学经济管理学院硕士研究生，主要研究领域为战略管理、企业社会责任等。现为互联网行业从业者。

E-mail: zhenghx97@126.com

作者简介

尚　可

西安交通大学管理学院博士研究生。主要研究领域为人力资源管理、企业社会责任等。

E-mail：shangke.good@163.com

政府引导在舆情演化过程中的效果探析

——以张桂梅获评"时代楷模"称号为例

于欣琳 吴思瑜 刘亭利

---摘要

社交媒体凭借自身优势为大众提供便捷的表达渠道，成为社会舆情演化的重要空间。面对危机事件在社交媒体的舆情化传播，政府的合理引导对于发现潜在舆情风险、规避群众极端行为有重要意义。本文以张桂梅事件为例，选取微博、知乎平台相关博文与问答内容作为研究对象，运用情感分析和 LDA 主题模型，研究政府引导在舆情演化过程中的效果：借助社交媒体在合适的时间节点发布相关议题，政府能够引导舆情朝着符合社会主流价值观的、健康的方向演化。

关键词：政府引导；舆情演化；情感分析；主题模型；张桂梅

1 引言

伴随网络的普及，微博、知乎等社交媒体平台逐渐成为社会舆情传播与演化的重要空间，争议性事件在社交媒体用户的互动中极易产生舆情震荡，甚至发展成为危机事件。政府对于网络舆情的适时介入与引导可以规避负面社会效应。基于此，通过具体分析"张桂梅获评'时代楷模'称号"这件发酵于社交媒体平台的舆情事件，对政府引导在舆情传播演化中的效果进行研究，为今后的舆情研究和管理提供思路。

2020 年 10 月，话题"张桂梅校长反对当全职太太"登上微博热搜，引发民众对于"女性当全职太太"的热议。张桂梅担任云南省丽江华坪女子高级中学

(华坪女高)校长,其昔日学生在毕业后以全职太太身份回母校捐款,却被张桂梅校长断然拒绝并尖锐批评。该事件以张桂梅校长对"全职太太"的批判为争议点,同时也引发了网民关于女权等议题的大范围讨论。微博话题指数数据统计显示,关于该话题的讨论次数多达 12.6 万次。

同年 12 月 10 日,"张桂梅获评'时代楷模'称号"登上微博热搜。中宣部为表彰张桂梅创办全国第一所全免费女子高中,数十年来坚守滇西山区教育,助力云南偏远地区女孩走出大山的先进事迹与奉献精神,决定授予其"时代楷模"称号。伴随媒体对张桂梅校长事迹的跟进报道,该话题登上微博热搜榜,再一次引起社会的热烈反响。

本研究选取与张桂梅校长相关的两个舆情事件,事件引发的舆情不仅反映当今民众对于"全职太太"以及"女权"的看法,更引发一系列关于女性社会角色以及女性独立话题的思考。随着"张桂梅校长反对当全职太太"这一新闻事件在社交媒体上的传播,舆论逐渐呈现两极对立态势。支持者认为女性应当独立自主,尤其是作为接受了教育的山区女孩,更应自立自强;反对者则认为张桂梅校长这一观点涉嫌歧视全职太太群体,更有极端者借此污名化女权主义,引发社交媒体的舆论撕裂。此外,偏远地区女孩教育问题也引起广泛关注——如何推动乡村教育更好地发展?如何看待偏远地区男女受教育不平等现象?如何看待女性追求自我独立的个人价值?诸如此类问题的探讨均具有重要的社会意义。

在中宣部授予张桂梅校长"时代楷模"称号后,舆论对张桂梅校长的评价逐渐趋于统一,即正面认可张桂梅校长为改变偏远地区女孩失学辍学现状做出的贡献。

互联网、大数据等数字信息技术已经日益渗入现代生活,在 Web2.0 网站时代下,用户自产内容具有极强的便利性,个体能够随时随地表达个人想法,即在这个去中心化的自媒体时代,"人人都有麦克风",网络舆情的爆发已成为一个不可阻挡的趋势(许鑫等,2009)。然而社会舆论的聚合是一把双刃剑,既能传递社会事件的真相和正确价值观,也能放大其中的非理性因素和非科学认识。一旦消极面占据了舆论的上风,就有可能引发舆论震荡和其他难以预料的后果。因此,对于舆论的合理管控和正确引导成了政府宣传工作的重中之重。

作为这个时代的"为众人抱薪者",张桂梅因见解不同而遭受舆论争议,如不加以正确引导,则有使其"冻毙于'舆论污名'之风雪"的可能。面对持续发酵甚至失控的舆论风险,政府引导在舆论演化过程中起到了怎样的作用?如何起作用?本文将对这些问题展开深入研究。

在各大社交媒体平台上,围绕张桂梅发生的一系列新闻事件均引发了广泛讨论。在中宣部授予张桂梅校长"时代楷模"称号前后,舆论也呈现了不同的态势。本文选取的研究对象是:在微博和知乎两个社交媒体平台上,涉及华坪女高张桂梅校长的相关舆情的博文内容。

通过对两个平台的相关博文内容进行情感分析和主题挖掘,分别得出在中宣部授予张桂梅"时代楷模"称号前后,微博和知乎用户的情感态度变化以及舆论聚焦的议题变化。本文将"张桂梅获评'时代楷模'称号"前划分为第一阶段,此后划分为第二阶段。基于此提出以下研究假设。

H1:中宣部授予张桂梅校长"时代楷模"称号是舆论演化过程中的拐点。

H2:第一阶段,舆论对张桂梅的态度呈现对立态势,支持和批评各执一词。

H3:第一阶段,舆论讨论的议题集中在"极端女权""女性是否应该当全职太太""张桂梅歧视全职太太"。

H4:第二阶段,舆论普遍对张桂梅持认可态度。

H5:第二阶段,舆论讨论的议题集中在"张桂梅校长身患多种疾病""张桂梅改变大山女孩的命运"。

2 文献综述

2.1 舆情研究

舆情分析作为政府和企业应对舆情、引导舆论、促进发展的重要依据,越来越受到学界的重视(孔建华,2019)。我国学界对于舆情的研究大致始于 20 世纪 90 年代(叶斌和温为平,1995)。随着互联网的发展,社会重大事件的传播有了更为迅捷的平台和渠道,舆情的爆发也越发频繁,关于网络舆情的研究自 2009 年骤增(陈福集和黄江玲,2013)。学界关于舆情的研究主要集中在几个方面。一是探究舆情监测与分析的信息技术手段,包括自然语言处理、机器学习、文本挖掘等。二是舆情分析的研究,包括影响舆情的因素、舆情发生机制研究、舆情分析方法、新媒体环境下的网络舆情分析等。例如,有研究针对新浪微博医疗领域网络舆情,创新提出了基于事理图谱的网络舆情演化路径的研究方法(单晓红等,2019)。也有研究指出目前网络舆情指标体系构建中存在的问题,并基于食品安全主题构建舆情指标体系(靳晓宏等,2016)。三是涉及某一主体的舆情分析及应对策略研究,主要包括政府、高校、医、警、军群体等。例如,对于大数据化多媒体网络舆情传播的主体等要素进行深入探讨,以重构多媒体网络舆情传播模式(周昕等,2016)。四是针对突发事件的舆情分析(刘娜和丁艺璇,2021),包括重大突发公共卫生事件、重大生产安全事故、重大社会事件等。例如,以疫情这一突发社会事件中的 4 个热点舆情事件为例,对于重构的重大疫情网络舆情"四点四阶段"演化模型进行验证(胡峰,2020)。也有研究结合校园突发事件,对网络舆情进行可视化分析,通过知识图谱构建大数据驱动的社交网络舆情事件主题图谱(王晰巍等,2020)。

2.2 危机传播与政府引导

由于舆论发展的不确定性和消极舆论对社会的破坏性,舆论场的震荡在一定程度上被视为一种"危机"。如何应对舆论震荡、如何化解舆论危机，需要关注"危机传播"领域的研究。1982 年，危机传播在美国迎来了第一次研究高潮，随后诸多代表理论迅速发展起来，如有学者提出"焦点事件理论"，认为危机事件作为焦点事件，在设置公众议题方面扮演主要角色；Mchale 等（2007）提出"霸权"模式，认为危机传播过程是不同组织争夺领导权的过程。在国内，随着社交媒体的重要作用逐渐凸显，2010 年"社交媒体中介危机沟通理论"出现，把社交媒体作为沟通中介，对组织机构的危机应对策略进行分析（钟伟军和黄怡梦，2016）；新冠疫情暴发后，更是有研究强调社交媒体在危机风险传播各阶段的关键节点作用，包括"吹哨"预警和风险放大等（张克旭，2020）。在学界研究中，危机传播的主体包括政府、企业、媒体等多种类型。但不可忽略的是，政府危机传播研究一方面多聚焦于以政府为主体的信息管理与传播的时效性，强调快速反应和敏捷应对；另一方面注重信息公开的透明度，即政府在政务信息公开方面的表现。加之"危机"通常被认为具有突发性和发展的不确定性，这与张桂梅校长所引发的舆情态势略有不同，故在政府引导舆论的研究中，可借鉴"危机传播"的研究思路，重视社交媒体的工具性、注重主流声音的话语权、积极设置公众议题等，但仍需进一步聚焦于政府引导与舆情演化的关系。

政府网络舆论引导力是指政府将网络舆论引导到正确、积极的轨道上来，防止错误的舆论误导群众（薛体伟，2019）。在自媒体兴盛、数据体量爆炸的时代，这一引导力强调政府驾驭新兴媒体的能力和应对热点突发事件的处理能力。方计国（2016）将舆论分成三类，根据不同类别舆论的发展态势，提出不同的应对策略。胡珑瑛和董靖巍（2016）运用多主体建模仿真方法，对政府在网络舆情应对中的行为进行建模仿真，并从舆情演化阶段的角度提出建议和对策，即在舆情演化的每个阶段都需要政府及时介入并发布高质量信息，让真实健康的主流声音占领舆论场，避免羊群效应和群体极化。祁凯等（2017）从演化博弈论角度建立模型，提出"政府惩罚机制"这一引导行为在舆论演化中的作用。

综上所述，学界已对政府引导网络舆论进行了较为丰富全面的研究，为今后更加深入地研究和政府对舆论的引导管控都提供了参考，但是学界较少针对某一具体舆论事件及其社交媒体用户展开微观研究，故本文将关注点聚焦于政府与社交媒体用户之间的信息关系，研究政府引导对于社交媒体平台舆论演化的影响，为政府化解非理性情绪、澄清非科学认识提出应对策略。

2.3 女性社会角色

社会角色即个体在社会群体中被赋予的身份，各类社会角色都有其相对应的社会标准，而标准决定各类社会角色在社会中担负的责任与义务。龚季兴和吕智颖（2020）提出对于自身的角色定位代表个体对于角色的认同，以及其对于自身人生的选择态度，包括角色认知、角色行为、角色评价等多方面。合理清晰的角色定位极大程度影响个人发展,若对于自身的角色定位模糊不清,则会缺乏行动力,对人生预期的期望值较低,无暇兼顾家庭与事业,甚至影响个体人生幸福。而女性作为社会的重要组成部分,深受传统文化的影响,通常以"贤妻良母"的形象出现在大众视野下(龚季兴和吕智颖,2020)。伴随社会的发展与教育的普及,受过高等教育的知识女性逐渐成为当今女性的普遍特征。张甜甜(2011)关于现代知识女性角色的文中提出,现代女性的学业背景与传统观念相冲突,使得知识女性不可避免地表现出独立性与对家庭的依赖性并存的矛盾心理。在此背景下,合理定位女性的社会角色具有重要作用。

近年来对于女性社会角色的研究成为学界研究的重点,国内研究趋向于从不同学科角度进行研究,从历史学、人类学、哲学到心理学等多方面都对女性角色研究有所涉猎,呈现多元化趋势的特点。

在当今知识经济时代的背景下,由于传统女性观与现代女性价值观产生冲突与矛盾,现代青年女性对自我角色定位不可避免产生困惑。进入现代,伴随男女平权运动的开展,女性获得与男性同等受教育与从事职业的机会,体现与男性同等的社会价值,极大程度激发女性追求自我价值,传统"女主内"观念与现代女性追求个人理想、职业成就产生冲突。近期"张桂梅校长反对当全职太太"一事件即反映大众对于该观点的思考与争议。

3 研究方法

3.1 研究思路

通过研究中宣部授予张桂梅"时代楷模"称号前后的舆论情感态度转变和关注议题变化,本文进一步分析政府引导行为对舆论演化的影响。

首先提出研究假设,中宣部授予张桂梅"时代楷模"称号这一事件成为舆论转折点,在转折点前后,社交媒体平台的舆论从对张桂梅校长的观点充满争议,转变为一致认可张桂梅校长对偏远地区女孩教育的奉献。其次通过数据进行假设检验,爬取社交媒体用户发布的相关博文内容,借助数据挖掘进行舆论变化的分析与验证。最后得出结论,通过对数据结果的分析,验证"转折点"的存在性和准确性,得出政府引导对舆论演化的影响,为政府如何引导舆论健康发展建言献策,见图1。

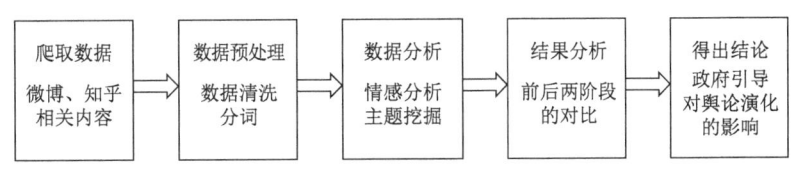

图1 研究路径图

3.2 研究方法

（1）爬取数据与数据清洗

本文借助清博大数据平台爬取相关数据，首先，以舆情事件发生时间为阶段划分依据，爬取微博、知乎平台中围绕张桂梅校长发生的几起舆情事件的相关博文和问答内容。其次根据博文和问答互动量进行数据清洗，保留热度较高的话题数据参与文本分析，以掌握主流舆论的态度倾向和讨论议题。

（2）情感分析

本文采用情感分析的方法分析微博与知乎平台上关于两个热搜事件的推文，以总结大众对于热搜事件的情感态度，文本处理步骤流程如下：整合并读取相关文本数据，并导入 jieba 库对语句进行分句，将完整语句切分成相互独立的词语，便于查找情感词语与后续分析。查找分句内的情感词语，记录情感词语的位置与种类（积极或消极）；在情感词前方查找程度词，并对程度词设置权值，与情感值相乘，查找到程度词即停止搜索；在情感词前方查找否定词，否定词数量为奇数，则乘以-1，若数量为偶数，则乘以 1，需寻找全部的否定词；判断分句结尾是否有感叹号，若有则在前寻找情感词，有情感词则相应情感值+2。情感值计算完成后，通过数组记录各个分句情感值。结合分句计算每一条文本内容的积极情感均值、消极情感均值、积极情感方差与消极情感方差。根据 Python 情感分析的结果，将积极系数赋值为正，消极系数赋值为负，将赋值后的积极系数与消极系数相加得出情感系数，情感系数为正表示该文本情感倾向为积极，情感系数为负表示该文本情感倾向为消极。

（3）主题挖掘

主题挖掘即利用主题模型，通过统计分析将不同文本信息归纳至相应主题。本文使用隐含狄利克雷分布（latent Dirichlet allocation，LDA），即一种典型的无监督机器学习模型。它在基于社交媒体数据的文献（Ji，2016；Zhang et al.，2018；Roque et al.，2019）中在识别潜在主题方面具有出色的表现。由于 LDA 模型突出的优点，如它不需要为主题预先指定关键字（Huang et al.，2018），其至今仍是主流方法之一（Wang et al.，2019）。在 LDA 中，文档被视为潜在主题的混合体，主题是指单词的多项式分布。基于 LDA 模型，可以得到分析帖子的文档主题分布矩阵和主题词分布。然后，对于每个帖子，从文档主题分布中选择一个主题，并从主题词分布中抽取几个与该主题相关联的关键字。

4 实证结果

4.1 情感分析结果

对 Python 情感分析结果进行简单处理后，借助 SPSS 对情感系数进行描述性分析，由此可知微博和知乎平台用户在各阶段的态度倾向。

第一阶段知乎平台共有 1636 条有效文本数据,根据图 2(a)各项指标数据可知,情感系数虽整体为负值,但绝对值较小,故整体情感态度为中性偏负面。但是由图 2(b)可知,情感系数为正的文本数据量的绝对值仍然占有不少比例,故持积极和消极态度的用户不在少数,基本支持假设 2。

统计		
情感系数		
个案数	有效	1 636
	无效	0
平均值		-4.704 6
中位数		-4.000 0
众数		0.00
标准偏差		515.037 69
方差		265 263.822
偏度		3.188
偏度标准误差		0.061
峰度		191.757
峰度标准误差		0.121
最小值		-9 861.00
最大值		8 085.00
百分位数	25	-46.000 0
	50	-4.000 0
	75	13.000 0

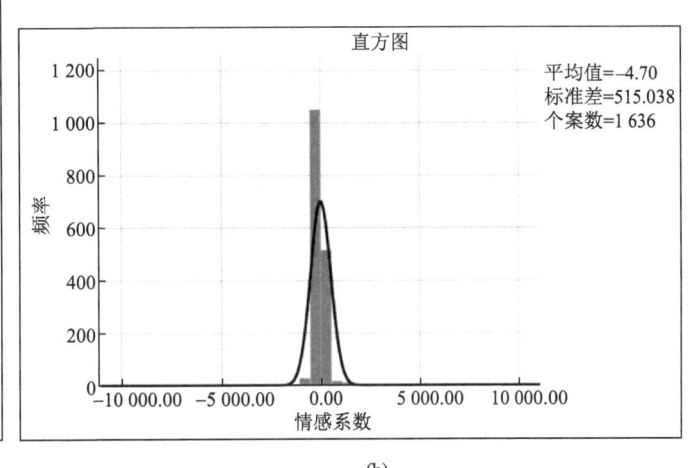

(a)　　　　　　　　　　　　　　(b)

图 2　基于知乎平台第一阶段数据的分析和情感分布

第一阶段微博平台共有 377 条有效文本数据,根据图 3(a)各项指标数据可知,情感系数整体为正值;由图 3(b)可知,情感系数基本以 0 为对称轴左右对称,即持积极态度和消极态度的两方用户数基本持平,故支持假设 2,第一阶段,舆论对张桂梅的态度呈现对立态势,支持和批评各执一词。

统计		
情感系数		
个案数	有效	377
	无效	0
平均值		395.115
中位数		20.000
标准偏差		2 482.284 2
方差		6 161 735.01
偏度		7.558
偏度标准误差		0.126
峰度		94.699
峰度标准误差		0.251
最小值		-11 258.5
最大值		33 323.5
百分位数	25	-228.000
	50	20.000
	75	531.500

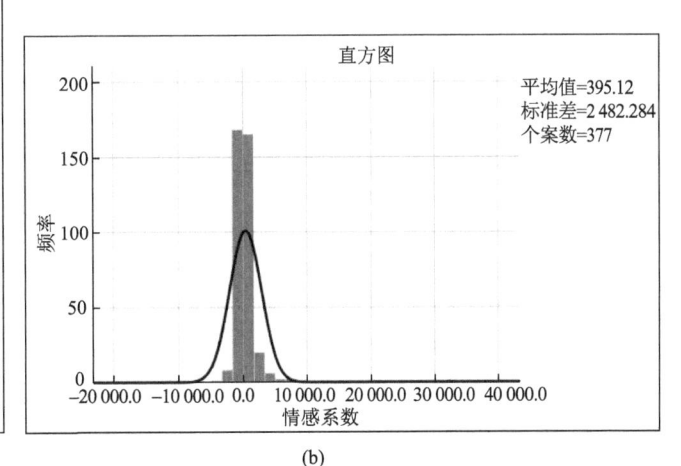

(a)　　　　　　　　　　　　　　(b)

图 3　基于微博平台第一阶段数据的分析和情感分布

第二阶段，知乎平台共有 130 条有效文本数据，根据图 4（a）各项指标分析可知，情感系数整体为正值；结合图 4（b）可知，持积极态度的用户数远超持消极态度的用户数，故支持假设 4，在第二阶段，舆论普遍对张桂梅持认可态度。

统计		
情感系数		
个案数	有效	130
	无效	0
平均值		2.212
中位数		0.000
标准偏差		11.082 6
方差		122.825
偏度		2.008
偏度标准误差		0.212
峰度		13.167
峰度标准误差		0.422
最小值		−41.0
最大值		68.00
百分位数	10	−4.900
	20	0.000
	25	0.000
	30	0.000
	40	0.000
	50	0.000
	60	0.000
	70	2.000
	75	3.125
	80	6.000
	90	13.900

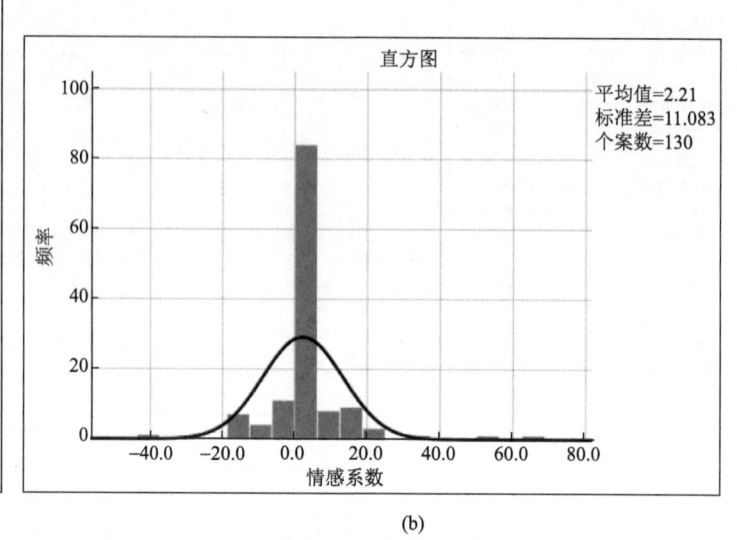

(a)　　　　　　　　　　　　(b)

图 4　基于知乎平台第二阶段数据的分析和情感分布

第二阶段，微博平台一共获取 87 条有效文本数据，根据图 5（a）各项指标可分析得知，情感系数整体为正值；根据图 5（b）可知，持积极态度的微博用户多于持消极态度的用户，故支持假设 4，第二阶段，舆论普遍对张桂梅持认可态度。

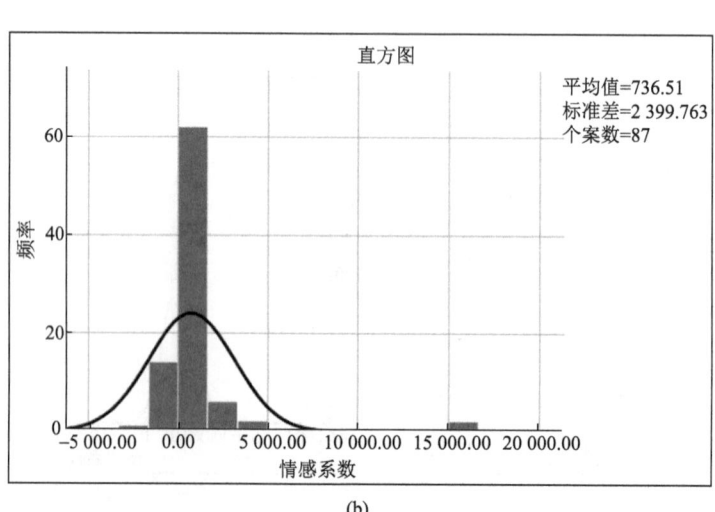

统计		
情感系数		
个案数	有效	87
	无效	0
平均值		736.514 4
中位数		133.000 0
标准偏差		2 399.763 26
方差		5 758 863.72
偏度		5.155
偏度标准误差		0.258
峰度		29.539
峰度标准误差		0.511
最小值		−3 018.00
最大值		15 155.00
百分位数	10	−106.400 0
	20	15.400 0
	25	36.000 0
	30	59.000 0
	40	100.600 0
	50	133.000 0
	60	228.000 0
	70	427.000 0
	75	536.000 0
	80	795.200 0
	90	1 816.400 0

(a)　　　　　　　　　　　　(b)

图 5　基于微博平台第二阶段数据的分析和情感分布

4.2 主题挖掘结果

基于 LDA 模型，将知乎作为主要信息挖掘平台，对先后发生的两个热搜事件"张桂梅校长反对当全职太太"与"张桂梅获评'时代楷模'称号"进行主题挖掘，基于 LDA 模型的知乎主题挖掘流程如下。

（1）数据描述

A. 第一阶段"张桂梅校长反对当全职太太"事件

1）知乎关键词："张桂梅+反对+全职太太"、"张桂梅+家庭主妇"、"张桂梅+拒绝+捐款"、"张桂梅+全职主妇"、"张桂梅+全职妈妈"。

2）时间跨度：2020 年 10 月 26 日 0 时至 2020 年 12 月 9 日 24 时；

3）知乎条数：1636 条。

B. 第二阶段"张桂梅获评'时代楷模'称号"事件

1）知乎关键词："张桂梅+'时代楷模'"。

2）时间跨度：2020 年 12 月 10 日 0 时至 2020 年 12 月 29 日 24 时。

3）知乎条数：159 条。

（2）进行分词

导入 jieba 分词库，将抓取的文本语句进行分词，便于后续提取特征。

（3）特征提取

1）文档频次筛选。

max_df=0.95，即去除超过该值的文档中出现的关键词。

min_df=3，即去除低于该值的文档中出现的关键词。

2）选取前 500 个重要的词。

（4）LDA 主题挖掘

将初始主题聚类个数设置为 5 类，以 LDA 代码输出结果的关键词列表来确定主题名称，将知乎平台的主题名称总结如下。

A. 第一阶段"张桂梅校长反对当全职太太"主题模型分析。

主题 1：张桂梅校长反对当全职太太被上升至女权问题的争议，其观点是否为极端女权引发舆论对立。

主题 2：是否选择当全职太太是女性的个人选择，但是女性需要独立并且需要有自己的价值。

主题 3：张桂梅校长反对当全职太太是出于对大山女孩寄托的希望，山里女孩想要走出大山必须靠自己。

主题 4：农村落后地区女孩的读书机会十分难得，这是她们改变命运、走出大山看世界而不必留在农村早早结婚生子的机会。

主题 5：女性接受教育后去当全职太太是一种对教育的浪费、是对张桂梅校长呕心沥血培养人才的辜负。

B. 第二阶段"张桂梅获评'时代楷模'称号"主题模型分析

主题 1：张桂梅评选为"时代楷模"，为云南偏远地区女性教育做出重要贡献。

主题 2：张桂梅是优秀乡村教师代表，建立华坪县女子高中，号召每一个孩子走出山区，点亮学生们的大学梦想。

主题 3：中宣部授予张桂梅校长"时代楷模"称号，以表彰其坚守云南偏远地区，帮助孩子们走出山区圆梦的突出贡献。

主题 4：张桂梅校长被授予"时代楷模"称号。

主题 5：张桂梅校长推行创办全免费女子高中，改变云南偏远地区女性教育现状，强调知识的重要性，她希望每一个女孩都能走出大山，圆梦大学。

通过生成的主题模型分析文本内容可知：第一阶段，舆论讨论的议题包括"女权""女性是否应该当全职太太"，但极少涉及"是否歧视全职太太"的讨论，故假设 3 部分成立；第二阶段，舆论讨论的议题包括"张桂梅改变大山女孩的命运"等，但是极少出现"张桂梅校长身患多种疾病"的话题，故假设 5 部分成立。

对比第一阶段与第二阶段的主题模型结果，分析可知在第一阶段，舆论偏重对张桂梅做法的争议，同时涉及对教育与全职太太的看法；而在第二阶段，舆论从批判转向肯定，并着重突出张桂梅校长对偏远地区教育做出贡献，其获评荣誉称号实至名归。

4.3 基于信息熵的主题分析

"信息熵"理论最早由 Shannon（1948）于 1948 年提出，现常被用作描述一个系统信息含量的量化指标，用来作为系统方程优化的目标或参数选择的依据（董晓睿等，2019）。具体是指将信息里多余的信息去除后，再平均之后的信息量，可视作描述变量不确定性的指标。熵值可用于表示信息的不确定程度，熵值越低，则主题困惑度越低，更易获得容易解释的主题（杨潇等，2010）。

观察主题模型分析结果，第一阶段各主题模型中反复出现如"女权""命运""教育"等词语，第二阶段中如"时代楷模""希望"等词语在各个主题中均有分布，导致五个主题的结果区分度较小，主题解释较为困难，推测主题模型信息熵值偏高。第一阶段中如"自强""独立"等表达女性自立自强之优良精神品质的词常出现在归纳的五个主题模型结果中；第二阶段如"山区""辍学"等描述偏远地区女孩失学状况的词统一分布在五个不同的主题中，词语分布较分散，导致主题"纯度"较低，出现主题命名困难的问题。因此，主题模型结果有待降低信息熵值，增加主题的精确度与区分度，实现进一步优化。

5 结论与讨论

本文对微博与知乎平台上大量文本数据进行情感分析，并运用 LDA 主题模型分析得出关于两个热搜事件相关文本的潜在主题。在第一阶段"张桂梅校长反对当全职太太"事件中，舆论对于张桂梅的观点呈现两极对立态势，支持与批评各执一词，整体情感态度为中性偏负面，假设 2 成立；在第二阶段"张桂梅获评'时代楷模'称号"事件中，舆论整体呈现积极态度，评价张桂梅获得荣誉称号实至名归，假设 4 成立。

采用 LDA 主题模型对文本内容进行分析发现：第一阶段中，舆论讨论的主要议题包括"女性是否应该当全职太太"以及"女权"等问题，而极少涉及"是否歧视全职太太"的讨论，假设 3 部分成立；第二阶段中，舆论探讨的议题主要为"张桂梅改变大山女孩的命运"等正向评论，但较少出现"张桂梅校长身患多种疾病"的话题，假设 5 部分成立。从第一阶段到第二阶段，舆论在情感态度分布以及议题探讨主要内容两方面均有所变化，而这一转变，是否由"张桂梅获评'时代楷模'称号"这一事件直接造成，是否因官方权威的认可而导致，其中的因果关系尚且无法通过本研究得出，有待进一步探究，故假设 1 部分成立。

张桂梅获得系列表彰的时间线如下：2020 年 7 月 24 日，全国妇联授予张桂梅全国三八红旗手标兵称号；2020 年 10 月 16 日，张桂梅获得"2020 年全国脱贫攻坚贡献奖"；2020 年 10 月 25 日，"张桂梅校长反对当全职太太"事件登上微博热搜引发热议；2020 年 12 月 3 日，中共中央授予张桂梅同志"全国优秀共产党员"称号；2020 年 12 月 10 日，中宣部授予张桂梅"时代楷模"称号，成为热搜事件。

"张桂梅校长反对当全职太太"热搜事件，引发大众的广泛讨论与争议，一定程度上成为负面舆情传播。而在《人民日报》、央视新闻等官方主流媒体的报道与宣传下，大众逐步获悉张桂梅校长为滇西偏远地区教育奉献一生的先进事迹，对于张桂梅校长的态度也有所转变——从两极分化到赞赏张桂梅校长所为。

在本研究中，中宣部授予张桂梅"时代楷模"的称号和官方主流媒体对此事件的跟进报道都可视为一种政府引导行为，换言之，正是中央政府对张桂梅的一系列认可和表彰，才使得舆论对张桂梅的评价从颇有争议走向一致认可。因此，政府的合理引导对于应对危机传播、化解大众非理性情绪、澄清非科学认识具有重要意义。政府在舆论引导的过程中，应当更加重视社交媒体的使用，选择恰当的时机，通过主流媒体发声保证话语权，积极设置公众议题，宣传符合社会主流价值观的事件，推动舆情向健康的方向发展。

本研究基于对社交媒体平台相关文本数据的情感分析与 LDA 主题模型分析，初步获得政府引导能够有效引导舆情向健康方向演化的结论。此外，舆情事件在社交媒体用户中呈现怎样的传播路径？哪些用户成为意见领袖？意见领袖在舆情事件传播和舆论观点形成过程中发挥了什么作用？基于本研究的成果，加之社会网络分析的方法，这些问题可在未来展开进一步的探索。

参考文献

陈福集, 黄江玲. 2013. 我国网络舆情演变文献研究综述. 情报杂志, 32(7): 54-58, 92.

董晓睿，丁健，盛伟翔，等. 2019. 基于熵权特征评价法的政务微博绩效评估模型的研究. 电脑编程技巧与维护, (9): 111-112, 129.

方计国. 2016. 自媒体时代政府引导干预网络舆论的策略选择——基于信息技术视角的分析. 中国行政管理, (8): 64-68.

龚季兴, 吕智颖. 2000. 现代青年女性角色定位及成就路径选择思考//劳动保障研究会议论文集（五）. 成都: 四川劳动保障杂志出版有限公司.

胡峰. 2020. 重大疫情网络舆情演变机理及跨界治理研究——基于"四点四阶段"演化模型. 情报理论与实践, 43(6): 23-29, 55.

胡珑瑛, 董靖巍. 2016. 网络舆情演进过程参与主体策略行为仿真和政府引导. 中国软科学, (10): 50-61.

靳晓宏, 王强, 付宏, 等. 2016. 主题事件舆情指数的构建及实证研究——以食品安全主题为例. 情报理论与实践, 39(12): 6.

孔建华. 2019. 当代中国网络舆情治理: 行动逻辑、现实困境与路径选择. 长春: 吉林大学.

刘娜, 丁艺璇. 2021. 突发公共卫生事件的网络舆情传播及社会治理. 当代传播, (1): 73-76.

祁凯, 杨志, 张子墨, 等. 2017. 政府参与下网民舆论引导机制的演化博弈分析. 情报科学, 35(3): 47-52.

单晓红, 庞世红, 刘晓燕, 等. 2019. 基于事理图谱的网络舆情演化路径分析——以医疗舆情为例. 情报理论与实践, 42(9): 6.

汪翩翩, 黄文森, 曹青林. 2020. 融合与分化: 疫情之下微博多元主体舆论演化的时序分析. 新闻大学, (10): 16-33, 118-119.

王晰巍, 贾若男, 韦雅楠, 等. 2020. 社交网络舆情事件主题图谱构建及可视化研究——以校园突发事件话题为例. 情报理论与实践, 43(3): 17-23.

许鑫, 章成志, 李雯静. 2009. 国内网络舆情研究的回顾与展望. 情报理论与实践, 32(3): 115-120.

薛体伟. 2019. 大数据环境下政府网络舆论引导力的提升. 青年记者, (33): 39-40.

杨潇, 马军, 杨同峰, 等. 2010. 主题模型LDA的多文档自动文摘. 智能系统学报, 5(2): 169-176.

叶斌, 温为平. 1995. 社会舆情调研在宣传工作中的地位. 特区展望, (6): 6-8.

张克旭. 2020. 社交媒体在疫情危机风险传播中的核心作用与传播机制. 新闻与传播评论, 73(3): 26-35.

张甜甜. 2011. 现代知识女性的角色"困境"——现代知识女性社会角色与家庭角色之间的关系研究. 现代妇女(下旬), (1): 38-40.

钟伟军, 黄怡梦. 2016. 社交媒体与危机沟通理论的转型: 从SCCT到SMCC. 电子科技大学学报(社科版), 5: 12-16.

周昕, 黄微, 滕广青, 等. 2016. 网络舆情传播模式解析与重构研究. 情报理论与实践, 39(12): 25-30.

Huang A, Lehavy R, Zang A, et al. 2018. Analyst information discovery and interpretation roles: A topic modeling approach. Management Science, 64(6): 2833-2855.

Ji P. 2016. Emotional criticism as public engagement: How weibo users discuss "Peking University statues wear face-masks". Telematics and Informatics, 33(2): 514-524.

Mchale J P, Zompetti J P, Moffitt M A. 2007. A hegemonic model of crisis communication: Truthfulness and repercussions for free speech in Kasky Nike. Journal of Business Communication, 44(4): 374-402.

Roque C, Cardoso J L, Connell T, et al. 2019. Topic analysis of road safety inspections using latent dirichlet allocation: A case study of roadside safety in Irish main roads. Accident Analysis & Prevention, 131: 336-349.

Shannon C E. 1948. A mathematical theory of communication. Bell Labs Technical Journal, 27(4): 379-423.

Thomas B. 1998. Focusing events, mobilization, and agenda setting. Journal of Public Policy, 18(1): 53-74.

Wang Y, Li H, Wu Z. 2019. Attitude of the Chinese public toward off-site construction: A text mining study. Journal of Cleaner Production, 238: 117.

Zhang L, Hall M, Bastola D. 2018. Utilizing Twitter data for analysis of chemotherapy. International Journal of Medical Informatics, 120: 92-100.

作者简介

于欣琳

中国传媒大学计算传播系本科生，研究方向为计算传播、传播研究方法、舆情分析与舆论引导、媒体市场研究。

E-mail: xinlinde@126.com

作者简介

吴思瑜

中国传媒大学计算传播系本科生，研究方向为新闻传播理论、舆情分析与舆论引导、媒体市场调查。

E-mail: Swincy@163.com

作者简介

刘亭利

中国传媒大学新闻学院讲师。博士毕业于英国华威大学社会学专业。研究方向为媒介与社会、话语研究、女性研究。

E-mail: tingli8563@cuc.edu.cn

主题模型在价格监管领域的应用

靳晓锟

摘要

价格监管领域的投诉、举报数据具有海量、短文本等特点，在撰写价格监管报告的时候如何快速、有效地提取热点信息是价格监管部门一直关注的重点。本文将机器学习的一些方法引入价格监管领域，在快速提取热点信息方面，研究通过 LDA 主题模型对价格投诉、举报数据进行主题关键词提取，同时为了使热点问题在各主题下更清晰地显示出来，首次将关联规则分析中的 Apriori 算法与 LDA 主题模型相结合，对 LDA 模型各主题下的关键词进行关联规则分析，通过挖掘各主题下关键词之间的关联关系得到热点事件的具体内容。由于模型属于非监督学习，难以找到一个合适的指标对模型的识别效果进行验证，因此挑选一些有热点事件的月份进行实证分析，从实证分析的结果上看模型能将热点事件有效识别并展示出来。

关键词：短文本数据；LDA 主题模型；Apriori 算法

1 研究背景

文本数据是一种典型的非结构化数据，在互联网时代，绝大部分数据是以文本形式存储流动，面对海量的文本数据，如何从文本中迅速抽取文档的主题内容一直是文本分析中关注的重点，最早的主题发现是通过统计关键词词频等方法实现的，但是只考虑到词频的大小而没有考虑关键词在文档中的重要程度。之后诞生的 TF-IDF 算法在一定程度上解决了这个问题，除了考虑词频之外，还考虑了关键词的逆文档频率，将关键词在特定文档中的重要程度体现了出来。2003 年 David、Andrew、Michael 提出了隐含狄利克雷分布（latent Dirichlet allocation，LDA）主题分配模型，该模型是在隐性语义索引的基础之上诞生的一个概率生成模型（Blei et al., 2003; Hofmann, 1999），同时也属于词袋模型的一种，即不考虑每篇文档中词语的顺序，同时文档和文档之间的顺序也不考虑，通过确定主题数目和各主题下的关键词进行主题发现。近几年除了词袋模型之外，词向量方法也被引入主题模型中，如 LF-LDA 模型、LF-DMM 模型，并取得了良好的效果（陈磊和李俊，2017）。

价格监管领域所接触到的数据以投诉、举报、咨询相关的短文本数据为主，主要涉及停车收费、资源价格、社会服务、网络购物、医药、教育等几大专项领域的投诉、举报。如何迅速地从同一举报、投诉领域的大量短文本中发现投诉、举报热点问题显得尤其重要。综合以上短文本、数据量大的特点，将 LDA 主题模型应用到各专项领域的短文本数据上，得到主题数目及各主题下的关键词，并通过 Apriori 算法对关键词之间的关联规则进行挖掘，得到同一主题下不同关键词之间的关联关系。

2 基于 TF-IDF 算法进行关键词发现

2.1 TF-IDF 算法原理

TF-IDF（词频-逆文档频率）方法是文档关键词提取的一种方法，是对词频方法的一种扩展，通过词频和逆文档频率共同确定一个词的 TF-IDF 值，通过 TF-IDF 值的大小确定关键词的重要性。将每条文本看作一个文档，将所有文档看作一个语料库 $\{D_1, D_2, D_3, \cdots, D_N\}$，其中 D_i 代表第 i 个文档，每个文档中包含的分词个数为 $\{n_1, n_2, n_3, \cdots, n_N\}$，其中 n_i 代表第 i 个文档的分词总数，在每个文档中各个分词的频数为 $n_{i,j}$，代表第 j 个词在第 i 个文档中的个数，因此可以定义词频（term frequency，TF），指的是某一个特定词在一个文档中出现的频率，这样做的目的是归一化，避免某些长文本中的词数太多导致结果不准确，词频代表一个词在该文档中的重要程度，计算方法如下：

$$\text{TF}_{i,j} = \frac{n_{i,j}}{\sum_{k=1}^{s_i} n_{i,k}} = \frac{n_{i,j}}{n_i} \tag{1}$$

式中，s_i 为第 i 个文档中包含的分词个数，除了词频之外，还要考虑该文档中的词语在其他文档之中的重要程度，如果一个词在其他文档中出现的频率不高，而在一个特定的文档中出现的频率较高，研究认为这个词的重要程度也就越高，度量方法就是逆文档频率（inverse document frequency，IDF），计算方法如下：

$$\text{TF-IDF} = \text{TF}_{i,j} \times \text{IDF}_j = \ln \frac{N}{N_j} \tag{2}$$

式中，N_j 为包含了第 j 个词语的文档数目，N_j 越低，IDF_j 值越高，文档中第 j

个词在该文档中的重要程度越高。综合以上两个方面，通过计算 TF-IDF 值来度量一个词的重要程度（彭敏等，2015）。

2.2　实证分析

全国 12358 价格监管平台是 2015 年国家发展和改革委员会适应经济发展新常态、创新市场监管机制的重要举措，2017 年机构改革后平台划归市场监管总局，目前平台汇集了自 2015 年以来涉及停车收费、交通运输、商品零售、物业管理、医药、社会服务、教育、资源价格、房地产、住宿餐饮、邮政通信、机关收费、旅游、网络购物、农产品、律师公证、金融服务、网络服务、协会社团、其他商品价格共 20 个领域，将近 200 万条的价格投诉、举报、咨询记录，数据字段包含：投诉、举报类型，投诉、举报时间，投诉、举报地区（精确到省），投诉、举报内容（短文本），投诉、举报处理结果反馈等。

选取原 12358 平台 2019 年 1 月的医药类投诉、举报数据共 211 条文本，利用 TF-IDF 方法，提取文档关键词。将这 211 条文本作为语料库，将每条文本分词之后，计算该文本中每个词的词频和该词在其他文本中出现的频率（逆文档频率），得到每个词在该文档中的 TF-IDF 值。首先利用 R 语言中的 jiebaR 分词包中的 segment 函数进行分词，为了防止有无效数据的产生加入了哈工大停用词表，去除了停用词，每条文本分词如图 1 所示。

```
"福建"   "反映"     "年"     "月份"   "泰州"   "人"     "在"     "福建"   "高价"
"推销"   "泰州"     "生产"   "的"     "保健品" "向"     "反映"   "消协"   "让"
"找"     "价格"     "部门"   "反映"   "保健品" "的"     "价格"   "咨询"   "药店"
"买"     "的"       "药品"   "低"     "标高"   "结"     "人"     "反映"   "其"
"购买"   "的"       "药"     "太贵"   "澧县"   "医院"   "收费"   "问题"   "消费者"
"反映"   "此"       "药店"   "卖"     "的"     "要是"   "市场价" "的"     "两倍"
"注"     "详见"     "附件"   "消费者" "年月日" "早上"   "点以"   "微信"   "的"
"方式"   "在"       "此"     "药店"   "购买"   "红霉素" "软膏"   "金额"   "元鑫烨牌"
"的"     "红霉素"   "软膏"   "市场价" "不到"   "元"     "钱"     "此"     "药店"
"卖"     "的"       "价格"   "高达"   "倍"     "注"     "详见"   "附件"   "硝酸甘油"
"市场价" "全面提高" "之前"   "元"     "左右"   "每瓶"   "三十多" "元"     "市场"
"调节价" "过高"     "不合理" "人"     "反映"   "治疗"   "禽流感" "的"     "药品"
"价格"   "过高"     "的"     "问题"   "咨询"
```

图 1　文本分词示例

通过语料库的文档-词频矩阵及式（2）可以求解出每个词在所在文档中的 TF-IDF 值，如表 1 所示。

表 1　各文档分词后的 TF-IDF 值

文档	订金	定点	定价	定量	东城区	……	东胜
文档 1	0	0	0	0	0	0	0
文档 2	0	0	0	0	0	0	0
文档 3	0	0	0	0	0	0	0
文档 4	0	0	0	0	0	0	0
文档 5	0	0	0	0	0	0	0

续表

文档	订金	定点	定价	定量	东城区	……	东胜
文档 6	0	0	0	0	0	0	0
文档 7	0	0	0	0	0	0	0
文档 8	0	0	0.015 976	0	0	0	0
文档 9	0	0	0	0	0	0	0
文档 10	0	0	0	0	0.055 749	0	0

由于各个文档中的 TF-IDF 值有所差别，不能衡量该词在所有文档中的重要程度，对表 1 中的数据按列求和，求和后算平均值的结果代表各词在所有文档中的 TF-IDF 值的平均水平（表 2），从排名前 24 位的关键词中可以看出 2019 年 1 月的投诉、举报问题集中在私立医院、保健品、原料药、医保等问题上，关键词可以从一定程度上反映出当月存在的问题，但是大量的信息混杂在一起，难以将同一类问题下的关键词抽取出来。

表 2 关键词在各文档中的 TF-IDF 值的平均值

序号	关键词	TF-IDF 平均值	序号	关键词	TF-IDF 平均值
1	大幅	0.028 020 03	13	堵塞	0.005 072 85
2	保健品	0.015 548 14	14	救护车	0.005 072 85
3	太高	0.010 450 29	15	妻子	0.005 072 85
4	标价	0.007 833 86	16	输卵管	0.005 072 85
5	咨询	0.007 003 81	17	收费	0.005 037 18
6	出院	0.006 341 06	18	过高	0.004 853 55
7	私立医院	0.006 341 06	19	定价	0.004 514 25
8	原料药	0.006 341 06	20	偏高	0.004 481 46
9	咨询者	0.006 341 06	21	售价	0.004 331 08
10	医保	0.006 038 34	22	合理	0.004 222
11	药房	0.005 782 47	23	购买	0.004 181 88
12	诊所	0.005 104 69	24	价格上涨	0.004 067 02

3 基于 LDA 模型对价格投诉、举报问题的主题分类

TF-IDF 方法是通过统计词频和逆文档频率来对关键词进行提取，但是不能对文本主题进行抽取，而且 TF-IDF 方法是将文本集合看成非随机的，因此存在一定的局限性。以下引入词序列生成模型，将每一篇文档看成按照一定概率随机生成的结果。

3.1 Unigram 算法原理

研究认为每篇文档是一系列词语的排列，每个词的产生服从同一个分布，设一共有 n 个词汇 $V=\{v_1,v_2,v_3,\cdots,v_n\}$，其中 v_i 代表第 i 个词，这 n 个词的概率分布为 $P=\{p_1,p_2,p_3,\cdots,p_n\}$，每篇文档可以看作一系列词的一个排列，见式（3）。

$$w_k = v_{1k} \cdot v_{2k} \cdot v_{3k} \cdots v_{n_k k} \tag{3}$$

式中，w_k 代表第 k 个文档，v_{ik} 代表第 k 个文档中的第 i 个词，n_k 代表第 k 个文档中的词数，因此该篇文档的生成概率是

$$p(w_k) = p(v_{1k} \cdot v_{2k} \cdot v_{3k} \cdots v_{n_k k}) \tag{4}$$

由于词语之间相互独立，则

$$p(w_k) = p(v_{1k}) p(v_{2k}) p(v_{3k}) \cdots p(v_{n_k k}) \tag{5}$$

文档语料库是由 N 篇文档共同构成的，则该语料的概率为

$$p(w) = p(w_1) p(w_2) p(w_3) \cdots p(w_N) \tag{6}$$

设 $V=\{v_1,v_2,v_3,\cdots,v_n\}$ 中的每个词的数目为 $n^* = \{n_1^*, n_2^*, n_3^*, \cdots, n_n^*\}$，则 n^* 的概率服从一个多项分布，即 $n^* \sim \text{Mult}(n^* | p(w), n)$，概率为

$$p(n^*) = \frac{n^*!}{n_1^*! \, n_2^*! \cdots n_n^*!} p_1^{n_1^*} p_2^{n_2^*} p_3^{n_3^*} \cdots p_n^{n_n^*} \tag{7}$$

在估计参数时，各个词语的概率是待估参数，利用最大似然估计，最大化

$$p(w) = \prod_{i=1}^{n} p(v_i)^{n_i^*} \tag{8}$$

则关键词概率的估计值为

$$\hat{p}(v_i) = \frac{n_i^*}{n^*} \tag{9}$$

从贝叶斯学派的角度来看，不仅仅文档的生成是一个随机事件，同时语料库中词语的生成概率也是一个随机变量，即 $P=\{p_1,p_2,p_3,\cdots,p_n\}$ 服从某一个分布，令 P 的密度函数为 $\vec{P}(x)=(p_1(x),p_2(x),p_3(x),\cdots,p_n(x))$，对于某个结果来说 $\vec{p}(x)$ 是一个先验分布，最终的结果需要将 $p(w|x)\vec{P}(x)$ 求和，即

$$\int p(w|x)\vec{P}(x)\mathrm{d}x \qquad (10)$$

此时对于 $\vec{p}(x)$ 需要选取一个合适的分布，由于 $n^* \sim \mathrm{Mult}(n^*|p(w),n)$，则选取先验分布时可以选择多项分布的共轭分布，即狄利克雷分布：

$$\mathrm{Dir}(\overrightarrow{p(x)}|\vec{\alpha}) = \frac{1}{\Delta(\vec{\alpha})}\prod_{k=1}^{n}p_k^{\alpha_k-1}(x) \qquad (11)$$

其中，$\Delta(\vec{\alpha}) = \int\prod_{k=1}^{n}p_k^{\alpha_k-1}(x)\mathrm{d}x$ 代表归一化因子，因此后验分布为

$$p(x|w,\vec{\alpha}) = \mathrm{Dir}(\overrightarrow{p(x)}|\vec{\alpha}+n^*) = \frac{1}{\Delta(\vec{\alpha}+n^*)}\prod_{k=1}^{n}p_k^{n_k^*+\alpha_k-1}(x) \qquad (12)$$

利用后验分布对 $p(w)$ 进行估计，通过矩估计方法，由于狄利克雷分布的期望值为

$$EX = \left(\frac{\alpha_1}{\sum_{i=1}^{K}\alpha_i}, \frac{\alpha_2}{\sum_{i=1}^{K}\alpha_i}, \cdots, \frac{\alpha_K}{\sum_{i=1}^{K}\alpha_i}\right) \qquad (13)$$

因此 $p(x|w,\vec{\alpha})$ 的期望值为

$$E(p(w)) = \left(\frac{\alpha_1+n_1^*}{\sum_{i=1}^{n}(\alpha_i+n_i^*)}, \frac{\alpha_2+n_2^*}{\sum_{i=1}^{n}(\alpha_i+n_i^*)}, \cdots, \frac{\alpha_K+n_n^*}{\sum_{i=1}^{n}(\alpha_i+n_i^*)}\right) \qquad (14)$$

该结果也是矩估计的结果，同时可以计算出语料产生的概率。

$$\begin{aligned}p(w|\vec{\alpha}) &= \int p(w|x)p(x|\vec{\alpha})\mathrm{d}x \\ &= \int\prod_{i=1}^{n}p_i^{n_i^*}\mathrm{Dir}(x|\vec{\alpha})\mathrm{d}x \\ &= \int\prod_{i=1}^{n}p_i^{n_i^*}(x)\frac{1}{\Delta(\vec{\alpha})}\prod_{i=1}^{n}p_i^{\alpha_i-1}(x)\mathrm{d}x \\ &= \frac{1}{\Delta(\vec{\alpha})}\int\prod_{i=1}^{n}p_i^{n_i^*+\alpha_i-1}(x)\mathrm{d}x \\ &= \frac{\Delta(n^*+\vec{\alpha})}{\Delta(\vec{\alpha})}\end{aligned} \qquad (15)$$

3.2 PLSA 算法原理

Unigram 模型假设与现实中文本的生成方式有着较大的差距，只能计算出每个语料库中词语出现的概率，但是并没有解决相似主题文本归集的问题，因此 Hofmann 在 1999 年提出了一种主题模型，即 PLSA 模型，将文本生成的过程首次抽象成一个模型（Hofmann，1999），一篇文档的生成包含着多种主题，文档中的每个词都可以归到一个主题下，假设文档之间是独立的，文本中的词语之间也是独立的，属于词袋模型的一种，设有 M 篇文档的语料库 $D=\{d_1,d_2,d_3,\cdots,d_M\}$，设有 k 种主题模式，记为

$$\xi = \{\vec{\xi}_1,\vec{\xi}_2,\vec{\xi}_3,\cdots,\vec{\xi}_k\} \tag{16}$$

式中，$\vec{\xi}_i$ 为该种主题下的关键词向量，每篇文档对应着特定的一种主题选择模式，即每篇文档中选择主题 $\vec{\xi}_i$ 的概率是不一样的，设：

$$\eta = \{\vec{\eta}_1,\vec{\eta}_2,\vec{\eta}_3,\cdots,\vec{\eta}_M\} \tag{17}$$

式中，$\vec{\eta}_i$ 为第 i 篇文档的主题选择模式，即 $\vec{\eta}_i = \{\eta_{i1},\eta_{i2},\eta_{i3},\cdots,\eta_{iK}\}$；$\eta_{im}$ 为第 i 篇文档选择第 m 个主题的概率，因此第 i 篇文档中的每个词生成概率为

$$p(w|d_i) = \sum_{m=1}^{K} p(w|m)p(m|d_i) = \sum_{m=1}^{K} \xi_{wm}\eta_{im} \tag{18}$$

设第 i 篇文档中共有 n_i^* 个词语，则整篇文档的生成概率为

$$p(\vec{w}|d_i) = \prod_{j=1}^{n_i^*}\sum_{m=1}^{K} p(w_j|m)p(m|d_i) = \prod_{j=1}^{n_i^*}\sum_{m=1}^{K} \xi_{w_jm}\eta_{im} \tag{19}$$

3.3 LDA 算法原理

LDA 模型是对之前 Unigram 模型和 PLSA 模型的推广，在 PLSA 模型中，待估计参数 η 和 ξ 是非随机的。而在 LDA 模型中，将 $\vec{\eta}_i$ 和 $\vec{\xi}_i$ 视为随机变量。由于在 Unigram 模型中，n^* 服从多项分布，其共轭分布为狄利克雷分布。因此，在 LDA 模型中，将参数的先验分布也设为狄利克雷分布（Borgelt and Kruse，2002），即

$$\vec{\xi}_i \sim \text{Dir}(\vec{\alpha}) \tag{20}$$

$$\vec{\eta}_i \sim \text{Dir}(\vec{\beta}) \tag{21}$$

则在第 i 篇文档中，首先要确定一个主题选择模式，即 $\vec{\eta}_i$，在这个主题选择模式下选择一个主题模式 $\vec{\xi}_i$，然后通过这种主题模式生成该文档中的第 s 个词的主题 ξ_{is}，LDA 模型的思想是在 K 个语料库中生成 M 篇文档，设语料库中有

M 篇文档：

$$w = \left(\vec{w_1}, \vec{w_2}, \vec{w_3}, \cdots, \vec{w_M} \right) \quad (22)$$

式中，$\vec{w_i}$ 为第 i 篇文档中的词汇。文档主题关键词向量如下。$\vec{z_i}$ 为第 i 篇文档的每个词属于的主题类别：

$$z = \left(\vec{z_1}, \vec{z_2}, \vec{z_3}, \cdots, \vec{z_M} \right) \quad (23)$$

则根据 Unigram 模型之前推导的式（15）可以得出：

$$p(z_i \mid \vec{\alpha}) = \frac{\Delta(\vec{n_i} + \vec{\alpha})}{\Delta(\vec{\alpha})} \quad (24)$$

式中，$\vec{n_i} = (n_{i1}, n_{i2}, n_{i3}, \cdots, n_{iK})$；$n_{ij}$ 为第 i 篇文档中第 j 个主题产生词的个数。

$$p(\vec{z} \mid \vec{\alpha}) = \prod_{i=1}^{M} \frac{\Delta(\vec{n_i} + \vec{\alpha})}{\Delta(\vec{\alpha})} \quad (25)$$

由于文档的生成是基于词袋模型，则词语和主题的选择可交换，上述文档生成过程可以等价地变换为先把所有词的主题模式选择出来，然后再在主题下选择具体的词语。

$$w^* = \left(\vec{w_{(1)}}, \vec{w_{(2)}}, \vec{w_{(3)}}, \cdots, \vec{w_{(K)}} \right) \quad (26)$$

$$z^* = \left(\vec{z_{(1)}}, \vec{z_{(2)}}, \vec{z_{(3)}}, \cdots, \vec{z_{(K)}} \right) \quad (27)$$

式中，$\vec{w_{(i)}}$ 为一个词语集合，该集合下的词语都是由第 i 个主题生成的；$\vec{z_{(i)}}$ 为主题类型，则有

$$p(\vec{w_{(i)}} \mid \vec{\beta}) = \frac{\Delta(n^* + \vec{\beta})}{\Delta(\vec{\beta})} \quad (28)$$

$$p(\vec{w} \mid \vec{z}, \vec{\beta}) = p(\vec{w_{(i)}} \mid \vec{z_{(i)}}, \vec{\beta}) = \prod_{i=1}^{K} \frac{\Delta(\vec{n_i} + \vec{\beta})}{\Delta(\vec{\beta})} \quad (29)$$

$$p(\vec{w}, \vec{z} \mid \vec{\alpha}, \vec{\beta}) = p(\vec{w} \mid \vec{z}, \vec{\beta}) p(\vec{z} \mid \vec{\alpha}) = \prod_{i=1}^{K} \frac{\Delta(\vec{n_i} + \vec{\beta})}{\Delta(\vec{\beta})} \prod_{i=1}^{M} \frac{\Delta(\vec{n_i} + \vec{\alpha})}{\Delta(\vec{\alpha})} \quad (30)$$

通过最大化似然函数即可得到参数估计值。

3.4 实证分析

由于 LDA 模型是非监督学习模型,难以通过一个有效的指标得出模型的优良程度,因此在这里选取原 12358 平台上的一些价格监管方面的热点问题较为突出的月份进行实证分析,通过各主题下的关键词看模型能否将热点问题识别出来,主要选取的热点事件为:2019 年 1 月的医药价格投诉和举报数据、2018 年 12 月的电力价格投诉和举报数据。

研究选取 2019 年 1 月的医药价格举报、投诉数据。1 月的医药价格举报、投诉中的一个热点问题是重庆某医药公司对治疗红斑狼疮的药物喜泊分大规模涨价,从图 2 真实数据可以看出 1 月喜泊分药物相关的案件受理量显著上升。

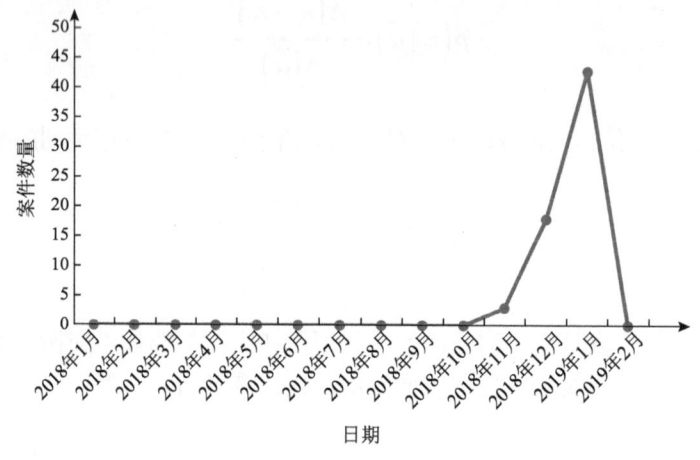

图 2　12358 平台喜泊分相关投诉、举报案件数量

对 1 月医药价格相关的 211 条数据进行分析。首先通过 R 语言的 jiebaR 包进行分词,为了分词效果更准确,选取搜狗医药类词典加入用户词典中,同时选择哈工大停用词表对一些无效的词语进行去除。其次利用 R 语言中的 tm 包和 LDAvis 包进行模型训练及可视化输出。在分词之后首先进行主题个数的选取,通过计算不同主题个数下似然函数的大小来确定主题个数(图 3)。

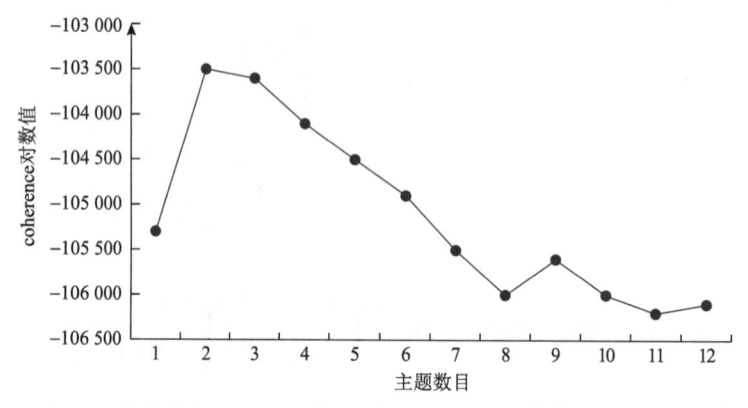

图 3　医药类数据所训练的 LDA 模型在不同 K 值下的似然函数大小

从图上可以看出，当主题个数为 2 的时候似然函数最大，但是主题个数为 2 或 3 时似然函数的大小相差不大。在似然函数相差不大的情况下对主题数目的要求是越多越好，这样能够更清楚地反映出潜在的问题，因此将主题个数确定为 3，得到三个主题下的关键词，举例见表 3。

表 3　医药类各主题下的关键词

主题 1	主题 2	主题 3
价格	涨价	治疗
药店	半年	医院
药品	患者	价格
反映	斑痣	孩子
咨询	鲜红	希望
购买	重庆	我们
是否	生物制药	鲜红
治疗	喜泊分	生产
部门	公司	药品
收费	幅度	有限公司
市场	以上	费用
处理	治疗	该药
问题	药品	告知
相关	迈乐	斑痣
要求	华鼎	本人
医院	厂家	过高
销售	现代	为元
药房	有限公司	电话
进行	停药	没有
定价	千万	这样
一个	为了	价格上涨
医保	原名	了解
垄断	导致	胎记
模式	就医	需要

从各个主题下的关键词可以看出第一个主题下的关键词涉及的问题有药店、药房、医保等问题，第二个主题下主要涉及的问题有重庆、迈乐、喜泊

分等问题，第三个主题下主要涉及的问题有医院、治疗、价格、费用、过高等问题。从识别效果上看，LDA 主题模型基本上可以将热点问题识别出来。将各主题利用 LDAvis 包进行可视化，效果如图 4~图 6 所示，其中柱状图部分代表各主题下的关键词词频的大小，深色柱状图代表该主题下的文档关键词词频，可以看出包含喜泊分、重庆、迈乐等关键词的主题均被有效地识别出来。

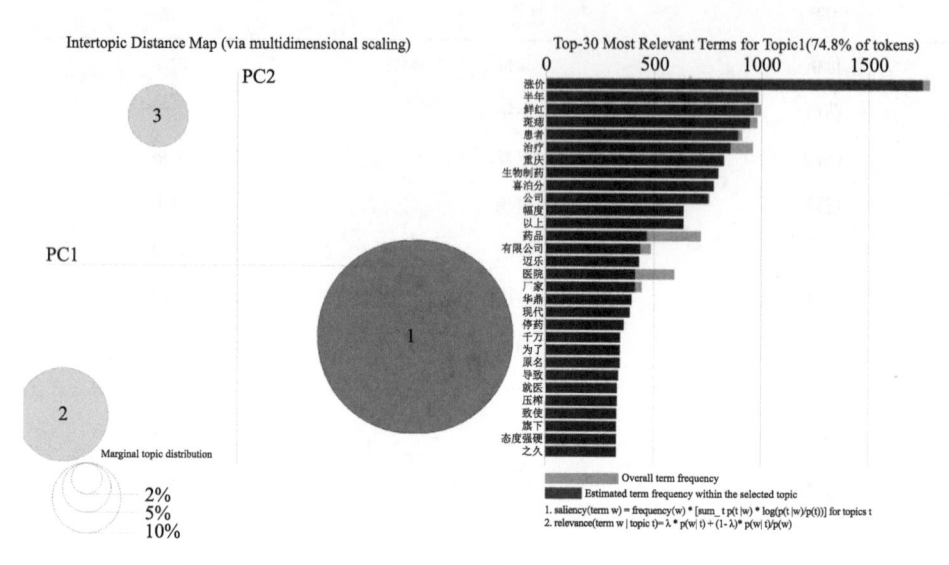

图 4　医药类数据在 LDA 模型下主题 1 的关键词可视化

表 3 中的数据未按照词频排序，图中的关键词为软件生成后按词频排序；同时，图中的关键词按照一个词在每个主题中出现的概率显示，因此概率不高的词汇在图中未显示，下同

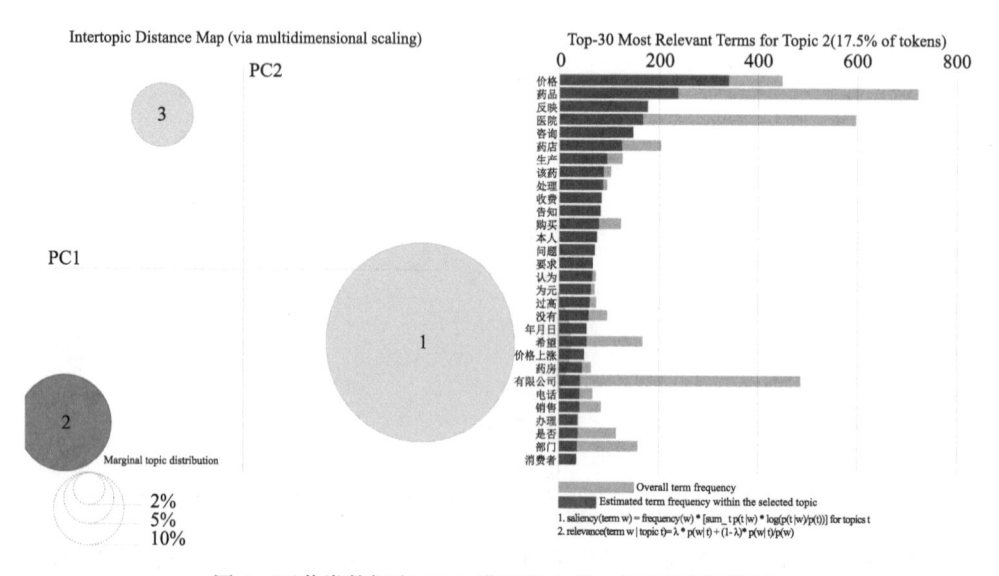

图 5　医药类数据在 LDA 模型下主题 2 的关键词可视化

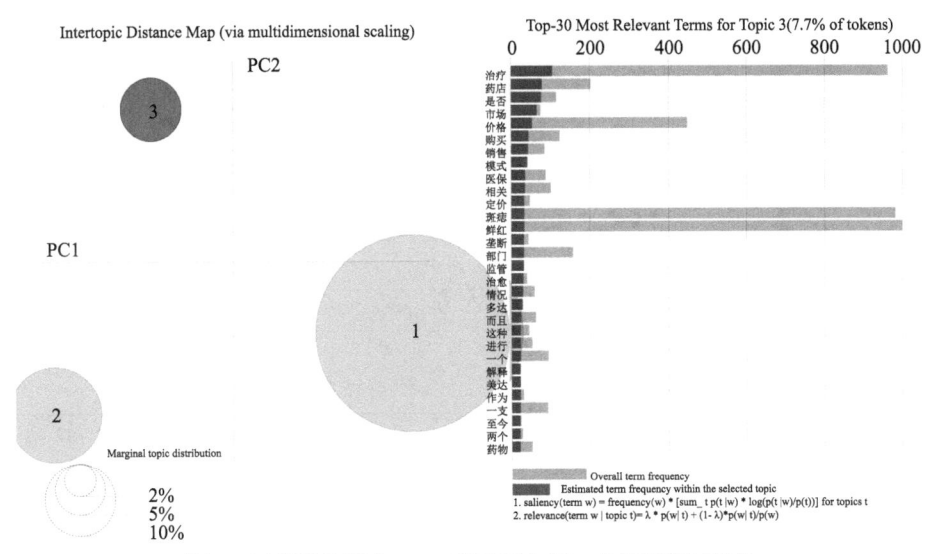

图 6 医药类数据在 LDA 模型下主题 3 的关键词可视化

其次对 2018 年 12 月的电力价格举报、投诉数据进行分析。12 月电力价格相关的热点事件是转供电价格相关的事件，部分地区商住房的转供电价格有所提升，从真实数据来看，2018 年 12 月的转供电相关案件受理量在一年中达到最高（图 7）。

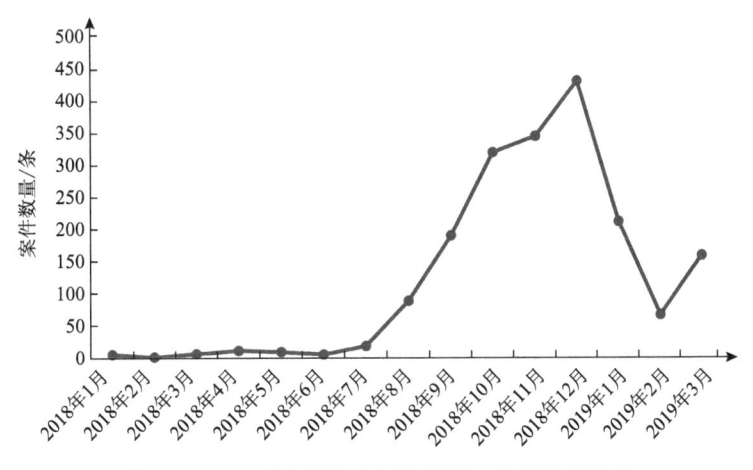

图 7 12358 平台转供电相关投诉、举报案件数量

对 12 月电力价格相关的 5093 条数据进行分析。首先通过 R 语言的 jiebaR 包进行分词，为了分词效果更准确，选取搜狗电力相关的词典加入用户词典中，同时选择哈工大停用词表对一些无效的词语进行去除。其次利用 R 语言中的 tm 包和 LDAvis 包进行模型训练及可视化输出。在分词之后首先进行主题个数的选取，通过计算不同主题个数下似然函数的大小来确定主题个数，如图 8 所示。

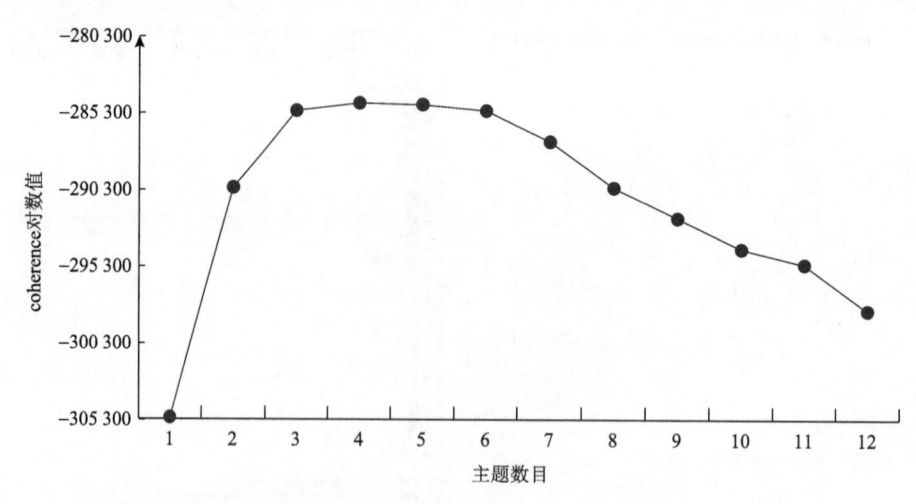

图 8　电力类数据所训练的 LDA 模型在不同 K 值下的似然函数大小

从图 8 可以看出，当主题个数为 4 的时候似然函数最大，因此将主题个数确定为 4，得到四个主题下的关键词。可以看出，主题数目为 3~6 的时候似然函数大小相近，因此可能某些主题之间的相似程度较高。四个主题的关键词举例见表 4。

表 4　电力类各主题下的关键词

主题 1	主题 2	主题 3	主题 4
咨询	电费	反映	物业
用电	收取	电费	业主
电价	处理	物业	收费
商业	认为	收取	电费
价格	不合理	问题	规定
每度	元度	元度	电价
标准	物业公司	收费	转供电
电费	核实	要求	居民
一度	希望	举报人	费用
是否	商铺	其是	相关
商户	商业	投诉	价格
部门	按照	产权	收取
相关	用电	商用	执行
政策	反映	有限公司	发改委
服务费	回复	自己	国家
工商业	表示	大兴区	文件

续表

主题 1	主题 2	主题 3	主题 4
降价	告知	按照	加价
合理	本人	名称	通知
我们	过高	乱收	为元度
没有	部门	商住	公摊
一般	调查	物业管理	保利
公寓	公司	两用	政府
一直	要求	房屋	供电
下调	分摊	消费者	物价局
举报	乱收费	号院	关于

从各主题下的关键词可以看出，第一个主题下所涉及的问题包括商业、电费、电价、咨询、服务费等方面，第二个主题下所涉及的问题包括物业公司、商铺、乱收费等方面，第三个主题下所涉及的问题包括商住、大兴区、物业管理等方面，第四个主题下所涉及的问题包括转供电、政府、加价、物价局等方面。从识别效果上看，LDA 主题模型基本上可以将热点问题识别出来。将各主题利用 LDAvis 包进行可视化，效果如图 9～图 12 所示，其中柱状图部分代表各主题下的关键词词频的大小，深色柱状图代表该主题下的文档关键词词频，可以看出包含转供电、物业管理、商住等关键词的主题均被有效地识别出来。

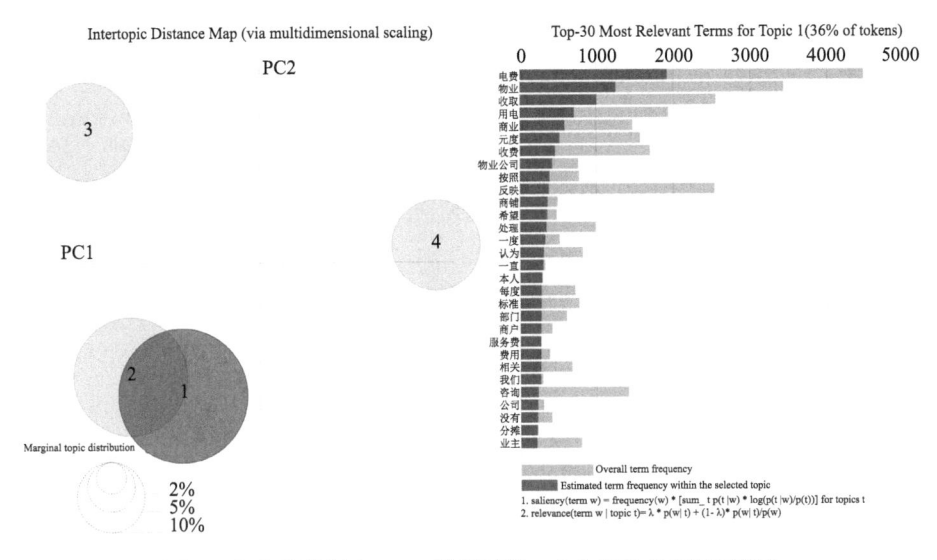

图 9　电力类数据在 LDA 模型下第一个主题的关键词可视化

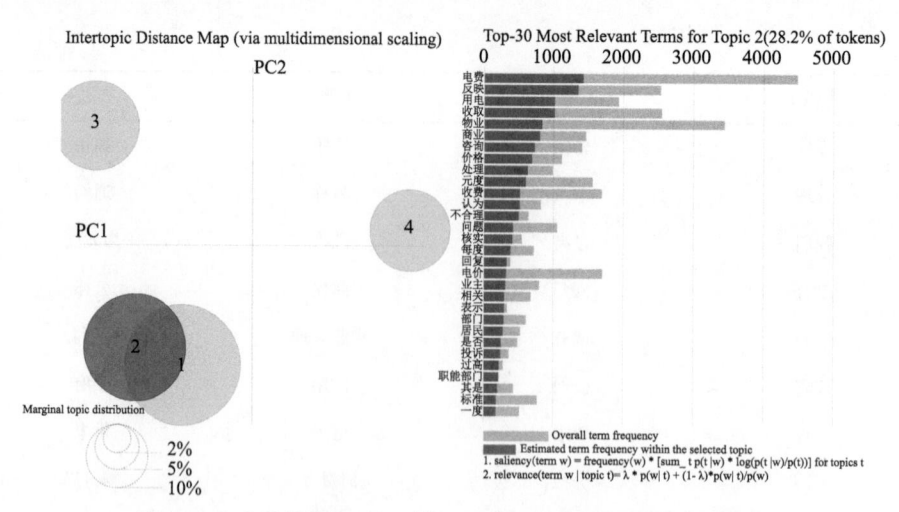

图 10 电力类数据在 LDA 模型下第二个主题的关键词可视化

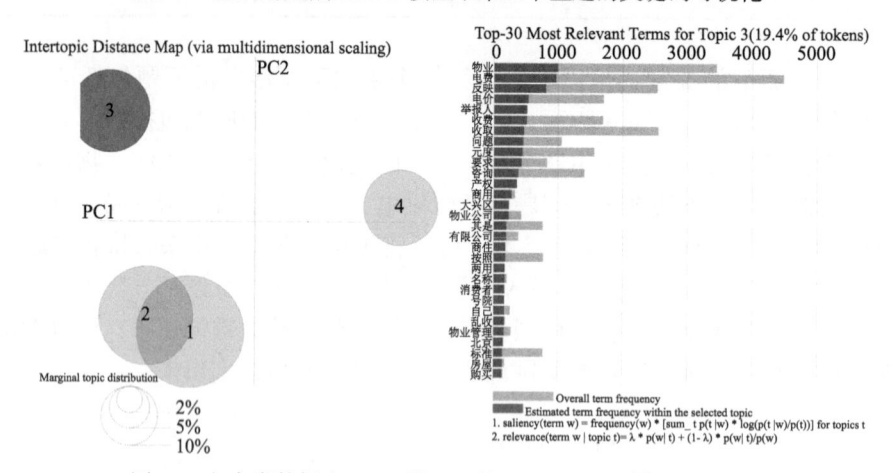

图 11 电力类数据在 LDA 模型下第三个主题的关键词可视化

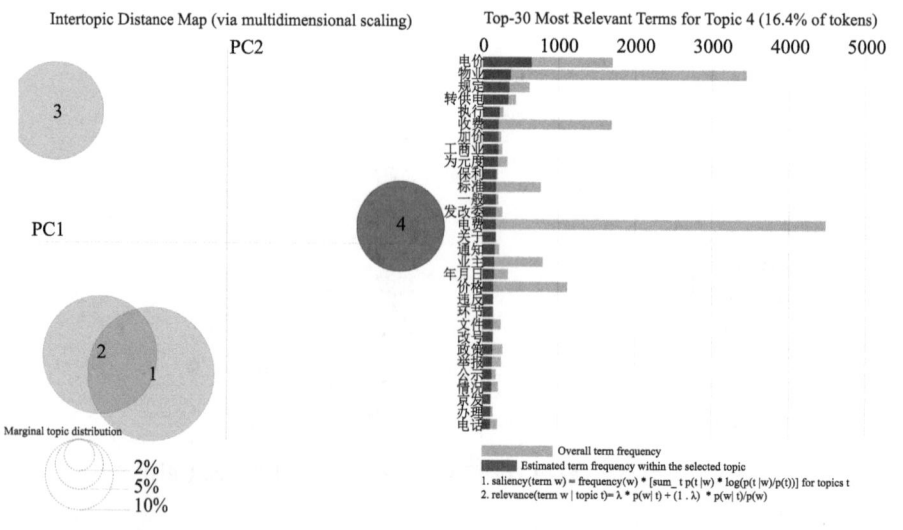

图 12 电力类数据在 LDA 模型下第四个主题的关键词可视化

4 不同主题下关键词的关联规则挖掘

在提取了各个主题的关键词之后,作为监管方其实更关心的是这些关键词之间的内在逻辑,即各主题下关键词之间的关联关系。在进行关联分析的时候,将关键词所在的文本抽取出来,将主题下的关键词作为特征,对各个主题下的关键词进行关联分析。

4.1 Apriori 关联规则分析模型

关联规则算法中最典型的要数 Apriori 算法,又称为购物篮分析(Borgelt and Kruse,2002;彭敏等,2015)。首先将特征与文档之间进行 0-1 化,见表 5。设 $F=\{i_1,i_2,i_3,\cdots,i_k\}$ 为特征集合,其中 i_k 代表第 i 个特征,F 中任意的子集称为项集,子集中的个数为几即代表子集是几项集,如 F 中的三元子集就称其为三项集,下面定义关联规则、支持度、置信度和提升值。

表 5 特征与文档 0-1 化

文档	特征 1	特征 2	特征 3	特征 4	特征 5	…	特征 k
文档 1	1	0	1	0	0	…	1
文档 2	0	1	0	1	0	…	0
文档 3	1	0	0	1	0	…	1
…	…	…	…	…	…	…	…
文档 n	0	0	1	0	1	…	0

关联规则:一个项集 x 和另一个项集 y 在某条或某几条数据集中会同时出现,即 $x\cap y\neq \phi$,记为{x=>y}或{y=>x}。

支持度:一个项集 x 的支持度指的是包含 x 的数据集占总数据集的比例,记为 support(x)。

置信度:一个项集的置信度指的是一条关联规则中{x=>y},x 的置信度为 support(x)/support($x\cap y$)。

提升值:关联规则的提升值指的是{x=>y}的置信度和 x 的支持度之比,若提升值大于 1 则表明 x 与 y 之间存在正相关关系。

Apriori 算法规则如下。

1)设 $i_k(i_k\in F)$ 代表各个文档中的各频繁一项集的特征,则每篇短文本中按照特征可以划分为项集的组合,如表 6 所示。

表 6 关联规则数据样例

文档	关联规则数据			
文档 1	i_1	i_2	i_3	
文档 2	i_1	i_2	i_3	i_4

续表

文档	关联规则数据
文档 3	i_1 i_2 i_3 i_4 i_5
…	…
文档 n	i_1 i_2

2）设置最小支持度 min-support，只有包含该项集的文档个数占总文档数的比例超过 min-support，才将其保留。

3）先对一项集进行筛选，将包含一项集的文档个数进行求和得到计数值（表 7），用计数值除以文档总数，如果超过 min-support 值，将该一项集进行保留，最终所有保留下来的一项集称为频繁一项集，见表 7。

表 7 一项集数据样例

一项集	计数
i_1	k_1
i_2	k_2
i_3	k_3
i_4	k_4
…	…
i_n	k_n

4）接下来在频繁一项集中寻找频繁二项集。在已有的频繁一项集中任意两项组合成二项集，将包含某二项集的文档数求和得到计数值，用计数值除以文档总数，如果超过 min-support 值，将该二项集进行保留，最终所有保留下来的二项集称为频繁二项集，见表 8。

表 8 二项集数据样例

二项集	计数
i_1, i_2	k_1
i_1, i_3	k_2
i_1, i_4	k_3
i_1, i_5	k_4
…	…
i_{n-1}, i_n	k_n

5）按照同样的方法筛选出频繁三项集、频繁四项集，直到筛选完频繁 k 项集。

6）找到所有的频繁项集之后可以通过频繁项集生成强关联规则，即 $\forall x, y$，$x \cup y$ 是频繁的，且定义一个最小置信度 min-confidence，定义

$$confidence(x=>y)=support(x\cup y)/support(x)$$

若 confidence(x=>y)> min-confidence,则认为 x 与 y 之间存在着一条强关联关系(Borgelt and Kruse,2002)。

7)寻找强关联关系中的提升值大于1的关系,即正相关的强关联规则。

4.2 实证分析

利用 Apriori 关联规则算法对各主题下的关键词之间进行前关联规则挖掘,选择 2019 年 1 月的医药价格举报、投诉数据,由于之前已经做过主题关键词提取,在这一部分直接对各主题下的关键词进行关联规则分析,利用 R 语言中的 arules 包进行关联规则挖掘,并且利用 arulesViz 包进行可视化。

首先对主题下的关键词进行关联规则分析,设置支持度为 0.5,置信度为 0.8,输出设置为二至四项集,将关键词与文档编号进行 0-1 化处理见表9。

表 9 医药类数据 0-1 化样例

文档编号	价格	药店	药品	反映	咨询	购买	是否
1	0	1	0	1	0	0	0
2	1	1	0	1	1	0	0
3	0	1	0	1	0	0	0
4	1	1	1	1	1	1	1
5	1	0	1	0	1	0	0
6	1	0	1	0	1	0	1
7	1	1	1	1	0	1	0
8	1	0	1	1	1	0	1
9	1	1	1	0	1	0	1
10	1	1	1	1	1	1	1
11	1	0	1	1	1	0	0
12	1	1	1	1	1	1	1
13	0	0	0	1	0	0	0
14	0	0	0	1	0	0	0

将第一主题下的关键词作为特征进行关联规则挖掘,利用 R 语言的 Apriori 函数在第一主题下共得到 33 701 条关联规则,将置信度和支持度设为两个维度进行可视化输出如图13 所示。

从项集的值来看,大部分项集的值为 0,即事件:"某关键词未出现"与"另一个或几个关键词未出现"之间的关联关系。然而,本研究关注的是该关键词出现的情况下,它与其他关键词之间的关联关系。因此,将项集的值为 1 的关联规则筛选出来,得到关联规则如表 10 所示,从中可以看出,第一个主题下主要反映的问题集中在医院治疗相关以及医院药品价格方面。

Grouped Matrix for 33 701 Rules

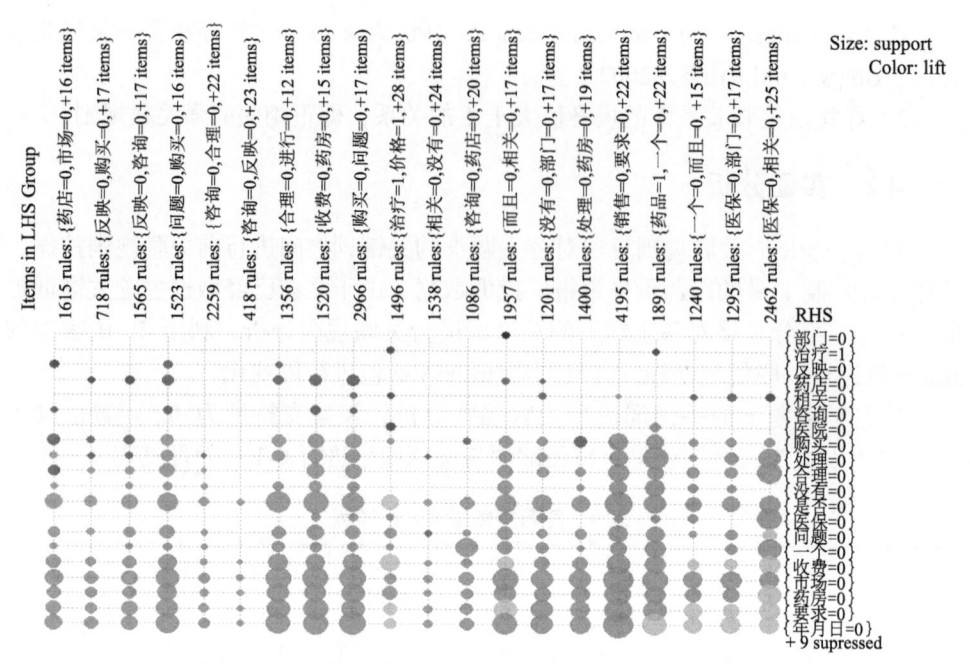

图 13　医药类数据第一个主题下关键词关联规则可视化

表 10　医药类数据第一个主题下项集值为 1 的关联规则

规则	支持度	置信度	提升度
{药品=1，医院=1} => {治疗=1}	0.545 023 697	0.839 416 058	1.416 934 31
{药品=1，治疗=1} => {医院=1}	0.545 023 697	0.982 905 983	1.346 708 85
{治疗=1} => {医院=1}	0.573 459 716	0.968	1.326 285 71
{治疗=1，医院=1} => {药品=1}	0.545 023 697	0.950 413 223	1.139 415 85
{治疗=1} => {药品=1}	0.554 502 37	0.936	1.122 136 36
{医院=1} => {药品=1}	0.649 289 1	0.889 610 39	1.066 521 55
{价格=1} => {药品=1}	0.540 284 36	0.838 235 294	1.004 929 81

　　将第二个主题下的关键词作为特征进行关联规则分析，共得到 6728 条关联规则，将置信度与支持度设为两个维度输出如图 14 所示，将项集的值为 0 的关联规则剔除掉，留下值为 1 的规则，共 616 条。

　　将 616 条关联规则按照提升值进行排序，保留排名前 30 位的关联规则，如表 11 所示。分析第二个主题下的关联规则，可以发现第二个主题反映的是重庆某生物制药公司所生产的治疗红斑、斑痣相关的药物价格方面的问题，主要相关药物是喜泊分（表 11）。

Grouped Matrix for 6728 Rules

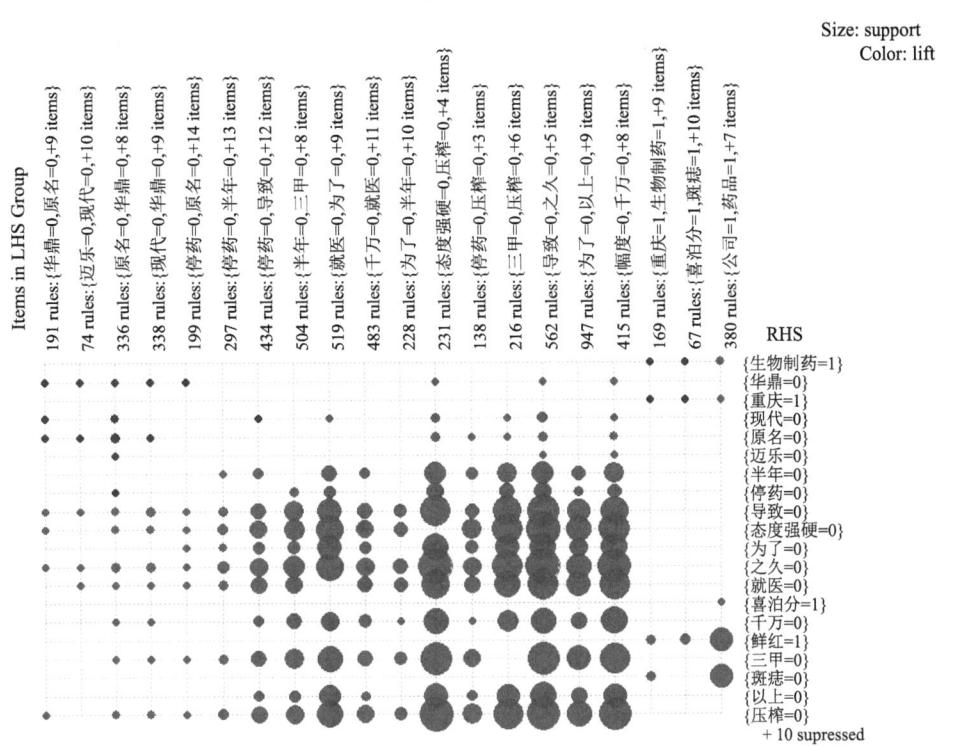

图 14 医药类数据第二个主题下关键词关联规则可视化

表 11 医药类数据第二个主题下项集值为 1 的关联规则

规则	支持度	置信度	提升度
{斑痣=1，重庆=1} => {生物制药=1}	0.502 369 67	1	1.971 96
{鲜红=1，重庆=1} => {生物制药=1}	0.502 369 67	1	1.971 96
{斑痣=1，鲜红=1，重庆=1} => {生物制药=1}	0.502 369 67	1	1.971 96
{斑痣=1，重庆=1，公司=1} => {生物制药=1}	0.502 369 67	1	1.971 96
{鲜红=1，重庆=1，公司=1} => {生物制药=1}	0.502 369 67	1	1.971 96
{重庆=1，公司=1} => {生物制药=1}	0.502 369 67	0.990 654 21	1.953 53
{生物制药=1} => {重庆=1}	0.502 369 67	0.990 654 21	1.900 25
{斑痣=1，生物制药=1} => {重庆=1}	0.502 369 67	0.990 654 21	1.900 25
{鲜红=1，生物制药=1} => {重庆=1}	0.502 369 67	0.990 654 21	1.900 25
{生物制药=1，公司=1} => {重庆=1}	0.502 369 67	0.990 654 21	1.900 25
{斑痣=1，鲜红=1，生物制药=1} => {重庆=1}	0.502 369 67	0.990 654 21	1.900 25
{斑痣=1，生物制药=1，公司=1} => {重庆=1}	0.502 369 67	0.990 654 21	1.900 25
{鲜红=1，生物制药=1，公司=1} => {重庆=1}	0.502 369 67	0.990 654 21	1.900 25
{重庆=1} => {生物制药=1}	0.502 369 67	0.963 636 36	1.900 25
{斑痣=1，公司=1} => {生物制药=1}	0.507 109	0.930 434 78	1.834 78
{鲜红=1，公司=1} => {生物制药=1}	0.507 109	0.930 434 78	1.834 78

续表

规则	支持度	置信度	提升度
{斑痣=1，鲜红=1，公司=1} => {生物制药=1}	0.507 109	0.930 434 78	1.834 78
{斑痣=1，公司=1，治疗=1} => {生物制药=1}	0.502 369 67	0.929 824 56	1.833 58
{鲜红=1，公司=1，治疗=1} => {生物制药=1}	0.502 369 67	0.929 824 56	1.833 58
{公司=1，治疗=1} => {生物制药=1}	0.502 369 67	0.921 739 13	1.817 64
{斑痣=1，公司=1} => {喜泊分=1}	0.502 369 67	0.921 739 13	1.817 64
{鲜红=1，公司=1} => {喜泊分=1}	0.502 369 67	0.921 739 13	1.817 64
{斑痣=1，鲜红=1，公司=1} => {喜泊分=1}	0.502 369 67	0.921 739 13	1.817 64
{斑痣=1} => {鲜红=1}	0.563 981 04	1	1.773 11
{鲜红=1} => {斑痣=1}	0.563 981 04	1	1.773 11
{斑痣=1，治疗=1} => {鲜红=1}	0.559 241 71	1	1.773 11
{鲜红=1，治疗=1} => {斑痣=1}	0.559 241 71	1	1.773 11
{患者=1，斑痣=1} => {鲜红=1}	0.545 023 7	1	1.773 11
{患者=1，鲜红=1} => {斑痣=1}	0.545 023 7	1	1.773 11
{鲜红=1，治疗=1} => {患者=1}	0.545 012 2	1	1.733 11

最后将第三个主题下的关键词作为特征进行关联规则分析，共得到 26 936 条关联规则，将置信度与支持度设为两个维度输出如图 15 所示。将项集的值为 0 的关联规则剔除掉，留下值为 1 的规则，共 142 条。

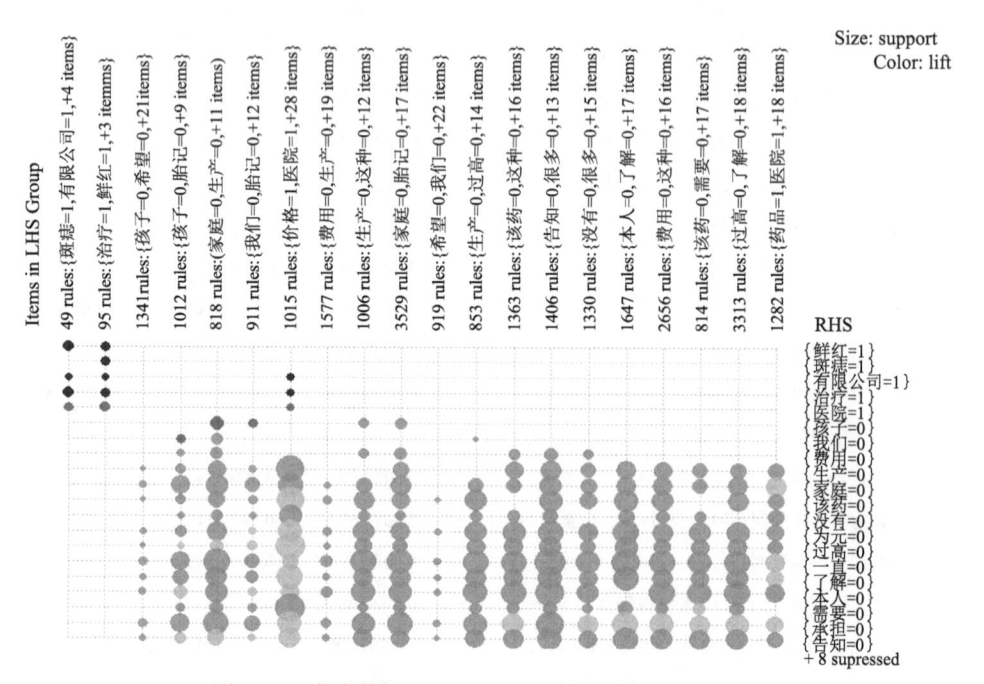

图 15 医药类数据第三主题下关键词关联规则可视化

将 142 条关联规则按照提升值进行排序，保留排名前 30 位的关联规则。分析第三个主题下的关联规则可以发现，第三个主题反映的是治疗红斑、斑痣相关的药品的价格问题，第三个主题的关联规则和第二个主题的关联规则之间有所重合，主要原因在于之前做 LDA 模型时，筛选主题个数时，当 $k=2$ 时和 $k=3$ 时的似然函数大小相差不多，本着不漏掉主题的原则选择了 $k=3$，但是事实上第三个主题和第二个主题的关键词差别不大。

对上述医药价格领域三个主题下的关键词之间的关联规则进行分析后基本上可以得到结论，即 2019 年 1 月医药价格领域举报、投诉的热点主要有两个方面，一是医院相关的治疗、药品价格方面的问题，二是重庆某制药企业的治疗红斑狼疮相关药物喜泊分的价格问题。

5　总结

本章着重探讨了主题模型在价格投诉、举报等短文本数据上的应用，从最常见的关键词提取技术入手，通过 TF-IDF 算法，循序渐进地介绍了主题模型的发展脉络及相关的理论基础，并将基于词袋模型、适合短文本的 LDA 主题模型应用到价格投诉、举报数据上，将短文本各主题下的关键词进行了提取，取得了较好的效果。在此基础之上，将 Apriori 关联规则算法应用到寻找各主题下关键词之间的关联规则上，通过关联规则可以得出关键词之间的相关关系，进一步确定各主题所要表达的具体含义，通过实证分析得到了相对有效的结果。

参考文献

陈磊, 李俊. 2017. 基于 LF-LDA 和 Word2vec 的文本表示模型研究. 电子技术, 46(7): 1-5.
彭敏, 黄佳佳, 朱佳晖, 等. 2015. 基于频繁项集的海量短文本聚类与主题抽取. 计算机研究与发展, 52(9): 1941-1953.
Blei D M, Ng A Y, Jordan M I. 2003. Latent Dirichlet allocation. Journal of Machine Learning Research, 3: 993-1022.
Borgelt C, Kruse R. 2002. Induction of association rules: Apriori implementation//Borgelt C, Kruse R. Compstat: Proceedings in Computational Statistics. Heidelberg: Springer-Verlag: 395-400.
Hofmann T. 1999. Probabilistic latent semantic indexing. Proceedings of the 22nd Annual International ACM SIGIR Conference on Research and Development in Information Retrieval. New York: Association for Computing Machinery.

作者简介

靳晓锟

男，博士研究生，现就读于中国科学院科技战略咨询研究院管理科学与工程专业，研究方向为网络舆情与社会计算、复杂系统、社会物理学、大数据挖掘与机器学习、贝叶斯分析。参与发表论文"基于层次分析法的秦岭地区产业绿色转型发展评价指标体系构建研究"（第三作者，《科技与经济》）、"面向类不平衡问题的'职业举报人'识别方法"（第四作者，《计算机工程与应用》）。

E-mail：jinxiaokun1990@163.com